智慧城市的空间发展战略研究

邓昭华　王世福　著

教育部人文社会科学研究项目（20YJAZH024）
广州市科技计划项目（穗科信字〔2012〕225号）资助
国家社会科学基金重大项目（11&ZD154）

科学出版社
北京

内 容 简 介

本书响应我国新时代的智慧城市建设、国土空间规划、生态文明等热点，从理论层面描述智慧城市空间发展的三大价值观（资源保护、资源开发、资源配置）及五种思维方式（战略思维、底线思维、协同思维、梯度思维、创新思维）；并结合国内外智慧城市实践，推导出“1 战略 4 维度”（战略结构、生态空间、社会空间、产业空间、支撑体系）的智慧城市空间发展模式；最后，以广州为案例，进一步检验该理论推演。本书具有较强的跨学科综合性、解决新时代城镇化战略问题的针对性、响应当代价值观的时代性等特点。

本书适合区域发展管理、国土空间规划、智慧城市建设等相关领域的决策人员、管理人员、技术人员、研究学者及学生阅读。

图书在版编目（CIP）数据

智慧城市的空间发展战略研究 / 邓昭华，王世福著. —北京：科学出版社，2021.6

ISBN 978-7-03-066839-4

Ⅰ. ①智… Ⅱ. ①邓… ②王… Ⅲ. ①现代化城市-城市空间-城市发展战略-研究-中国 Ⅳ. ①F299.2

中国版本图书馆 CIP 数据核字（2020）第 221213 号

责任编辑：王丹妮 / 责任校对：陶 璇

责任印制：张 伟 / 封面设计：有道设计

科学出版社出版

北京东黄城根北街 16 号

邮政编码：100717

http://www.sciencep.com

北京虎彩文化传播有限公司印刷

科学出版社发行 各地新华书店经销

*

2021 年 6 月第 一 版 开本：720×1000 1/16

2021 年 6 月第一次印刷 印张：13

字数：260 000

定价：118.00 元

（如有印装质量问题，我社负责调换）

前　言

信息化浪潮下，新技术的广泛应用催生了新的城市形态——“智慧城市”。智慧城市是基于知识型社会的下一代信息化城市的高级形态，它充分运用新一代信息技术，推动信息化、工业化与城镇化深度融合，有利于提升资源利用效率、优化城市管理和服务、改善人民生活水平，实现城镇化质量的提高和城乡的一体化发展。同时，中国城镇化经过40年的快速发展，城镇化率已超过60%，进入城乡发展的转型期，既面临着新技术、新经济带来的机遇和挑战，又承载着生态文明建设的使命，同时步入了经济全球化、城乡增量发展向存量提升转型的关键节点，反映了空间发展战略研究的重要性与迫切性。

对此，本书跨学科、跨领域地响应当前智慧城市建设、国土空间治理改革、新型城镇化的需求，拟解决我国城市空间发展的战略性问题。新时代中国的城市空间（国土空间的一种形式），不仅仅是“活动载体”，更是“资源”，拥有精准保护、可持续开发、高效率配置的价值观导向。从区域经济发展脱胎而来的传统空间发展战略，已难以满足智慧城市建设、国土空间治理改革、城乡发展转型等综合需求。因此，本书基于城乡规划学的综合分析优势，整合了管理学、地理学、信息与通信技术等学科，提出了智慧城市发展背景下，城市空间发展战略的两大研究问题：一是它有何内涵与特征；二是它的战略模式如何建构。成果内容从理论探索、实证检验两大方面进行论证。

在理论探索方面，本书结合全球城市经验，对新时代智慧城市空间发展战略模式进行探索。

首先，提出智慧城市空间发展战略的三大背景，即以新技术、新经济为代表的智慧城市实践，为城市带来了新的技术工具与新的产业机会；以生态文明为导向的国土空间治理改革，为城市发展强调了资源保护与合理利用的转向；以新型城镇化为导向的城市发展转型，更加强调了经济全球化、城乡存量空间优化、区域协调的综合发展。

通过解读智慧城市、国土空间治理、城市空间发展战略等三大理论集群，归纳出智慧城市空间发展战略的三大价值观及五种思维方式。三大价值观体现了中国新时代城市发展的必然诉求：①资源保护的价值观，以生态文明为导向，精确调查、确认、保护各种资源的空间底线；②资源开发的价值观，以可持续、精明使用为导向，在底线保护的基础上，以可循环的方式，集约节约使用各种空间资源；③资源配置的价值观，在底线保护的基础上，高效配置各种空间资源，使空间资源使用的综合效益最大化。五种思维方式强调：①战略思维，发展与保护互为基础与条件，尊重城乡发展规律、借鉴成功经验、借力新技术与新经济，合理谋划城乡空间发展定位、发展方向与发展重点；②底线思维，利用新技术，在空间资源本底调查、上位规划指引的基础上，划定生态、农业等保护类空间的结构底线；③协同思维，利用新技术，智慧协同各级政府、各部门、相邻地区的空间数据与决策方向，同时协调市场与广大人民群众的需求；④梯度思维，尊重城镇化水平梯度提升的规律，以当地所处的发展阶段为基础，进行适当的前瞻；⑤创新思维，利用新技术，监测城市发展变化，集思广益，动态调整思维模式和决策方向。

其次，从国内外空间发展战略案例研究中，总结欧洲的均衡协调、美国的国家战略、新加坡的国家意志、中国香港的极致集约、中国台湾的技术指引，重点探索其新技术、新经济与空间发展战略的耦合策略。

本书基于智慧城市、国土空间治理、城市空间发展战略等三个领域的研究思路，建立“智慧城市的空间发展战略”的“1 战略 4 维度”模式：①战略结构，以资源保护、资源开发、资源配置的价值观，确定城乡空间发展的定位，谋划空间保护与发展的方向，并明确空间发展及重大基础设施建设的重点；②生态空间，在上位规划、空间资源调查、初定战略结构的基础上，确定生态空间的结构及保护底线；③社会空间，以人的需求为中心，配合战略结构，充分利用新技术，构筑生态宜居、服务便利、文化繁荣的生活空间；④产业空间，抓住新技术、新经济的机遇，升级传统产业，鼓励产业创新，促进产业空间的高效集约利用；⑤支撑体系，充分利用物联网等新技术，升级城乡基础设施及公共服务设施，高效支撑战略结构的落实，辅助生态、社会、产业空间的健康发展。同时，本书也提出了完善法律法规、明晰各级政府各部门事权、鼓励智慧技术应用等保障机制的建议。

在实证检验方面，本书选取广州作为实证案例，对上述的理论推演进行检验。广州作为首批国家智慧城市试点城市、全国首个市级国土空间规划先行先试城市、全国最早制定城市总体发展战略规划的城市，是探索智慧城市的空间发展战略的前沿城市。实证研究基于“1战略4维度”模式，综合使用理论推演、案例比较、文献检索、专家访谈、空间数据挖掘与处理等跨学科方法，从演进中展望未来，剖析广州在智慧城市发展背景中的空间发展战略，包括其战略结构、生态空间、社会空间、产业空间、支撑体系等。实证证明，“1战略4维度”模式能较好地分析广州智慧城市空间发展战略的演进历程，并能为广州的未来空间发展提供较好的分析基础。

最后，展望智慧城市空间发展战略的研究路径，提出“智慧城市的空间发展战略研究”的五步骤方法论：①精准摸查，通过大数据、新数据的平台整合，建立空间现状的精准数据库；②战略引领，基于三大价值观，以适度发展的思维明确空间发展战略目标，借力新技术、新经济，融入区域一体化发展；③多规合一，以新技术平台为依托，强调“多规合一”的科学方法，形成目标合一、政策法规合一、技术标准合一的统一空间政策；④底线管治，基于生态文明，对保护类空间制定严格管治政策，并利用新技术建立智慧预警机制；⑤多元协同，基于规划决策支持科学（planning supporting science），协同各级政府、各部门，协调城乡区域的政治、市场、社会等主体，共同治理各种空间要素。

基于对理论和实证的研究，本书指出在新时代和智慧城市背景下：

（1）我国城市空间发展战略的内涵是，基于战略思维、底线思维、协同思维、梯度思维、创新思维，充分发挥新技术、新经济的支撑力量，对空间资源进行精准摸查、建库；以实现平衡和充分发展为空间发展的战略目标；以多规合一为手段建立统一的空间政策；对保护类空间建立底线管控与智慧预警机制；充分利用规划决策支持科学对空间发展实现多元主体协同。

（2）智慧城市空间发展战略的模式，是一个“1 战略 4 维度”的体系。它包括在发展定位指引下，促进城乡空间既平衡又充分发展的总体战略结构；其生态空间维度有清晰的保护结构及保护底线；其社会空间维度以人为中心，生态宜居、服务便利、文化繁荣；其产业空间维度促进创新、高效集约；其支撑体系维度通过新技术实现基础设施、服务设施的智慧化。

（3）处于各种发展阶段的城乡，皆可利用新技术、新经济谋求其空间发展战略。发达地区重点发展生产性服务业的创新及人居环境的提升；工业化地区重点提升其生产协作的集约高效及产业创新；工业发展欠缺地区重点谋求生态效益及涉农产业的新经济创新。

目　　录

第 1 章　智慧城市的空间发展背景

本章对智慧城市的空间发展背景进行解析，包括智慧城市的两个维度影响、国土空间治理的两层次内涵及城市空间发展战略的三大转型方向，在此基础上，提出本书的核心研究问题与目标，以及相应的研究方法与技术路线。

1.1　智慧城市内涵与技术的双提升

1.1.1　新技术、新经济的内涵提升

全球化、信息化的两股潮流正席卷全球，不仅重塑了世界科技和经济版图，更加速了城市功能、空间结构与生活方式等多个维度的革新。其中，以信息与通信技术（information and communication technology，ICT）为代表的新技术发展日新月异，共享经济、知识经济等新经济形态不断涌现，数字城市正向智能城市、智慧城市蜕变，也预示着人类正迈向更美好的城市文明。

新技术和新经济丰富了智慧城市的内涵，成为众多国家与地区提升城市竞争力的重要抓手。技术进步是城市发展的动力源泉，新加坡、英国伦敦、中国香港和上海等陆续提出建设全球或区域科技创新中心的发展目标，将技术创新置于城市突出位置并制定了相应的发展战略，如英国伦敦在《智慧伦敦规划 2020》中提出“利用先进技术的创造力来服务伦敦并提高伦敦市民生活质量”；中国香港在《香港科技创新创业白皮书》中提出将建设智能时代国际创新科技中心上升为香港未来发展的整体战略目标。新经济的定义在学术界虽然还未形成共识，但一般认为其是以信息技术为基础、由高新技术产业主导的新经济形态，具有“智力资源”高度密集的特点。“互联网+”等新经济为城市发展动能的转型升级创造了有利条件，是智慧城市的重要组成部分，现已被写入国家战略。

1.1.2 新感知手段的技术支撑

新感知手段的应用，是智慧城市的另一个特征。新感知手段起源于新一代信息技术的发展，是人工智能、物联网和云计算等新技术走向应用阶段的基础。它是一种通过物理、化学或生物效应获取事物的外部特征和内部状态信号，并转化为可利用信息的信息获取技术。目前，新感知手段的发展迅速，具有覆盖面广、准确可靠和实时高效等特点，已广泛应用于我们的城市生活、生产制造和城市管理等多个方面，主要包括传感器、雷达感知技术和多光谱感知技术等。它极大地推动了城市感知方式的创新，通过收集和整合多元复杂的城市数据，搭建起智慧城市的“桥梁”，为实现更全面透彻的感知、更实时智能的控制及更广泛深入的“万物互联”打下了坚实的基础，成为智慧城市感知体系的重要组成部分。

1.2 国土空间治理的生态文明导向

1.2.1 资源环境保护价值观的强化

伴随着全球瞩目的经济建设成就，我国与日俱增的资源环境问题引起了社会的高度关注与深刻反思。生态环境和自然资源作为人类赖以生存与发展的基础，关系着人民生活的基本命脉，过去我国的经济发展长期优先于资源环境保护，使人与自然的矛盾日益突出，环境污染、能源短缺和气候变化等问题也成为社会讨论的焦点。

国家战略层面，资源环境保护的价值观不断得到加强，推动着发展模式的转变。2005 年，习近平总书记首次明确提出“绿水青山就是金山银山”的发展理念，深刻地解释了经济发展与生态保护之间的相互关系；党的十七大报告首次提出建设生态文明，把生态上升到人类文明的高度[1]，随后在党的十八大报告中，生态文明被纳入“五位一体”的总体布局[2]；2017 年，党的十九大报告提出“坚持人与自然和谐共生”的新时代基本方略，并强调要“坚持节约资源和保护环境的基本国策”[3]。在这个过程中，我国绿色发展的观念日益深入人心，并积极承担了应对气候变化等国际责任，获得了国际社会，如联合国环境规划署等的广泛认同与高度评价，体现了新时代下的“中国担当”。

国土空间治理正迈入生态文明的新时代。随着国家将空间规划改革方案纳入《生态文明体制改革总体方案》并建立自然资源部，国土空间治理方式也需要进行相应的调整[4]。生态文明建设是关乎国家安全和中华民族永续发展的千年大计，面对空间开发失序、城乡差距扩大、资源环境恶化等现实困境，以生态保护为导向，创新国土空间治理方式是顺应国家战略转变的重要举措，也是实现空间高质量发展和资源高效率利用的有效路径。

1.2.2　资源的精准识别、实时监管和智慧决策

信息技术的应用催生了新时代的“生态文明”。2019 年 5 月，中共中央、国务院发布《中共中央 国务院关于建立国土空间规划体系并监督实施的若干意见》（以下简称《国土空间规划意见》），要求将主体功能区规划、土地利用规划、城乡规划等空间规划融合为统一的国土空间规划，实现“多规合一”[5]。其中，“资源环境承载能力评价”和“国土空间开发适宜性评价”是国土空间规划的前提与基础。“双评价”体系借助统一的国土空间基础信息平台，运用大数据、新感知手段等多种方式，对国土空间资源进行精准识别、实时监管和智慧决策，有利于实现科学化、系统化和精准化的国土空间治理。广州作为全国率先开展“双评价”的试点城市，是探索新技术、大数据在国土空间规划领域应用的前沿地带，其实践经验和发展特点具有很强的借鉴意义和推广价值。

1.3　城市空间发展的三大转型

1.3.1　从增量扩张到存量提升

2011 年，我国城市化率首次超过 50%，标志着城市化进程进入后半段，也预示着从增量扩张到存量提升的城市发展路径转型。改革开放以来，我国以新增建设用地推动城市空间的快速扩张，取得了举世瞩目的城市建设成就。但面对土地资源的日益紧缺，部分城市特别是深圳、广州等特大城市的发展受到严重的空间约束，同时，城市建设无序、土地利用粗放及“城市病”等问题逐渐突出，都需要城市发展方式的变革。存量提升的概念在此背景下出现，它倡导通过技术应用、城市更新等多种手段对存量空间资源进行优化调整，从而提高城市空间的发展质量和促进城市的可持续发展。从“高速度”到“高质量”，城乡存量空间的提升将面临更加严峻的挑战，包括产权关系复杂、空间使用成本提升及安全风险增加等，需要我们探索“更智慧”的提升路径。

1.3.2　从经济增长到环境、社会和经济的全面治理

空间治理的重心随着城市发展阶段的演变而转移。在快速城市化背景下，发展是第一要务，经济增长优先于生态、生活，导致资源环境问题与社会矛盾不断

凸显。2010 年，我国适时提出新型城市化的发展战略，使“以人为本”“生态优先”等价值理念不断得到强化，推动着我国从注重单一经济建设，向环境、社会和经济的全面治理转变。其中，协调好这三者的关系是推进全面治理的关键，也是城市空间转型发展的必然选择。

全面治理亟待“智慧治理”的创新，提供更多元、可靠的解决方案。它强调利用智慧的技术手段与理念，解决各领域发展不平衡、不充分的现状，逐步实现经济的高效发展、社会的全面进步，以及资源环境的集约节约利用。

1.3.3 区域协作关系复杂化

新时代的区域一体化程度加深，竞合关系并存。在经济全球化背景下，新国际劳动分工促进商品、服务、资本和技术在世界范围内整合。经济区域化一方面有利于消除阻碍地方国际化发展中的市场和制度壁垒，使经济活动更好地跨越行政边界；另一方面，在空间上相邻的国家或地区，由于交通可达性较好，且往往在文化和风俗习惯上具有一定的相似性，容易形成紧密、自由的伙伴关系，以求在激烈的市场竞争中形成更强的竞争力。可以说，经济区域化具有深刻的现实基础和客观必然性。在此基础上，区域成员还在基础设施建设、公共服务和制度安排等多方面谋求更广泛的协作，使城市空间发展的区域化趋势更为显著。然而，区域内部的竞争关系仍然不可避免，它是市场经济下地区发展差异所形成的要素争夺。未来，应通过构建“智慧”的区域关系，协同区域内部的合作与竞争，促进区域的整体进步。

1.4 研究问题与目标

1.4.1 研究问题

针对上文对智慧城市空间发展新形势的认识，导出本书的两个核心研究问题。研究问题一：智慧城市背景下，城市空间发展战略有何内涵和特征？研究问题二：新时代下，我国智慧城市空间发展的战略模式如何建构？

1.4.2 总体目标

在城市空间发展方式与治理模式转型的背景下，研究智慧城市的空间发展战略，构建科学、系统和广泛适应的智慧城市空间发展战略模式。四个分项目标如下。

一是通过对我国智慧城市的空间发展趋势的分析，以及智慧城市空间发展的理论研究，提出智慧城市空间发展的价值观与思维方式，以及形成本书研究的方法论。

二是通过对国内外智慧城市空间发展战略的分析，总结智慧城市空间发展战略的经验特点，构建理论结合实践的智慧城市空间发展战略模式。

三是以广州为例，对智慧城市空间发展战略模式进行实证分析，检验战略模式的适应性。

四是对迈向智慧城市的中国城市空间发展进行前瞻与策略建议。

1.5　研究方法与技术路线

1.5.1　研究方法

1. 学科交叉与系统集成

为解决新时代我国城市空间发展的战略性问题，本书综合运用管理学、经济学、社会学、地理学、信息通信学科的相关理论对城市空间进行分析，结合城乡规划学对于城市空间发展的智慧干预经验，将理论研究与实践应用结合，实现跨学科交叉方法的系统集成。

2. 经验比较与理论创新

通过梳理国内外城市的智慧城市建设与空间发展战略的经验和相关理论基础，以“新技术+空间治理”的发展特征和发展趋势分析为基础，探索智慧城市的空间发展战略模式。

3. 文献查阅与专家访谈

在基础性的文献查阅和资料收集中，持续追踪与智慧城市、城市发展战略、国土空间治理等相关的资料与案例。在此基础上，开展结构性专家访谈，充分发挥专家对实证案例的发展现状把握能力以及对学科前沿问题的发现能力和判断力。

4. 数据采集与空间计量

深度挖掘各类互联网数据，如卫星影像数据、社交网络数据、新型商业服务数据等，借助ArcGIS技术对城市空间属性信息进行处理，识别广州城市空间的发展特征，并辅以传统统计数据分析方法获取一手资料，如统计年鉴、年报、政府工作报告、企业报表等，借助 Microsoft Office、SPSS 等通用数据处理工具，从生态、社会和产业等多角度研究案例城市。

1.5.2 技术路线

本书主要包括五个部分的内容（图 1-1）。一是理论研究，包括智慧城市的空间发展背景及相关理论研究，由此提出智慧城市空间发展的三大价值观与五种思维方式；二是案例借鉴，通过分析国内外智慧城市空间发展战略，总结相关经验与启示；三是模式推演，根据上述理论研究与案例借鉴，提出“1 战略 4 维度”的智慧城市的空间发展战略模式；四是实证研究，以广州市为研究对象，检验战略模式的适用性并进行战略探索；五是发展展望，对迈向智慧城市的中国城市空间发展进行前瞻。

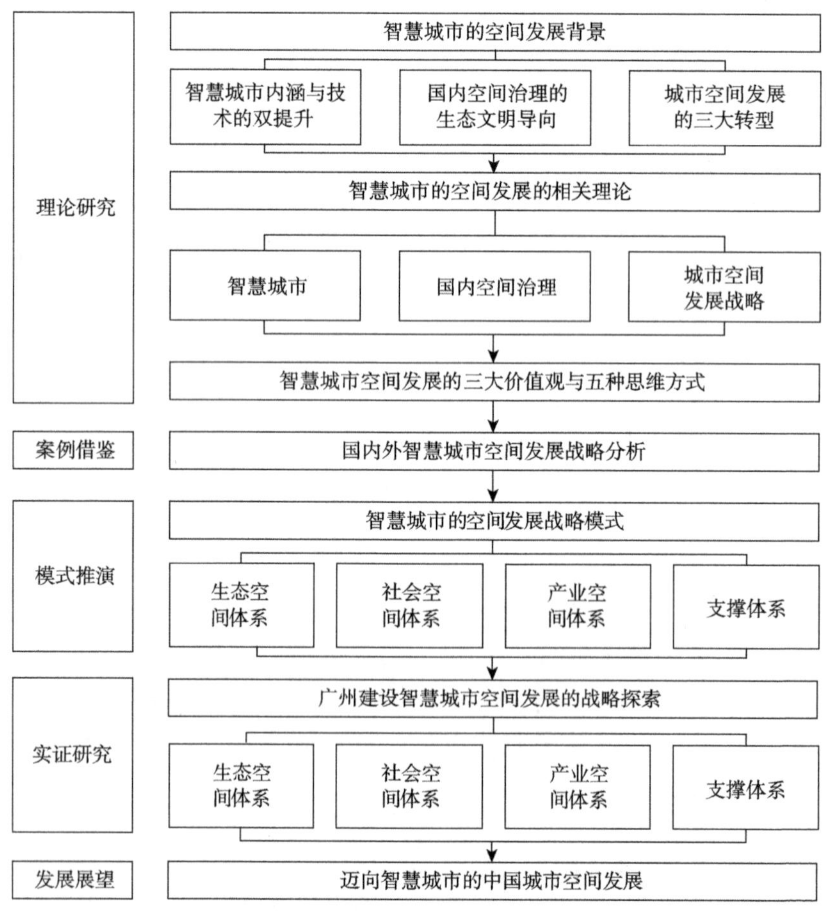

图 1-1 本书的技术路线

第2章 智慧城市空间发展的相关理论

本章回顾了智慧城市、国土空间治理、城市空间发展战略三大理论集群，归纳出智慧城市空间发展的三大价值观和五种思维方式。其中，三大价值观体现了我国新时代城市发展的必然诉求，五种思维方式强调了智慧城市空间发展战略的基本原则，为下文的研究奠定理论基础。

2.1 智慧城市

2.1.1 智慧城市的发展历程

人类迎来了第四次工业革命。自18世纪中期以来，人类社会相继发生了三次工业革命，人类发展从此进入了空前繁盛的阶段。然而在迅速的发展过程中也出现了全球性环境问题，如资源、能源的消耗危机，气候变化下的生态危机，等等。因此，进入21世纪后，第四次创新绿色式的工业革命正悄然兴起，这次革命是以信息产业化、工业智能化、服务一体化为主要代表，以人工智能、虚拟现实、无人控制、量子信息、清洁能源及生物工程为主的全新技术革命。随着第四次工业革命的迅猛发展，世界各国和政府组织皆不约而同地尝试利用互联网信息技术来改进未来的城市建设。其间经历了“数字城市”“感知城市”“智能城市”等一系列相关交叉的概念，发展至今，“智慧城市”理念浪潮已经风靡全球，而与之相关的各种技术方案也在助力全球各项活动的可持续发展[6]。

在全球智慧城市建设风潮和已有国家政策的支持引导下，我国也迎来智慧城市建设的新时期。在这一背景下，智慧城市已经成为一种国家战略、政治愿景和经济助推器。自2013年始，我国公布了首批国家智慧城市试点名单，此后共有320多个城市投入3 000多亿元来研究建设智慧城市[7]。北京、上海、南京和广州等国内一线城市纷纷着手编制智慧城市专项规划，并把智慧城市列入重点研究课题。2014年8月经国务院批准，国家发展和改革委员会、工业和信息化部、科学技术部、住房和城乡建设部等八部委联合印发《关于促进智慧城市健康发展的指导意见》，该意见指出，到2020年，建成一批特色鲜明的智慧城市，集聚和辐射带动作用大幅增强，综合竞争优势明显提高，在保障和改善民生服务、创新社会管理、维护网络安全等方面取得显著成效。同时，该意见明确要求各地区、各有关部门要充分认识促进智慧城市健康发展的重要意义，切实加强组织领导，采取有力措施，扎实推进各项工作，认真落实本指导意见提出的各项任务，确保智慧城市建设健康有序推进。

"智慧城市"的兴起建立在已有相关理论的基础之上。有关智慧城市的概念，可以追溯到于2008年11月召开的纽约外国关系理事会。会上IBM公司提出了"智慧的地球"理念，提议在社会各项行业中充分运用互联网信息技术，从而实现生产和生活管理的精细化和动态化，最终达到全球智慧化[8]。这一概念引起了强大的社会反响，并迅速拓展到城市的应用层面上。此后欧美国家纷纷开始研究制定相关理论准则，但智慧城市发展至今仍未有明确的公认定义。从已有的权威定义来看，则大都偏重信息技术革命在城市公共管理、社区服务及空间组织变化等方面的实际应用，强调运用各种先进技术手段尤其是信息技术手段改善城市状况、提升城市生活品质，可以理解为"智能城市"。未来应纳入"以人为本"的理念，综合人本与技术两大主要方面，进一步深化智慧城市的理论发展。因而对于智慧城市的概念，我们基本可以从更广泛的角度概括为以信息与通信技术为基础支撑，以人为本，整合优化各种资源，为城市中的人类生活提供全面发展的可能性，是能体现可持续发展理念和构建美好生活的新兴未来城市建设方式。智慧社会下的城市，是一个多层次竞争与合作的有机体。

从已有的相关研究可以归纳出智慧城市的五个基本特征，主要包括信息全面化、应用集成化、互联全球化、创新持续化、技术智能化。

（1）信息全面化：通过借助信息和互联网通信技术，建立各类智能化系统与设备、大数据平台，从而可以对城市信息进行全面有效的感知、收集、处理和反馈，这也是智慧城市健康高效运作的基础。

（2）应用集成化：城市是复杂且开放的巨系统，拥有海量的子系统领域信息。智慧城市的目标之一就是对这些系统信息进行统一控制与调配，从而提升对城市支持和决策的能力，促进城市和谐有序发展，并使人能随时随地应用智慧城市的成果。

（3）互联全球化：信息革命催生了城市空间组织的变革，城市社会活动也呈现全球化的趋势。随着全球各类信息资源的流通共享，国家尺度将被弱化，处于领先地位的城市及城市集群地位将得到强化，并成为全球交流与创新的基本单位。

（4）创新持续化：鉴于面向未来的创新将着重强调以人为本的科技内涵，

智慧城市建设中也会尤其注重市民的需求、用户的体验、社会的认同和公众的参与。通过全社会的共同努力，不断推动创新性的城市可持续发展。

（5）技术智能化：智慧城市是以服务“人”为本质，围绕“人”的生存环境以及生活习惯，通过“智”的方式来打造及管理整个城市，通过技术为人的生活提供便利。如今国内大多数城市已经逐步通过运用物联网、互联网、大数据、云计算、温度感应、空间地理等先进技术来进行城市建设。

2.1.2　智慧城市在实践中面临的挑战

通过分析当前的智慧城市研究，可以发现当前仍以较为基础的理论探讨为主，在城市空间建设实践方面的应用研究则相对缺乏，且已有的应用研究多集中于非规划领域的技术层面，如共享软件应用、大数据分析等[9]。从有关国外（表 2-1）和国内（表 2-2）的智慧城市相关实践可见，国外对以人为本的可持续发展较为关注，注重创新和智慧城市网络建设；国内的智慧城市建设则相对细致，注重从地方实际出发，着重提升政务、产业、交通、公共服务等方面。截至2017年6月，我国已有数百个国家智慧城市试点以及超过 500 个城市在政府工作计划中提出建设智慧城市。此外，《第七届（2017）中国智慧城市发展水平评估报告》对我国已经入选国家智慧城市和信息惠民试点的 100 个样本城市进行分类评估，评估结果显示：我国智慧城市发展平均水平较 2016 年有所提升，但整体上仍处于中等偏下水平，离散性趋势依旧明显。分区域来看，受经济发展水平、城市信息化水平等影响，东部、南部地区在智慧城市发展及创新应用方面存在明显优势。杭州、深圳和上海处于领先位置，广州居全国第 4 位，其中华东和华南地区智慧城市建设水平明显高于其他地区。

表 2-1　国外部分区域或城市智慧城市建设现状

区域/城市	计划/机构	重点建设项目
欧盟	Living Lab	营造开放创新空间；打造欧洲智慧城市网络
迪比克市	IBM 合作	社区综合监测平台；智能响应；可持续发展
新加坡	智慧国 2015 计划	电子政务；智能交通系统；用户交互体验
巴塞罗那	Fab City	个人智造；以人为本可持续创新
哥本哈根	气候行动计划	碳中和；绿色产业；可持续发展
斯德哥尔摩	绿色首都计划	智能资本；可持续创新

表 2-2　国内部分城市智慧城市建设现状

城市	计划/纲要/机构	重点建设项目
北京	《智慧北京行动纲要》	网络城市；无线城市；政务物联数据专用网络；云服务体系；电子商务；市民公共平台

续表

城市	计划/纲要/机构	重点建设项目
上海	《上海市推进智慧城市建设“十三五”规划》	五大应用板块：智慧生活、智慧经济、智慧治理、智慧政务、智慧地标；信息基础建设、数据资源共享、信息技术产业、网络安全保障
杭州	《“数字杭州”（“新型智慧杭州”一期）发展规划》	电子政务；信息化基础设施；智慧民生服务；智慧社会治理；智慧产业升级
广州	广州智慧城市规划研究院	“智慧水务”项目；保障房线上租赁平台
深圳	《智慧深圳规划纲要（2011-2020 年）》	“深圳云”；公共服务支持平台；智慧应用；信息安全网络
天津	《天津市智慧城市专项行动计划（2018-2020 年）》	城市治理；民生服务；智慧经济；信息安全；4G 网络覆盖率 100%；“i-Tianjin”城市级无线网络升级；政务数据平台建设
无锡	《智慧无锡建设三年行动纲要（2014-2016 年）》	电子政务；智慧交通；物联网建设应用；大数据中心建设；智能应急体系

智慧城市的建设实践虽然取得了一定进步，但也出现了一些问题和挑战。目前国内外大多数研究以及新闻媒体皆热衷于报道新技术的应用趋势，较少学者对这种趋势进行反思并评估热潮背后可能造成的不良影响。与智慧城市建设所涉及的知识相比，我们掌握的知识多局限于传统的城市发展背景，缺乏对信息时代下的城市运作进行深入探讨。为此我们有必要对智慧城市建设将面临的问题和挑战有初步的认识，并采取跨学科、跨地域的研究方法，对未来城市的运行规律进行剖析与前瞻。本节结合上述典型实践，对智慧城市的问题与挑战进行梳理，主要是一般性问题和特殊性挑战[10]。

一般性问题包括智慧城市发展过程中主要出现的如下负面效果。

（1）隐私泄露：在享受便利、智能化的智慧城市生活消费（政务咨询、水务能源缴费、手机应用服务等）的同时，用户也会受到来自这些数字化服务的信息安全警告。即一旦使用这些服务，用户个人的隐私信息将会为某些企业和机构所利用，从而谋取利益。但事实表明多数警告被忽视，信息与通信技术的便利和乐趣得到用户及消费者的大力热捧。

（2）风险频发：前文已经提到城市是复杂且开放的巨系统，在统一配备先进精密的数字化基础设施后，城市将会对这些设施产生依赖性。但这一特性有利有弊，一方面使城市高效运行，另一方面却加大了系统失灵的概率。一旦某个环节出现差错，将会波及整个系统，导致城市的生产和生活受到严重影响。

（3）技术依赖：智慧城市建设所依赖的信息与通信技术，也可以引申为对该技术市场上占据主导地位的全球性跨国公司（IBM、Google、Amazon、华为、阿里巴巴等）的技术依赖。从某种意义上来说，在技术发展的过程中虽然会加大一些国家或地区企业的创新力度，但也会造成内部发展的不均衡即两极化问题。

特殊性挑战主要包括如下挑战（表 2-3）。

表 2-3　我国智慧城市建设面临的主要问题和挑战

社会挑战	经济挑战	环境挑战	技术挑战	管理挑战
社会安全； 两极分化； 城乡差异； 社会保障制度； 教育体系； ……	产业转型升级； 经济结构变化； 全球化挑战； 劳动力减少； 制度空间响应； ……	盲目、重复建设； 资源浪费； 资源利用不合理； “千城一面”； ……	创新空间极化； 空间差异性建设； 技术适应性设计； 信息、数据孤岛； “技进人退”； ……	城市监管待加强； 信息安全与风险防范； 政府治理能力与体系建设； 相关政策延续性； ……

（1）社会挑战。智慧城市发展需要应对一系列社会层面的挑战，包括社会安全、两极分化、城乡差异、社会保障制度、教育体系等方面的问题。

首先针对社会安全来说，主要是信息安全问题。出于提升智能化服务体验和获取市场利益的需要，围绕用户使用的海量数据将由各单位、企业及机构进行收集、分析与共享。这一方式增大了信息泄露的安全隐患，若被不法分子利用，将严重危害社会稳定和健康发展。再者由于数字技术基础设施发展的不均衡性，并非所有城市和地区都能享受到智慧城市带来的便利性服务，因此从某种意义上来说城市社会的两极分化程度将会进一步加深，城乡差异也会继续加大。为避免以上不公平的现象发生，相应的社会保障制度和教育体系将会得到加强和普及，并进一步加以完善和提升。此外，技术的变革引起了城市管理监督方式的变革升级，地方政府将会加大这一部分的投资预算，相应的管理人员或许也需要进行再培训以适应新时期智能监控管理的要求。

（2）经济挑战。智慧城市发展需要应对一系列经济层面的挑战，包括产业转型升级、经济结构变化、全球化挑战、劳动力减少、制度空间响应等方面的问题。

现阶段除了数字经济背景下针对消费者行为的市场研究（如网购模式），其他关于城市经济结构变化影响的研究则相对较少，其中产业转型升级可看作受影响的直观结果之一。一方面造成传统劳动力市场和房地产市场的萧条，如传统制造业、大型银行和保险公司等社会公共部门相对衰落；另一方面却促生了创新人才市场和科技产业的蓬勃兴起，如信息技术专门人才和初创企业的产生与发展。另外，在经济全球化趋势的影响下，所有这些经济结构性的变化都将深刻影响到地方区位条件，并改变城市经济的特征，从而向更先进、智能的方向转变。

（3）环境挑战。智慧城市发展需要应对一系列环境层面的挑战，包括盲目、重复建设，资源浪费，资源利用不合理，“千城一面”等问题。

虽然智慧城市建设的初衷是实现城市的可持续发展，其建设理念也是借助数字技术实现对资源能源的节约调配，但落实到地方的建设过程中可能出现资源利用不合理、盲目和重复建设的现象，从而加大资源能源的基础投入，造成资源浪费，反而得不偿失。另外，技术的应用也应因地制宜，在城市已建区引入新型技术将会加大投资运行成本，并使工程变得耗时耗力；而在城市新建区进行建设虽会避免上述问题，但由于建设的盲目性和趋同性问题，将可能出现“千城一面”、丧失地方特色等问题。另外，经过技术的智慧加工，城市环境一旦形成，用户会对此环境产生依赖性，减少创新的积极性，可见无论是建设者还是消费者都需要理性对待数字技术在智慧城市环境建设中的应用。

（4）技术挑战。智慧城市发展需要应对一系列技术层面，以及相关联的空间挑战，包括创新空间极化，空间差异性建设，技术适应性设计，信息、数据孤岛，“技进人退”等方面的问题。

首先我们需要认识到技术是手段而不是目的。新一代信息与通信技术的发展与应用在带来社会、经济和环境挑战的同时也引发了受城市技术本身影响的空间挑战，已有迹象显示新兴的智慧化建设方式正在改变城市的生活、生产模式。例如，共享单车、滴滴打车等应用促使城市管理者重新考虑和设计交通体系和规则制度，网上购物、无人超市、共享空间正在改变人们的传统生活方式。未来城市的形态、结构与功能将会做出相应改变，城市的中心区域商业化程度加深、土地价值进一步提高，从而引发混合功能与密度的建筑建设趋势。次一级的商业空间功能分化为集休闲、展示、办公于一体，更好地满足人们多样化的需要，从而做到生产和生活的平衡，并取得和谐美好的生态效果，而这些变化都对各行各业的新市民提出了更高的技术要求。

（5）管理挑战。智慧城市发展需要应对一系列政府、企业等相关部门、机构以及单位管理层面的挑战，包括城市监管待加强、信息安全与风险防范、政府治理能力与体系建设、相关政策延续性等问题。

基于我国的国情，智慧城市建设必定是采取由政府主导，多方参与的模式。政府作为城市的管理者，发挥着对市场宏观调控的重要作用。因此在对原有城市布局以及资源配置过程中，政府需要加强对资本市场及专业运营团队的监管。近年来推进智慧城市建设较好的实践多是立足于通过公私合作模式（public-private partnership，PPP）的架构建立的。政府担任城市资源整合与智慧城市综合管理的主体，通过引入社会资金，打造相应的规章制度对相关信息技术平台进行管理，再结合智慧城市建设的整体方案将具体工作落到实处。随着更多创新技术与大数据的运用，近年来国内逐步构建了云计算、兴趣点（point of interest，POI）、大数据、互联网、人工智能等新兴数据平台，为智慧城市的建设注入新技术与提供更智能的服务，随着城市信息化、智能化的快速发展，信息泄露等社会风险也逐渐提高，这就对政府和企业的治理能力和管理水平提出了更高的新时代要求。

2.2　国土空间治理与规划

2.2.1　国土空间治理与规划发展历程

当前国土空间治理中的“国土”，并不主要指“国家的土地”，其内涵是“地域”“区域”“地域空间”等。这里的国土空间是由更大和更多数量的城乡空间和自然空间构成的。“治理”则是管理学科中的新概念，相比之前的“管理”“控制”，“治理”带有更多的统筹、协调的安排；而“规划”，则是为国土空间治理所做的统筹、协调安排，既有空间布局，也有制度安排。现代意义上的规划大多被认为诞生于霍华德提出的田园城市理论，前期西方的规划实践大多以物质规划为主，到后期才逐步转变为综合性规划。20 世纪 80 年代西方发达国家开始逐步重视空间发展的整体性与协调性，物质空间规划又重新获得重视，相比之前更加重视经济、环境、文化等多样指标。

“空间规划”（spatial planning）首次使用是在欧洲区域规划部长级会议通过的《欧洲区域/空间规划章程（1983）》中，其中写道：“区域/空间规划是经济、社会、文化和生态政策的地理表达，也是一门跨学科的综合性科学学科、管理技术和政策，旨在依据总体战略形成区域均衡发展和物质组织。”1999 年欧盟颁布《欧洲空间发展展望》（*European Spatial Development Perspective*，ESDP）为规划界打开新局面，该文件指出，空间规划旨在合理调整土地利用及其关系，并从中协调发展与环境保护的关系。“空间规划”新思想的诞生使得新的规划理念逐渐成为欧洲乃至世界上其他国家规划发展的指导思想。国际上众多国家对空间规划的实践，丰富了空间规划的含义：广义上包含着所有影响空间组织协调的各种因素和方法，如政策导向型的美国区域规划和中国的土地利用规划、主体功能区规划等；狭义的空间规划指大尺度的空间组织形式，如德国的联邦和州级规划、英国和爱尔兰的土地利用型规划。

国土空间规划体系的缺位，导致过去我国国土空间治理的多重困境。我国现代意义的空间规划体系初步形成于中华人民共和国成立初期，但直到2010年国务院颁发的《全国主体功能区规划》才是我国第一个具有约束性、战略性、基础性的国土空间开发规划[11]。我国原有的空间规划体系也依赖公共部门设定的空间发展框架和原则，但由于部门之间的事权、目的、问题和需求不同，各部门的区域划分存在差异。我国的空间规划作为政府行为，其本质是通过政府宏观调控公共资源，尽可能做到资源分配与再分配公平和效率的统一，兼顾市场纠正、空间科学合理的安排。目前我国学界共识的空间规划，是主要由我国国民经济和社会发展规划、国土规划和城乡规划构成的基础性框架体系，涉及生态、基础设施、土地利用和相关法律、行政体系等[12]。在“多规合一”①提出之前，涉及国土空间规划的除各级发改委、住建部门、国土部门外，还有环保、农业、海洋等部门。每个部门都具有独立事权，都会通过“部门立法”对国土空间进行各自相应的规划，从而导致“一个空间、多个规划”的现象，以及规划间相互冲突的矛盾。“政出多门”导致地方政府需要花费大量精力去协调各种规划，浪费了大量社会资源，其中存在的问题如下[13]：一是规划种类繁多且多部门规划自成体系，缺乏统一的顶层设计；二是发展规划与空间规划割裂，部门规划由于话语体系各异，不同部门之间的多规难对接，各部门规划在基础数据的采集与统计、用地分类标准及空间管制分区标准等技术方面存在差异。

我国真正提及“空间规划”一词是在党的十八届三中全会《中共中央关于全面深化改革若干重大问题的决定》中，而后该词高频率地出现在中央与国务院的一系列文件及重大举措中，包括新型城镇化、城市规划管理、生态文明建设、“十三五”规划、组建自然资源部等。基于我国提出的“五位一体”总体布局、“四个全面”发展战略、新发展理念和人民中心论，国土空间规划的提出是新时代背景下提升我国空间治理体系和治理能力的需要。

为了提高和优化国土空间治理能力和水平，基于实践中存在的空间规划问题，2019 年 5 月中共中央、国务院发布《国土空间规划意见》，标志着我国将开始建立由“五级三类四体系”构成全新的国土空间规划体系。体系分为五级三类，其中五级为国家级、省级、市级、县级、乡镇级，三类包括总体规划、专项规划、详细规划。以空间总体规划为统领，以详细规划为支撑，以综合交通、市政设施、公共服务设施、土地整治和生态修复等专项规划为辅助。做到“一本规划、一张蓝图”，通过体系建立、机制建设、制度建设预计到 2025 年逐步形成国土空间治理格局，建设美丽中国。其核心内容如下。

（1）五级：“五级”是从纵向上对我国行政管理体系进行划分，分为国家级、省级、市级、县级、乡镇级，实现了国土空间规划体系的顶层设计，通过五级划分建立了国土空间规划管控的完整规划体系[5]。不同层级的侧重点和编制规划的深度不一样，国家级规划侧重战略性，省级规划侧重协调性，市县级和乡镇级规划则侧重实施性。同时也具有一定的编制灵活性，可以根据区域的大小进行规划、适当合并编制。

---

① “多规合一”是指将国民经济和社会发展规划、城乡规划、土地利用规划、生态环境保护规划等规划融合在一个特定区域上，实现一个区域一本规划、一张蓝图，以解决现有各类规划自成体系、内容冲突、缺乏衔接等问题。

（2）三类：规划的类型分为总体规划、详细规划、专项规划。其中总体规划强调的是规划的综合性，是针对一定区域涉及的国土空间保护、开发、利用、修复做出全局性的统筹安排。详细规划强调实施性，一般是市县以下组织编制，其中村庄规划也被纳入了详细规划的范畴。详细规划是对具体地块用途功能和开发强度做出安排，是对国土空间开发保护的活动，包括实施国土空间用途管制、核发城乡建设项目规划许可，以此作为各项建设的法定依据。专项规划强调的是专门性，一般由自然资源部或相关部门组织编制，立足于国家、省和市县层面，针对特定区域、流域或领域进行专门性安排。

（3）四体系："多规合一"的规划编制审批体系、规划实施监督体系、法规政策体系和技术指标体系。四个体系共同构成国土空间规划体系，《国土空间规划意见》指出，2020 年要基本建立国土空间规划体系。

2.2.2　生态文明导向下的国土空间治理转型

生态文明，是我国当前国土空间治理的新方向。2017 年，习近平在中共十九大报告中明确指出："发展必须是科学发展，必须坚定不移贯彻创新、协调、绿色、开放、共享的发展理念。"2018 年 3 月，中共中央印发了《深化党和国家机构改革方案》，提出在建设生态文明的整体框架下，为统一行使全民所有自然资源资产所有者职责，统一行使所有国土空间用途管制和生态保护修复职责，组建自然资源部，承担对自然资源开发利用和保护进行监管，建立空间规划体系并监督实施的职责[14]。随后习近平在全国生态环境保护大会上提出"要加快构建生态文明体系，加快建立健全以生态价值观念为准则的生态文化体系，以产业生态化和生态产业化为主体的生态经济体系，以改善生态环境质量为核心的目标责任体系，以治理体系和治理能力现代化为保障的生态文明制度体系，以生态系统良性循环和环境风险有效防控为重点的生态安全体系。要通过加快构建生态文明体系，确保到 2035 年，生态环境质量实现根本好转，美丽中国目标基本实现。到本世纪中叶，物质文明、政治文明、精神文明、社会文明、生态文明全面提升，绿色发展方式和生活方式全面形成，人与自然和谐共生，生态环境领域国家治理体系和治理能力现代化全面实现，建成美丽中国"[15]。

体现在国土空间的具体规划中，则需要严格划定生态保护红线、永久基本农田保护红线、城镇开发边界，即"三线"，严控资源保护的底线。生态文明和资源可持续利用的理念将被有效贯彻，如要实施生态环境分区管控，保护好生态屏障，构建好生态网络和生态廊道，做好生态修复和保育等。

根据《国土空间规划意见》，在生态文明导向下，我国国土空间规划的转型集中体现在以下三方面。

1. 指导优化国土空间的用地结构和布局

优化用地结构和布局。严格划定“三线”，做好对用地的分区和统筹，做好基础设施规划，满足基本公共服务，考虑养老、住房、医疗、文化、体育、教育等各方面用地保障，建设更舒适的社区人居环境，给予更充足的公共开放空间。同时不能忽视城市安全，包括公共安全、防灾减灾安全等。还要传承区域历史文脉，发掘具有鲜明地域性的物质与非物质文化遗产。

2. 指导多方有序参与国土空间治理

强调以人民为中心。建设和拓宽公众参与的渠道是体现民主的过程，也是落实规划宣传规划的过程，从另一个角度看更能促进规划的推进和实施。与此同时，也需要发挥专家的作用，通过社会、企业、高校智库为各层级的国土空间规划和国土治理积极建言献策，注重专家库的建设和优化，建立合理的专家评审和监督制度，及时纠正规划中发生的错误，进行动态渐进式规划。在规划建设的过程中坚持政府主导的同时可以适当引入社会资金与力量，这也是多方参与的体现。

3. 指导国家政策意志贯彻落实到国土空间治理

政府作为国土空间治理的主体与领导者，在进行国土空间规划时需要体现国家意志和政策，要把党中央、国务院的决策部署，以及国家相关发展战略通过自上而下的规划编制层层落实，特别是对约束性指标进行传导和落实。例如，在编制规划时要注重生态文明建设，坚持新发展理念，国家都有相应的管控指标，通过国家、省、市、县一直落实到详细规划上。

2.2.3 新技术应用下的国土空间治理机遇

新技术的应用，将使国土空间治理变得空间更精准、监管更全面、协同更容易、审批更顺畅。新技术的开发与应用主要体现在以下方面：加强空间规划信息平台建设及应用，消除部门之间的“信息孤岛”，制定空间规划数据资源采集、共享、利用和保密等制度和相关数据标准规范，建成空间规划管理信息系统，实现空间总体规划、详细规划、专项规划相关数据的整合，实现空间规划在发改、国土、规划等部门的共享和“一张图”。同时，加强空间规划在投资主管部门组织项目立项阶段的应用，强化空间规划对市场行为的引导作用；促进审批制度改革，简化流程，提高效率。

统一的国土空间信息平台，是新技术带来的新机遇。《国土空间规划意见》

明确提出，要建立全国统一的国土空间基础信息平台，并形成全国国土规划的“一张图”。信息平台的建设将基于最新的自然资源调查数据，应用全国统一的测绘基准和测绘系统，整合各类空间数据，运用新技术手段诸如城市设计、乡村营造、大数据等有效处理分析，构建出全国统一的基础信息平台，以此促进规划实施监管更加科学、有效，手段也更加先进。例如，通过ArcGIS数据分析平台分析区域自然地理、灾害预防、人口交通分布等情况；运用大数据平台获知公众消费偏好、公众出行习惯等；引入智慧云平台构建智慧城市、社区与家居，优化城乡生活环境，为人民提供便利的社会公共服务。

2018 年，自然资源部办公厅印发《自然资源部办公厅关于在广州市开展市级国土空间规划先行先试工作的通知》，要求广州市开展市级国土空间规划先行先试工作。通过开展国土空间规划，促进国土空间的开发与保护、资源配置的公平与效率的统一。新技术背景下，广州市率先开展国土空间规划探索，对引领国土空间治理水平的提升具有重要意义。

2.3　城市空间发展战略

2.3.1　城市空间发展战略的起源与发展历程

1. 西方空间战略的研究倾向

“strategy”（战略）一词最早由古希腊军事用语“strategos”转化而来，意为通过运用一个至多个国家地区的经济、政治及军事力量来实现某种政策目的。但如今战略一词逐渐演变为战略规划用语，被广泛运用于军事以外的领域。相关研究指出，美国的战略规划起源于 20 世纪 50 年代的私营部门，是为了帮助发展迅速的企业进行目标规划和高效管理，以应对充满风险和挑战的未来[16]。发展至 20 世纪 80 年代初，美国学者展开了一系列针对战略规划的研究，呼吁政府部门效仿企业采取战略规划方法。在西北欧，战略规划的应用则可以追溯到 20 世纪二三十年代，其受到现代民族国家影响，主要运用战略规划的方式来指导政府部门、权力机构及相关人士进行战略决策[17]。此后，世界各地开始了战略规划的尝试，包括西方发达国家和中国等亚洲国家。

由于合理的空间战略有利于地区成员达成利益共识，从而形成地区联盟以提高成员区域建设的主观能动性，所以相关政府部门希望重新定义空间战略规划与地区发展之间的关系[18]。对此，相关学者进行了一些探索，空间战略性规划（the strategic spatial planning，SSP）的定义也长期存在争议，目前主要有如下观点。

1996 年 Bryson 和 Roering 强调 SSP 应为多个概念、系统或工具的集合，可挑取特定要素集来实现预期目标，该观点得到多数学者的赞同[19]。

1997 年 Calvaresi 认为 SSP 的多种不同含义均有其合理性，不必要对其作一种线性和统一的解释，以束缚其发展从而避免其他可能性的发生[20]。

同年，Healey 倾向将 SSP 定义为整合一系列社会制度与关系的过程，涉及协调论证和共同参与决策，从而形成有意义的政策建议，还能进一步发展成为决策框架，作为动力反馈机制以激发后续目标的实施完成[21]。

2004 年 Albrechts 在上述研究基础上，提出广义上的 SSP 是复杂的以公共活动为导向的社会-空间过程。通过 SSP 能够对城市形象进行重塑，展示城市特色与能力水平[22]。

2005 年 Sartorio 从传统军事角度出发，认为“战略”中现状、目标、动力及行动对空间战略规划有较大影响。其中目标和行动最值得关注，已经与空间战略规划深刻契合。因为在不确定的建设背景下，合理目标的设定和具体行动的实施显得尤为重要[23]。

空间战略研究整体起步于 20 世纪八九十年代，多为跨学科性质的交叉融合研究，基本形成了系列相关定义和科学成果[20]。西方国家关于空间战略规划（或叫空间发展战略）的研究是逐步推进的过程，其中相关政府部门和机构团体发挥了重要作用。20 世纪 80 年代，西方国家受战后重建的影响纷纷开展城市土地规划，但有关空间战略的研究并未受到关注。人们反而对城市更新、景观提升类的相关项目更加青睐，从而在理论上有了初期空间战略研究的萌芽。后期由于各类政府机构团体如欧盟的大力支持，发布了《欧洲区域/空间规划章程（1983）》和《欧盟空间规划制度概要（1997）》等系列文件。空间战略研究开始逐渐成为西方规划领域的研究重点，并发挥了行政作用。相关政府机构推动空间战略研究的原因有诸多方面：公共政策的协调纠纷；城市的整体竞争优势；可持续发展的空间形态关系；机会不公平现象的纠正。

2. 我国城市空间发展战略的研究进展

我国开展城市空间发展战略的相关研究活动起步较西方国家晚。我国关于城市空间发展战略规划的研究起步于 20 世纪 80 年代，在介绍国外战略规划实践与理论的基础上发展起来并逐渐成为城市规划研究的重点和焦点[24]，主要是借鉴了英国的结构规划、新加坡的概念规划、加拿大的大都市战略规划等经验。

进入 20 世纪 90 年代，随着我国政治、经济社会的不断变革，内外部环境的变化推动城镇化和城市发展进入快速发展期[25]。制定城市长远性的战略规划成为各个城市应对竞争与发展的迫切需求。1994 年，上海市政府根据自身发展的需求，组织数百名专家开展了《迈向 21 世纪的上海》即上海城市发展战略的重大课题研究。1996 年，哈尔滨市政府委托中国城市规划设计研究院编制了《哈尔滨市松北新区发展规划》，这是在全球化和城市竞争日益激烈的背景下，战略规划在中国的首次探索。20 世纪 90 年代末，我国对战略规划的重要性逐渐有了充分的认识。

2000 年，广州市概念规划的成功探索与实践是城市空间发展战略研究的一个新起点。《广州市城市总体发展战略规划》是我国第一个真正的城市空间战略规划，主要确定了城市发展战略目标、城市规划目标，并制定了空间布局、生态环境、综合交通三个方面的规划策略[26]。随后，全国 200 多个大中城市纷纷仿效广州开展这一规划研究工作[27]，开创了中国城市规划领域的战略规划时代[28]，掀起第一轮战略规划编制高潮[29]。我国很多城市陆续开展了空间发展战略规划编制的探索工作，如南京、宁波、厦门、杭州、长春等城市。第一轮空间发展战略规划编制反映出城市政府管理者和规划者对城市发展的正确战略及有效政策的探索，以及对传统规划编制方法的反思和创新[30]。

与第一轮城市空间发展战略规划相比，第二轮城市空间发展战略规划的编制背景发生了很大的转变，国家和城市在全球化格局中地位和角色的改变以及城市化阶段的转变促使了第二轮城市空间发展战略的转型[29]。2007~2009 年，广州市开展了新一轮的城市总体发展战略规划工作，新版战略规划顺应形势变化，在城市定位、城市目标、总体战略、空间规划及规划编制体系等方面均进行了修订与完善，广州市成为全国首个建立战略规划定期回顾和修订机制的城市[31]。至此，全国第二轮城市空间发展战略规划编制浪潮开启，深圳、上海、天津、重庆等城市开始编制新一轮的战略规划。

在新一轮战略规划编制热潮中，战略规划不再是一种与城市总体规划相对抗的手段，而是一种协调总体规划编制并为总体规划编制提供广阔思路的手段。战略规划与总体规划转变成相互协调与促进的关系，基本上避免了二者之间的冲突与对立[32]。此外，两轮规划在规划目标、规划价值、规划内容及规划方法等方面也发生了改变。在规划目标上，由增量扩展转变为品质内涵提升；在规划价值上，在发展战略的基础上增加了空间规划的内容，规划研究向实施性规划转变；在规划内容上，一方面，发展战略由主体战略转向综合战略，另一方面，空间规划从聚焦空间实体转向注重空间与战略的关联；在规划方法上，二轮规划在一轮规划的基础上引入了交叉学科研究的方法，由静态规划向不确定性导向的动态规划转变[29]。

第二轮城市空间发展战略规划是结合不断变化的城市发展特点，在一轮规划的基础上做出的科学调整，既保留了一轮规划中的创新策略，又提出更加多元化综合性的发展策略，以弥补一轮规划的不足。

2.3.2 空间发展战略的内涵与研究内容

1. 空间发展战略的内涵

空间发展战略在国内也被称为“概念规划”“战略规划”“城市战略规划”“城市发展战略规划”“空间战略规划”“城市发展战略研究”等。不同的学者对于各种空间发展战略相关的概念都有自己的理解。

张兵认为，概念规划是要表达城市或者区域在一个长久阶段内发展的整体方向以及一个可以指导当前行动的整体框架。它不是一种可以与总体规划、详细规划并列的规划类型，更倾向于一种工作的方法[33]，是“概念性的战略规划”。

赵燕菁认为，概念规划将社会经济发展的潜在和需要（产业结构调整、发挥竞争优势、培育新的经济增长点等）解释为空间的语言（不同功能的空间分布、发展方向、城市结构和基础设施等），这决定了概念规划必然是一个横跨经济与空间的规划[34]。

王蒙徽等对概念规划的理解是，特指城市总体层面，侧重于城市发展方向和各学科的综合平衡，是城市未来任何时候可能进行开发的原则性指导[35]。

吴未和曹荣林认为，概念规划是在大中城市及其经济区域层面，考虑城市性质、基本职能、发展方向和城市体系等重大问题，侧重于城市的空间发展方面，是一种注重长远效益和综合效益、重点突出的战略规划[36]。

吴志强等认为，城市发展战略规划、概念规划、结构性规划属于整体性、全局性的规划，而城市的战略性规划则更侧重于对城市局部的引导性规划，城市发展空间战略规划则强调了其中对空间领域的规划指导[37]。

邹德慈指出，有关战略规划的名称并不统一，多数称“发展战略规划”，也有的借鉴新加坡规划体系中的“概念规划”称谓。有的城市为了突出其“空间规划”的性质，在发展战略前冠以“空间”二字；有的为表明战略“研究”的性质，在“规划”后再加“研究”二字。因此，战略规划的完整表述应该为“城市空间发展战略规划研究”[38]。

李晓江和杨保军认为战略规划作为一种方法和手段，是“城市总体规划本质”的回归，其对现行的法定规划体系的不足有着重要的弥补作用。他们在回顾中国城市规划设计研究院进行的十年战略规划实践中指出，战略规划就是在全球化竞争时代，城市面对快速多变、严峻挑战的环境，为了求得生存和发展而进行的全局性、总体性谋划[39]。

朱力等分析了天津市空间发展战略的转变，提出随着战略规划的逐步发展，越来越多的城市借助战略规划解决城市空间发展问题以提升城市竞争力，在形式灵活的战略规划研究中，应该重点制定具有战略思维并且务实的空间举措，应在技术层面上探讨空间发展上升为地方政府的空间决策[40]。

吴良镛和吴维佳在北京城市发展模式转型以及总体规划修编的背景下，研究“北京 2049”空间发展战略的相关问题，提出战略规划研究中需明确一定空间地域应对未来各种潜在重大问题、发展机遇或挑战的方针策略，特大城市的空间发展战略研究必须从国家战略以及区域发展的视角着手[41]。

王伟和赵景华基于国内外 15 个大城市发展战略的分析，总结得出了新时期战略规划的八大趋势，在全球化、城市化及信息化等背景的驱动下，城市发展战略的制定将由政府、企业及公众协作开展，在规划的理念、目标、策略、行动及制度等多方面都会发生巨大改变[30]。

林丹和罗彦指出空间战略规划有别于传统空间规划，它是应对破碎化、不确定性及复杂化社会转型的政策工具，试图促成政府与企业之间的合作关系，并在编制过程中强调公众参与，以此提高编制的合理性与可实施性[42]。

从以上各位学者关于空间发展战略的理解可以得出，空间发展战略具有如下特点：一是整体性，空间发展战略与其所在区域休戚相关，应从区域整体角度进行分析研究，而非局限于城市自身视角；二是综合性，空间发展战略研究涵盖经济、社会、文化、生态、资源等方面，注重城市发展的综合效益；三是可变性，空间发展战略的研究是一个动态变化的过程，在应对城市现存问题和未来发展趋势变化的双重挑战时，应积极地做出科学合理的调整。

2. 空间发展战略的研究内容

地方建设要求和经济社会发展规划是我国空间发展战略的主要动力。由于建设要求和发展规划的整体性、具体性和原则性问题，与之相对应的空间战略研究通常依靠目标驱动来解决城市发展问题。目前，我国空间发展战略的研究内容主要涉及以下几个方面。

（1）提升空间竞争力。受当前政治制度和市场经济环境的影响，推动经济发展是地方政府部门的首要目标，直接关乎城市在区域中的竞争地位和竞争能力。但事实表明经济发展不是城市竞争力提升的唯一指标，非理性的增长和不合理的竞争反而不利于城市的可持续发展。因此地方政府部门不应局限于城市经济竞争力的最优化[43]，而这些问题可在空间战略研究中得到组织和解决。因为合理适宜的空间战略规划能对转变城市发展方式、提升城市发展速度和效果起到重要作用，并弱化在城市规模等级中处于不利地位的影响。

（2）优化空间结构发展框架。随着社会经济的迅速发展，传统的城市空间布局结构变得与新的城市发展要求不相适应。例如，受传统城市生产计划指导城市规划的影响，一些城市建成区中重工业厂区和批发仓库等城市空间大量留存，与当今城市功能集聚和形态提升的目标矛盾，且技术革新引发的物流模式、交通方式等变化都会对城市空间造成影响。因此空间战略研究从达成社会多重目标视角出发，重视产业空间特性，优化城市空间结构，以更好地把握空间发展规律和促进城市发展。

（3）规划基础设施空间布局。区域基础设施作为城市运行的重要支撑系统，一直受到社会广泛关注。由于其投入产出效益高、城市形象凸显力强，近十年来区域基础设施尤其是交通基础设施得到快速发展。基础设施建设的完善缩短了城市间的距离，加强了区域间的联系。但出于竞争心理，城市基础设施容易出现盲目投资与建设的现象，因此从城市现状出发的空间战略规划有利于资源集约利用，克服恶性竞争引发的系列问题。

（4）保护生态空间环境。节约资源、保护环境是我国的基本国策，对我国的城市可持续发展也尤为重要。划定城市开发边界和生态保护红线是适应我国空间规划改革需求的重要举措，在城市及周边地区构建完整的自然生态本底也是空间战略研究的重要内容。

（5）营建文化特色空间。我国城市化进程中出现了诸多城市问题，城市文化特色的缺失尤为突出。城市的规模扩张和历史保护产生矛盾，如何化解冲突是当前空间战略规划的主要研究内容。通常可以通过调整空间结构来分散建成区功能，从而缓解城市老城区的建设压力。城市空间特色风貌是进行空间战略研究的重要前提条件，应在城市总体设计中得到集中展现。

（6）完善空间管治体制。长期职权交叉，造成各地规划存在交叉大、落实难的问题。因此在空间战略规划研究中应着重职权分明，促成各规划部门的统筹协调和多规合一，有利于促成国家经济社会发展规划、土地利用规划、环境保护规划等的有效衔接，确保基础设施建设、生态环境保护和文化特色营建等重要目标相协调，并建立统一数据平台进行把控，以优化空间布局、提升空间体系管控和治理水平。

空间发展战略有强烈的地方特色，与本国、本地的实际需要紧密相关。结合中西方学者对空间战略的相关研究，发现我国城市空间发展战略依然以发展为导向，是在对地区长期发展深入研究和论证的基础上，提出该地区发展的宏观框架和引导战略，指导下一层次规划的编制。它是在城市及其经济区范围内，研究城市性质、基本职能、发展方向、空间布局、重大基础设施建设等重大问题的城市发展大纲。

2.3.3 空间发展战略的多种类型

空间发展战略主要包括区域和城市两个层面。目前，在区域统筹的国家政策以及区域一体化发展的背景下，我国的区域发展规划不断出台，区域一体化的发展也逐渐受到重视。区域发展规划主要有都市圈规划、城市群规划以及各省（自治区、直辖市）城镇体系规划，这类规划多为增强区域竞争力提供指导意见，较少关注区域层面的空间发展问题，这与城市层面的空间发展战略有较大区别。相比之下，国外在区域层面的战略研究经验较为丰富，ESDP 从欧盟、国家、城市等多个层面均开展了不同程度的空间发展战略研究[44]；“美国 2050”空间战略规划划定了 11 个都市圈，通过构建大都市圈网络突破行政边界的限制，让各个城市通过协同合作均衡发展，尽可能缩小各个区域间的发展差距[45]。

1. 区域空间发展战略研究

《区域分析与区域规划》一书认为：区域发展战略具备着全局性、地域性、动态性、层次性等特点[46]。区域空间发展战略是建立在区域规划的基础上，对一定区域范围内整体进行分析、评估而做出的具有全局意义的谋划。区域空间发展战略需要结合区域分析，立足区域优势资源，结合区域战略地位，确定合理的区域发展功能定位，提出区域空间发展的战略目标、战略重点、战略方针、战略模式及战略措施。

区域空间发展战略规划是针对一定区域内资源合理开发利用、环境整治保护与控制、生产生活建设布局及统筹城乡发展的综合性规划，将区域作为一个复杂的系统来研究，在一定时间和空间范围内整体把握研究的对象。其研究内容主要包括经济发展战略、空间发展战略、生态保护战略、综合发展战略等四个层面，具体如下所示。

（1）经济发展战略：经济全球化和区域经济一体化已成为一股不可阻挡的历史潮流，它在给世界带来巨大变化的同时，也给区域经济协调发展带来深远的影响[47]。不同的经济发展模式将决定区域的产业结构、产业模式和空间发展结构，决定着该区域在上层区域乃至全国或国际劳动地域分工中的地位。应该坚持创新驱动发展战略，通过引进、消化、吸收、创新科学技术，提高产业和产品的科技含量，促使科学技术进步成为经济增长的主要发展动力，通过合理的区域经济增长与区域资源调配促进区域的整体发展。

（2）空间发展战略：21 世纪以来，区域统筹逐步成为国家发展的一大重要方略。各区域之间的发展是均衡与不均衡的统一，均衡体现在维持地区关系的公平性、利益相对分配合理方面，不均衡则体现在基于各个不同区域地理位置、经济发展状况和自然资源的差别，其具有不一样的经济增长潜力方面，需要具体问题具体分析，用有限的投入创造更高的经济收益。充分运用政策、资金、市场的导向作用，做到以点带面，以局部带动全局的区域发展方式。例如，20 世纪 80 年代我国由沿海到内陆的“梯度开发”模式就是非均衡的发展模式。

（3）生态保护战略：生态保护在区域发展战略中日益受到重视，通常需要建立生态评估机制与监管数字平台。不仅需要做到区域性生态保护与修复，还需要具备生态全域观，关注区域生态的全局性。基于区域生态多样性与关联性合理处理人与自然的关系，通过提高环境生活品质来增加社会效益。

（4）综合发展战略：综合发展战略是指将区域经济发展、社会发展、文化发展、空间发展等结合于一体统筹考虑，尤其突出城乡一体化的建设过程。制定城镇化战略规划需要立足于现行体制、政策、经济环境、区域发展、国际背景等多维度、多方位的问题，明确城镇化的目标与发展路线，将产业转型与城镇体系结构建立完善作为战略要点。例如，2000 年广州编制全国首个城市总体发展战略规划，并成为全国首个制定了定期回顾与修订机制的城市，旨在通过战略规划，优化区域空间发展格局，形成更为明确的区域分工，找到符合该区域的契合点。

相比于传统的区域研究，新时期的区域空间发展战略探讨新的资源开发和利用模式、新的区域空间结构形式，以及社会文化对区域作用的模式、信息化导向下区域要素空间的集聚特征和空间效应、大数据背景下人地关系研究方法等问题。需要加大对信息化社会存在的区域问题、区域发展机制以及传统模式更新的研究力度。目前关于区域空间发展的研究需要关注资源保护与利用策略、社会维度的资源配置均衡策略以及新技术、新经济对区域的影响和我国在全球化语境下所扮演的角色等问题。

2. 城市空间发展战略研究

城市空间发展战略的研究活动一般从区域和城市两个层面开展，区域层面一般是指区域协调战略；城市层面则包括空间发展与结构布局战略、生态与环境保护战略、产业发展战略、城市文化与社会发展战略以及基础设施战略[48]，具体如下所示。

（1）区域协调战略是城市空间发展的宏观调控。区域协调发展要求消除经济活动中的行政壁垒，促进生产要素趋于自由流动，空间过程的基本特征是各种生产要素的空间流动，显现的空间状态是生产要素流动所形成的经济集聚核心和经济扩散点[49]。为了增强城市竞争力和可持续发展能力，城市间必须建立多层次的合作关系。因此区域创新与合作有助于打造双赢局面，促使城市及周边地区积极投身于新一轮的全球经济体系劳动与分工当中。这一过程有助于充分发挥城市优势，弥补城市不足，保持城市的发展活力。

（2）空间发展与结构布局战略是城市空间发展战略的核心内容，主要用于解决不同时期城市发展过程中的空间问题。有关这一问题，我国学者主要从城市空间发展的方向及策略等方面进行研究。2003 年朱鹏宇和胡海波以南京市为例，运用综合型分析方法建立综合评价指标体系，以确定城市空间扩展方向[50]。2005

年修春亮和祝翔凌以葫芦岛市为例，从多方面对城市空间扩张动力进行剖析[51]。2007 年王晓琦针对东北四大中心城市的发展现状，探讨调整和优化四城市空间发展的战略目标和思路，并提出相应的调整途径和优化措施[52]。由于空间发展与结构布局战略通常是针对特定时期城市现存问题和未来挑战而提出的解决策略，因此需要同时考虑区域空间规划、产业空间布局、生态功能区划等方面的战略，同时空间发展与结构布局的时间跨度相对较长，对地方的规划发展影响也相对更为深远。

（3）生态与环境保护战略是城市空间发展的刚性要求。通常立足于生态评价体系基础之上，对未来的城市空间发展模式进行战略研究。不仅注重目前的资源保护和生态修复，而且关注城市未来的环境发展，以确保城市生态可持续发展。通过城市及周边地区生态环境的系统化和合理化，以及对城市空间结构功能的有效利用管理，来共同塑造一个与大自然和谐共生的城市有机形态。与此同时，在生态保护战略的运用过程中，城市各方面均得到有力发展，城市经济、社会等效益也得到显著提升。

（4）产业发展战略是提升城市经济实力的重要因素。城市竞争力和可持续发展能力离不开城市各类产业转型升级所需的科技创新能力。这种能力不仅包括传统产业的推动作用，还包括在新一轮技术革命影响下蓬勃发展的创意产业的激励引导作用。产业的转型升级除自身动力提升以外，还需外在动力的影响。为此，政府机构需要联合社会力量，多方展开合作、交流，完成产业升级战略特定目标下的多重任务体系，这包括共同塑造适宜的城市创新空间、调整城市产业结构、优化城市形态功能、提升城市创新能力等方面。

（5）城市文化与社会发展战略是城市空间发展战略的核心要素。李晓江认为，在城市文化方面，要振兴传统文化和多元文化，并且注重培育新文化；在社会发展方面，主要是提出低成本扩张策略，如降低开发成本的土地拓展模式，整合社会空间结构等[48]。随着我国发展进入新时代，城市发展由增量规划迈入存量规划，挖掘城市特色，延续城市历史文化尤为重要。

（6）基础设施战略。基础设施是城市空间发展的支撑体系，不仅包括传统的基础设施，同时也包括信息技术等新兴基础设施。由于大型基础设施所带来的经济利益可能会引发城市间的过度竞争和盲目投入，城市基础设施战略应在区域基础设施体系的顶层设计下进行。城市综合交通网络和通信网络是现代社会缩短人们出行距离、加强日常联系的两大重要领域，在新兴技术急速涌现的背景下，健全综合交通网络，完善通信网络是城市基础设施建设的发展趋势和研究重点。

当前的城市空间发展战略研究主要关注资源承载力、土地资源的利用及分配、生态补偿、正负外部性等问题，在衡量指标的确定、指标调整的流程以及对空间的具体控制等具体项目方面与国土空间规划有所差异。与此同时，日后对城市空间发展战略的研究应该重点放在社会与环境的治理、生活幸福感的提升等方面。

2.4 智慧城市空间的发展特征

当前，智慧城市建设、国土空间治理转型、城市空间发展转型同时对城乡空间发展造成深刻影响，且具备以下五方面的特征和趋势。

2.4.1 世界城市网络形成和区域一体化

信息时代下，城市关系与职能的转变推动了世界城市网络的形成。20 世纪 80 年代以来，信息革命加快了第三次经济全球化的浪潮，使城市间的要素流动更加广泛与频繁，打破了过去城市与城市、城市与区域间孤立、分散的个体存在形式。城市的联系不再以工业时代中单一的等级结构关系为主导，而是以网络化形式存在。城市成为网络系统中的节点，其地位与作用不仅取决于控制型资源的规模与经济实力，还取决于它与其他节点的连接性，扁平化的新城市体系正在孕育当中。Taylor 等把世界城市网络分为三个层次：网络层是世界城市关系网络，节点层是城市，次节点层由企业构成，强调了高端生产性服务企业对网络的塑造作用，并以此开展了全球化与世界城市研究网络（Globalization and World Cities Study Group and Network，GaWC）研究[53]。随着知识与技术成为城市发展的核心动力，信息与交通网络使跨国企业在全球配置人才、资本和技术等生产要素成为可能[54]。在这种空间组织下，城市的流通与服务职能更受关注，处于枢纽位置或信息节点的城市，容易获得竞争优势，成为全球或区域级城市，指挥和控制腹地经济活动，而远离信息网络的城市，容易走向衰落，形成新的核心-边缘结构。高等级节点城市是知识与服务的集中，生产活动经复杂的信息与交通通道流向其他中低等级节点城市，形成各级城市的互动发展[55]。

区域一体化是区域深入发展的产物，也是提高地方竞争力的重要手段。一方面，全球化力量不断重塑区域空间结构，生产要素在城市间的流动，使各城市的相互依赖程度不断提高，形成了区域化的基础；另一方面，区域在全球经济竞争中的地位与作用更加突出，单个城市难以在日趋激烈的城市竞争中获得发展优势，区域合作的需求不断增加，此时，一体化的区域发展模式成为国家或地区提高竞争力的抓手。特别是在我国，由于各大区域内部的行政壁垒仍然存在、分工体系尚未形成和公共管理失调等，对区域整合的需要更为突出。目前，区域一体化的多元性和复杂性也在不断增加，如在经济、制度和政治合作的基础上，开始重视文化教育、科技创新、资源环境与生态保护等维度的区域协作；不同尺度的区域合作、正式与非正式的合作机制并存；政府、企业和组织等多元利益主体间的相互作用的过程更为复杂等，其最终目标是实现区域整体效益的最大化和外部竞争力的提升。此外，在信息化背景下，多中心和网络化成为一体化区域空间结构演变的重要特征。Scott 提出了具有代表性的全球城市区域概念，认为在全球化下，全球城市区域是以经济联系为基础，由全球城市和其腹地内经济实力较强的次级大中城市联合扩展而产生的特殊空间现象，并出现单中心、多中心和网络化三个演变过程[56]。

2.4.2　生态空间资源集约化与发展可持续化

利用互联网、物联网、云计算等新兴技术与国土空间治理、生态空间规划进行有效结合，能够充分实现对生态环境的智慧化管理，生态空间将摒弃原有建设优先的发展模式，实现资源集约利用与发展可持续。

工业化时期，城市以建设为主要目标与要义，在建设与扩张的过程中忽略了对生态的重视，“先污染后治理”的老路导致一系列生态问题的产生。随着人类观念的转变、新兴技术的发展，当下人们逐渐意识到生态的重要性与建设生态文明的必然性。智慧城市的观念受生态城市的影响，倡导生态优先。同时，智慧城市促进城市经济发展方式的转变，推进资源耗竭、环境破坏型的物态经济向资源节约、环境友好型的生态经济方向演化，这有助于资源的优化配置与集约利用。技术的发展减少了产业对空间资源、环境资源、物质资源的需求，也提高了资源的利用率。通过推动创新驱动，探索信息、知识、智慧作为可以无限利用的生产要素，可以促进土地、劳动力、技术、管理等生产要素重组融合；通过产品更新升级、管理水平提升、业务流程重构，达到资源的优化配置，减少消耗、提高效率、增加收益，实现资源禀赋约束条件下的生态与经济双重可持续发展；通过智慧技术的应用，降低能源消耗率和污染排放率，城市生产生活中的能源消耗和污染排放以动态的、实时的、更加精准的方式得以监测和管理，能源消耗率和污染排放率可以明显下降，资源和环境将得到更有效的保护，城市向低碳化、可持续的生态文明城市转型。

城市生态文明背景下的智慧城市对城市生态有新的认识与全面的感知，通过生态安全格局的构建与新兴感应技术的应用，准确识别地区生态敏感性，进而划定生态保护红线，强调城市生态文明发展可持续创新。生态保护红线是指对维护国家和区域生态安全及经济社会可持续发展，保障人民群众健康具有关键作用，在提升生态功能、改善环境质量、促进资源高效利用等方面必须严格保护的最小空间范围与最高或最低数量限值。智慧城市将先进的信息技术与先进的城市经营服务理念有效融合，通过对城市的地理、资源、环境、经济、社会等系统进行数字化、网络化管理与统筹，实现城市建设与生态保护的并行，使城市可持续发展。

2.4.3 社会空间功能复合化与多元化

智慧城市将摆脱传统机械的城市功能分类与布局方式，使生活空间向复合化和多元化的方式转变。工业化阶段，由于级差地租的存在，城市空间随社会经济活动的专业化分工，出现商业服务、居住、工业仓储、绿地等明显的功能分化。现代信息技术作用下，居民的活动不断突破地域界限，使城市的功能边界变得模糊，城市功能复合化成为重要的发展趋势。在这一趋势下，多功能社区逐渐成为主导，其特点主要有以下几方面。

一是工作与居住功能的兼容。技术的进步弱化了城市生产与居住的矛盾，小型化、低能耗和高附加值的工业生产可以结合居住区布置，“远程办公”也使居住和工作的结合成为可能，居住空间具备了办公功能。家庭办公、远程会议和协助办公等，使社区不仅是居住和休闲娱乐的地方，还是理想的工作场所。

二是各类社会服务通过信息化、分散化与生活空间的融合。医疗和教育等公共服务空间不断向社区渗透。智慧医疗使得医疗信息覆盖到社区医院，医疗智能化能够辅助诊断和治疗，医疗空间深入社区，有利于缓解大型医院压力；智慧教育的应用和推广也使教育和培训服务能在社区中进行，医疗和教育服务都呈现分散化的趋势，居住空间和公共服务空间的界限日益模糊；未来 3D 打印技术将使生产功能融入社区，围绕产品进行的设计、制造和沟通等需求不断增加，也可能导致相应服务空间在社区产生。

三是休憩空间的多元性与一体化。新技术创新了人们的休闲娱乐方式，引发了各类休憩空间的转变。随着人们生活水平的提高，人们对商业、文化和其他公共空间的体验性和丰富性提出了更高要求。具体表现在：①商业空间更趋多元化与一体化体验设计。电子商务平台和虚拟现实等技术改变了人们的消费方式，使许多旧式商业百货的人气降低。消费者更加青睐情境消费，商业空间需与休闲娱乐、餐饮、购物等服务相结合，形成多元化和场景化的实体消费空间，才更具吸引力，如广州新型书店方所，集文化、购物、餐饮和展览于一体，是传统零售空间转型的代表之一。城市多功能综合体的出现使集商务办公、休闲娱乐、文化创意、公共服务和交通等功能于一体的综合性建筑越来越普遍。②文化空间采取多样化的发展方式。在虚拟现实等新技术下，互联网提供的文化产品日益丰富，一些中小型的传统文化空间，如书店等，因文化产品独特性低，容易受到冲击。大型文化空间一般位于城市中心，关注程度高，可替代性低，应继续发挥文化功能集聚的优势。在城市外围地区或文化功能集聚度不足的空间，可充分利用虚拟现实等技术，强调空间的体验性，提高空间吸引力。③城市绿化和广场空间的规模和品质将逐渐提高，形式更趋多样化。未来，工业与物流仓储等空间的集约化发展，可能为城市腾出更多的公共活动空间，新技术可以应用于公共空间的舒适度和环境品质的提高，如克服湿热的岭南气候和实行智能人流管控等，为市民提供更优的活动场所。

可以预见，在智慧城市建设的支持下，城市功能的组合方式将更为多样化。

2.4.4 产业空间扩散化与集聚化

信息技术推动生产方式的变革，使城市中产业用地布局发生转变，出现整体分散和局部集聚的双重趋势。在城市发展的不同阶段，城市内部要素的流动呈现不同特征。工业时代，福特主义大规模生产下，劳动力和各类生产资料不断向城市内部集聚，城市规模逐渐扩大。随着土地成本上升和环境恶化等集聚不经济现象陆续显现，部分工业部门和居住区开始向郊区扩散，城市呈现郊区化的发展趋势。

进入信息时代，现代信息技术和交通技术的进步打破了原来的城市发展模式，知识与信息等“智力”要素的有效积累与流通越来越成为驱动城市发展的关键力量，城市空间出现新一轮的演变。20 世纪 80 年代以来，信息技术和交通运输产生的空间压缩效应进一步降低了不同区位的空间差异，提升了城市生产活动和居民日常生活的空间自由度。越来越多企业的生产部门和高端居住区沿交通线与信息通道向城市中心区以外的郊区迁移，并带动与之相应的传统服务业向外扩散。远程服务和远程办公的兴起，也使部分生产性服务行业从城市中心迁出（如票据清算等金融后台服务），选择其他土地费用更低的区域。中心区以外的区位开始受到关注，城市对外扩散的方式呈现多样化的特征，圈层式、分散组团式、轴向式以及“飞地”型拓展并存[57]。随着信息技术的发展，制造业进入转型升级阶段，一方面，智能化和信息化开始渗透到生产领域，提高生产效率并减少对生产空间的需求；另一方面，大规模生产向按需生产和定制化生产转变，企业规模更趋小型化。同时，生产技术的进步降低了生产过程对环境的影响，生产空间与其他城市空间的矛盾性下降，信息产品的轻量化以及未来 3D 打印技术的普及，都使生产的区位自由度更高，生产空间扩散到城市中将更为普遍。此外，高度信息化、智能化的生产组织和物流体系提高资源配置效率，有助于减少资源的闲置，“按需生产”的模式也能避免产品的过剩，使城市的仓储需求不断下降。

另外，知识与技术密集型的智慧产业逐渐成为城市发展的主导产业。由于面对面交流和隐性知识的传播对商务会议、管理咨询和创新等活动具有重要意义，且大部分相关从业者对工作和生活环境的品质具有较高要求，故新兴知识和技术密集型企业倾向在城市智力资源密集区和环境优美的地区集聚，如高校区、科研机构集聚区和高新技术园区等，形成新的增长极和创新中心，也有利于产生外部规模经济和范围经济效益。同时，传统大城市中心区的集聚力量仍然存在，信息技术难以完全消除地理临近的影响，空间集聚产生的知识溢出效应突出，而且许多高级命令和控制功能的发挥也依赖于中心区完善的信息网络，城市中心区仍是金融和商务的重要集聚区，以及信息流通和推动交易的核心场所。创意阶层重新回到城市，促进对旧城失落空间的再利用。随着创意或创新成为经济发展重要动力，佛罗里达首次提出创意阶层的概念，并认为它由“创意核心”（creative core）和“创意专业人才”（creative professionals）组成，前者由从事科学与工程研究、艺术、设计、教育和娱乐的人们构成，后者包括商业与金融、法律、保健及相关领域的人才[58]。创意阶层对生活与工作环境具有更高的要求，包括便捷的交通与通信条件、优质的公共服务、优美的环境和良好的文化氛围等。城市的优势再次受到关注，回到城市的创意阶层逐渐增多，并常以城市更新改造的形式，塑造高品质的创新空间，嵌入式地在城市中运营。我国许多知名的创新空间，如广州红砖厂、北京 789 艺术空间、上海田子坊和深圳设计之都等，都是通过改造写字楼、废旧厂房或历史街区，重新获取发展活力，推动城市的发展与复兴。可以说，集聚与分散的双重趋势共同塑造了新时期的城市空间。

2.4.5 城市空间结构网络化与多中心化

新技术为城市的支撑系统带来新的变革，随着交通体系、市政体系、服务体系等的革新，智慧的基础设施体系构建起来，城市空间结构由工业时代的圈层式向网络化与多中心化发展。

工业化时期，城市空间出现明显的分化，各类功能区围绕城市中心呈现自内向外的圈层式拓展，一般情况下，商务区位于城市中心，具有强大的吸引和辐射能力，其外围是低阶层居住区与工业区，边缘是中高阶层居住区与通勤区。工业化后期，郊区化的趋势有赖于交通条件的改善，如小汽车和高速公路的普及等，单中心的城市发展模式开始向多中心转变。

进入信息时代，新技术对交通工具和交通组织方式的革新，将促进交通空间的延伸与优化。交通空间的智能化和交通资源的共享是当前交通领域创新的主要方向，涉及智慧红绿灯、智慧停车和网约车软件等。未来，随着无人驾驶、电动飞机、地下物流系统和超高速飞行列车等技术的发展，交通运输能力将显著提高，促进城市交通空间向外延伸，城市内部和城市间的紧密性增强。新技术对智能基础设施体系的促进，将支撑城市空间的扩散与多中心化。智能基础设施以新一代信息技术为手段，促进实体基础设施与信息基础设施融合，形成以“高速移动、泛在智能、集约共享、虚实融合”为特征的智能城市一体化新型基础设施网络。它将是智慧城市经济活动正常运行的基础，包括信息基础设施和智能化市政基础设施。

在城市支撑系统的革新下，城市功能分区明确的圈层式结构逐步被打破，一方面，原来彼此相互分离的各类城市功能区出现融合发展的趋势；另一方面，城市的各类分散化的生产与生活空间被信息网络有机地黏合起来，形成多功能的城市节点，在交通网络的作用与基础设施网络的支持下，城市网络化的结构特征将日益明显。部分城市网络节点凭借智力资源与基础设施等优势，成为城市信息、资本和人才等要素的重要枢纽，可能进一步发育为城市综合型中心，甚至是城市次中心，疏解非核心城市功能。各功能组团通过交通和信息网络紧密联系，共同推动城市的多中心化发展。

2.5 智慧城市空间发展的价值观与思维方式

2.5.1 三大价值观

智慧城市的建设离不开正确的价值观指引，不能一味地只看到新技术对空间治理的应用，我们需要意识到新技术的使用最终目的也是营造更为良好的生态与人居环境，因此不能忽视前文所说的智慧城市建设中面临的社会、经济、环境、技术、管理方面的风险和挑战。

1. 坚守资源保护的底线

城市资源是城市生产生活的基础，坚守资源保护的底线是维持城市资源可持续利用的基石。《中共中央关于全面深化改革若干重大问题的决定》中提出划定生产、生活、生态空间开发管制界限[59]，在《省级空间规划试点方案》中提出划定城镇空间、农业空间、生态空间以及生态保护红线、永久基本农田、城镇开发边界，即“三区三线”。这是我国从官方在区域层面确定国土空间资源的保护底线。底线思维也是城市发展中必须坚持的思维方式：严格控制城市中的公共空间面积在城市建设用地中的占比；注意保护城市中的历史文化街区与建筑，严格控制历史文物保护线；严格控制城市用地开发强度，做好天际线的管控；等等。建立资源监控和管理数据平台，动态监管资源保护状态，及时制止非法侵占资源的行为。

2. 坚持资源开发的可持续

人类与自然界是一对生命共同体，可持续发展理念的提出抛弃了传统人类中心主义，树立人与自然和谐相处的观念，改变单纯追求城市快速发展，城市经济快速提高的狭隘性，主张城市各生态系统之间的协作和综合发展。可持续发展思想涉及政策、资源、环境、技术、市场等方方面面，但是从总体和长期发展来看，只有资源和环境才是决定持续性的重要因子[60]。

城市发展要做到资源的可持续利用，需要走生态城市化道路。生态城市是世界城市建设的现代模式，生态城市不仅可以提升城市的生活品质，还有利于提升城市的综合竞争能力。城市化水平和经济发展之间互为正相关关系，城市化水平的提高有助于促进经济增长。目前，城市化水平的提升已经成为推动我国经济发展、提高人民生活质量和社会现代化水平的主要动力，坚持“开发与节约”并重的城市化发展观是改变我国传统高能耗、高污染、高投入的粗放型城市经济发展模式的有利途径，我国未来的城市发展应该避免走扩大产值、追求规模的老路，应该运用创新科学技术，通过提高资源利用率减少资源损耗与开发可再生的资源来促进城市化水平的提升，注重经济、社会和环境效益的有机统一。

我国的人口基数大、人均资源少和自然环境脆弱的基本国情制约着经济发展，最为明显的例子就是中西部地区，由于整体发展条件的制约，中西部地区城市化的进程受到相当大的发展阻碍。因此，要想改善这种情况，走高度集约化的生态城市化之路才是我国的必然选择。应改变国民经济的地区结构，充分开发利用经济增长中尚未利用或尚未充分利用的生产要素，重点支持落后地区发展，鼓励先导地区产业升级、创新发展，建立新型区域产业互动合作网络，实现最佳的经济、社会、生态效益。

3. 注重资源配置的效率与公平

根据西方自由主义经济学的和谐思想，即通过对劳动、土地和资本等要素配置的共同作用，实现对社会、经济和空间的最优安排。注重城市资源配置的效率是基于资源可持续利用的要求，通过提高资源的配置效率减少资源的损耗，以达到资源最大效益利用和开发。恰当使用国土空间数据平台，对土地、资金、人才等城市资源进行动态监控和合理分配。运用大数据、POI、规划云等信息化平台，为区域或城市前期规划提供参考数据，使得规划更能优化用地、交通、基础设施等布局。同时，城市的效率不仅来自静态资源，更在于各部门的合作效率，合作效率不仅取决于合作者资源的价值，还取决于连接以及沟通协作的效率。经济学将合作连接的成本归为交易成本，在全部生产成本中，交易成本所占比例极大，降低交易成本是提高社会生产力的重要内容。

城市资源注重公平的出发点是基于“人民为中心”的要求，是能让城市中不同阶层、不同使用群体都能平等享有城市提供的公共空间、公共设施、公共服务等。20世纪60年代，西方城市出现大量的非正义和地理不公平的问题，性别、阶级、社群、民族矛盾的不断加剧也促使西方开始关注城市资源分配的公平性[61]。不论是列斐伏尔的城市权利、大卫哈维的社会正义还是爱德华·索亚对空间正义的讨论，都表达出他们对城市弱势群体的关注，也强调了通过资源配置的公平能获得隐性但巨大的社会效益。因此，城市资源的分配要做到注重效率与公平的统一，这种价值观能更好地促进城市的发展。

2.5.2 五种思维方式

意识对实践具有能动的反作用，合理的城市发展思维的建构能对城市的发展有促进与指导作用。本书基于对现实文献已有的研究基础以及城市空间规划实践案例，总结出以下五种智慧城市空间发展的思维方式。

1. 战略思维——决定城市发展定位

战略规划是传统城市规划的前期准备，战略思维决定城市发展的定位。战略思维的构建需要通过结合城市现有的各种发展条件、城市所处区域的战略地位做出功能定位，提出区域发展的战略目标、战略重点、战略方针、战略模式、战略措施等。从宏观层面对城市进行恰当定位，才能使城市有更美好的发展前景。

2. 底线思维——守护城市资源底线

底线思维是在城市资源开发与利用的维度上进行思考，城市的发展离不开对城市空间、土地、基础设施、服务等资源的开发，因此守护城市的资源底线是守护城市发展的命脉所在，也是实现城市资源可持续利用的基本要求。在进行城市发展规划的前期要设定相关约束条件，在规划中要结合新技术，注重容积率、地块开发强度、高度控制等约束性指标制定的合理性和科学性。

3. 协同思维——运用城市智慧平台

协同思维体现在运用新技术构建智慧城市一体化功能平台上，城市新技术运用的目的与意义在于为城市更人性和科学的规划提供数据支撑与指导实施建议。因此，智慧城市的一体化功能平台除了建立城市资源数据库、城市云计算，还要对城市实时发展进行动态的数据更新以及实现跨部门的资源整合与协同服务[62]。

智慧平台包含着动态感知的物联网及互联网层，通过网络化设施提供智能应用，如智慧社区服务、智慧医疗、政务公开、综合应急系统等。

4. 梯度思维——寻求城市梯度发展

对于城乡统筹一体化发展，需要基于我国的实际情况做到具体问题具体分析，寻求差异化发展方向，拥有梯度思维。由于各地区的城市发展的历史基础、土地面积、社会经济发展水平各异，故发展中所面临的空间问题不同，规划目标和政策也有所差异。需要从实际出发，探索多样化的城市规划模式。针对我国城市区域的空间结构、区域不均衡和社会极化等我国城市化进程中城市空间的发展状态，对现有城市发展情况、城市等级和首位度合理分类，汪明峰指出，中国高等级城市（北京、上海等）首位度正逐渐提高，向世界城市和巨型城市迈进，东南沿海的城市化水平远远超过中西部地区[63]。在寻求梯度发展的同时也需要寻找每个城市在区域中的合理定位，通过科学技术逐渐由传统产业转向新兴产业，实现城市高水平、高质量的发展。

5. 创新思维——耦合城市动态变化

思维与实践是互为促进与动态发展的过程，需要在后期的实践中根据出现的情况及时更新思维模式。针对智慧城市建设的思维模式，也需要根据城市与城市所处区域周边环境的变化而做出及时的调整。保持创新思维，鼓励通过科学技术的创新或者产业升级、服务升级、设施升级等营造良好的创新环境。在当今世界信息化日益发展、竞争日益激烈的大环境中，高科技成为推动经济增长最重要最有效的因素，也是未来世界经济发展的主导方向，科学和技术已经成为国家争取下一轮经济发展动力的竞争关键。我国要在经济全球化过程中保持现在的优势不被边缘化，就要在科技竞争中取得较为领先的地位。大型城市作为我国经济发展的主要阵地，必须加强科技创新水平，引领我国经济发展走向新的高峰。要实现以上目标，需要坚持创新驱动发展战略，继续推进大城市产业结构优化升级，促进科技创新平台建设，吸引新型创新人才与科技创新产业，形成有利于培育科技产业的创新氛围，生成一股新兴力量，带动和辐射区域范围的科技水平的提高。

2.5.3 小结

坚持前文论述的三大价值观和五种思维方式有利于促进智慧城市空间发展，适应市场经济体制的灵活性，妥善处理市场和政府在城市空间资源配置中的关系，增强规划的弹性。通过选择合理的价值观和思维模式指导城市政策的制定和实施，以规章制度的形式体现思维所发挥的主观能动性。总而言之，智慧城市要让城市社会更加美好，不仅仅取决于最新信息技术对人类生活和生存方式及空间环境承载的物质性变革，更在于意识理念的社会鼎革与正确的价值观和思维指引，这样才能最终实现更加智慧的中国城市社会。

第3章　国内外智慧城市空间发展战略分析

为有效应对我国内地智慧城市空间建设所面临的系列问题和挑战，本章选取欧洲、美国、新加坡、中国香港地区和中国台湾地区进行案例研究，涵盖区域、国家和城市三个尺度，通过总结五个国家与地区的空间发展战略及智慧城市建设经验，为我国内地智慧城市空间的发展战略研究提供借鉴与启示。

3.1　均衡协调：欧洲空间发展战略

3.1.1　以经济、社会和环境均衡发展为目标

欧盟各国的地域差异明显，实现区域的均衡与融合发展成为欧盟的重要议题。欧盟是全球最大和一体化水平最高的经济体，截至 2020 年 10 月，共有 27 个成员国，人口达 4.4 亿。但一直以来，欧盟内部发展不平衡、成员国竞争加剧、整体空间结构不合理、城市无序扩张及生态环境恶化等问题逐渐凸显，地域间的经济水平、政治体制、社会文化和规划体系等也存在巨大差异，阻碍了欧盟构建更深入的协作关系，并引起了欧盟的高度重视。以 ESDP 为代表的空间规划成为深化欧盟一体化的重要工具，为跨地域、跨部门和跨学科的空间整合提供了重要支持，并取得了一定的阶段性成果。

ESDP 以实现欧盟地域范围内的均衡和可持续发展为主要目标。ESDP 在强调保持地域多样性的基础上，从经济、社会和环境三个层面出发，以渐进发展的模式，构建一个均衡的空间发展结构，促进区域的可持续发展（图 3-1）。这是一项艰巨的任务，因为在发展中不仅需要协调发展、平衡与保护三者的关系，还必须跨越国界来处理各类问题。因此，ESDP 的关键是保证以下三个方向的基本目标在欧

盟各地域中得以公平实现：经济层面上，促进经济增长与社会进步的相互整合；环境层面上，高度重视自然生态资源和历史文化遗产的保护工作；社会层面上，保证欧盟地域范围内的竞争力分布更加平衡[44]。ESDP 为欧盟未来的地域发展描绘了一个全新的空间愿景，成为欧盟各个机构、国家和管理部门在国家、区域和地方层面的决策依据。

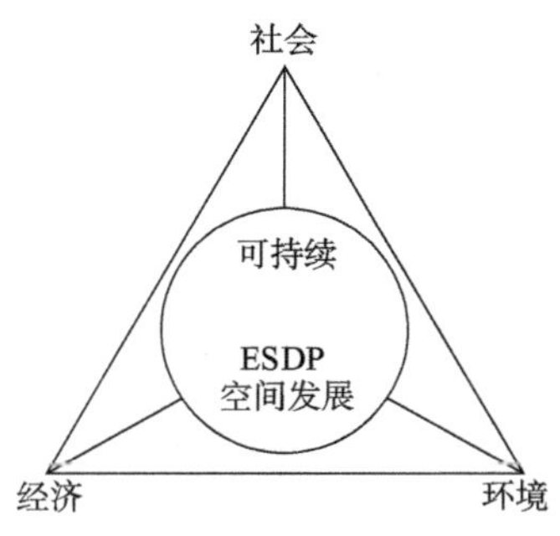

图 3-1　ESDP 发展目标示意图
改绘自 ESDP

ESDP 是欧盟各成员国共同商讨的有关欧盟空间规划的指导文件。ESDP 定位为引导性的非法定文件，建立于欧盟各成员国自愿协商和共同合作的基础上，不具有强制性。一方面，它为欧盟各成员国的空间发展提供指导框架，补充和完善了各成员国现状规划进程，并借助行动计划和基金援助等手段保障实施；另一方面，ESDP 作为一个过程，它致力于探索各种全新的、灵活的跨地域协作模式，重视政府、私人部门、公众和非政府组织等相关主体的参与，提高相关决策的有效性，体现了交互规划理论和协商规划理论在实践中的应用。可以说，ESDP 以推动欧盟均衡的可持续发展为导向，以提高社会的凝聚力和经济的竞争力为目标，通过协调各成员国的发展政策和部门政策，促进一种更紧密的空间发展关系在成员国间、地区间和城市间形成。

ESDP 重视区域差异，引导各国自下而上进行空间发展规划的编制。在 ESDP 的实施中，如果单纯地落实发展策略，可能会限制经济欠发达地区的发展，导致欧盟贫富地区间的差距不断扩大。但如果单纯地落实保护策略，过于强调对原有空间结构的保护，也可能导致欧盟地区整体发展的停滞，甚至出现倒退的现象，阻碍欧盟一体化进程。因此欧盟每个成员国之间可以依据自身的发展情况来制定规划策略，并以协商等形式合理协调它们之间的关系，这样才能在整体层面上促进欧盟与各成员国之间的相互平衡以及可持续发展，实现共赢的局面。

3.1.2 三大核心空间战略

ESDP 从空间战略层面构建面向欧盟各成员国发展的政策指导框架。ESDP 的空间发展战略蕴含了三个主要方针：一是培育均衡的多中心城市体系，构建新型城乡合作关系；二是实现交通与通信设施整体发展；三是合理开发、管理和保护自然资源与文化遗产。各个方针都包含具体的发展原则，由于它们在欧盟的适用范围不一、在各国产生的作用机制不同，各成员国可根据实际情况进行相应的政策选择，实现区域的差异化发展。ESDP 提供的政策框架体现了欧盟地域内均衡发展的最高精神，也是智慧的制度设计的核心。

1. 培育多中心城市体系和构建新型城乡关系

落实多中心发展概念，保障区域均衡发展。目前，欧洲的核心发展区域主要集中于伦敦、巴黎、米兰、慕尼黑和汉堡等城市，这些区域的经济与人口高度集中、基础设施完善，并出现了进一步集聚发展的趋势。2007 年 4~10 月，维也纳科技大学区域科学中心团队对欧盟 28 个国家中人口超过 10 万的城市进行智慧化的深入调研，并依据智慧城市的 6 个特征、31 个因素及 74 个指标内容进行排名，其中英国、意大利等国家的城市智慧化程度较高[64]。针对核心区域与边缘地区差异日益扩大的问题，地域创新空间发展战略对欧盟空间再平衡具有现实意义。ESDP 提出，通过在欧盟范围内创建多个由各级城市组成、布局合理和交通网络完善的经济一体化区域，逐步形成均衡的多中心的城市体系[44]。同时，需明晰各区域的优势与潜力，在经济、社会和基础设施建设等多方面形成优势互补、功能协调的空间发展格局，从而推动经济与人口的均衡分布和欧洲空间的再均衡。

提升城市与城市化地区的发展活力与竞争力。城市地区的经济实力是欧盟核心竞争力的重要反映，ESDP 提出城市地区的发展战略重点在于提升城市化地区和门户城市的核心战略地位，尤其是欧盟边缘地区的发展，并提倡以“紧凑型”的发展理念控制城市物质空间扩张；保障城市经济与社会结构的多样性，落实综合开发策略；强调可持续的城市生态系统管理；在保护环境的基础上，构建高效的交通基础设施以及关注自然和文化遗产的保护；等等。

促进乡村地区多样化和高效发展。乡村地区错综复杂，是自然、经济和乡村文化综合体，以低人口密度、高农用地比例和显著的差异性为主要特征，在生产、生活和生态环境上都与城市存在显著的区别。同时，由于自然生态和社会关系的脆弱性，乡村地区的自然与文化遗产常常难以得到保护。ESDP 对乡村的发展战略是，根据各自的自身条件，因地制宜地制定多元化发展战略，并为乡村地区提供教育和就业等方面的支持；激发新能源、生态农业和生态旅游等领域的发展潜力；推动中小城市网络化，促进乡村各地区之间的合作交流；保护自然和文化遗产；等等。

构建新型的城市和乡村合作模式。单纯地考虑城市或者乡村将难以解决空间问题，需要将城市和乡村的功能和空间联系起来看待，作为一个整体来统筹考虑。ESDP 对城市与乡村的合作战略是，城市与乡村应该遵守相互平等、相互依赖、相互负责和共同受益的原则；保障乡村地区的基本交通服务和社会福利，提高乡村地区的生活质量；加强城乡间合作，促进城乡功能互补；将乡村地区纳入城市地区的空间发展战略和土地利用规划；通过项目合作与经验交流，促进城市和乡村之间、企业之间的合作发展；等等。

2. 以新技术促进交通与通信设施的整体发展

加快城市经济的发展与繁荣离不开城市交通的高度可达与通信系统的高效运转。高效的交通设施和完善的通信系统，是推动欧盟构建多中心城市体系的基础，也是增强区域吸引力的关键。目前，欧盟内部的人流、物流和信息流等在核心地区加快集聚，推动其枢纽地位不断提升，而边缘地区基础薄弱且常受忽视，导致两极化趋势日益明显。因此，要保证区域的均衡以及分享设施及信息带来的便利，需要重视区域的统筹规划，保障边缘地区，特别是偏远乡村地区的基础设施建设，防止区域极化效应。

改善交通条件和加强交通可达性。多中心城市体系需要城市之间、城市与腹地、国内与境外有效地连为一体。完善偏远乡村地区的交通网络建设，是缩小欧盟空间差距、提高乡村服务水平和推动区域全面发展的重要抓手。欧盟一直以来都高度关注智能交通系统的构建，迄今为止已有部分成果得以实施。欧盟智能交通系统技术的研发及应用主要是根据欧盟交通的现状特点和发展目标，构建信息与通信技术支持下的综合交通和物流运输系统，从而实现旅客和货物运输的各种交通方式的高效、安全、绿色发展。2016 年 11 月，欧盟委员会通过“欧洲合作式智能交通系统战略”，目标是到 2019 年在欧盟国家道路上大规模配置合作式智能交通系统，实现汽车与汽车之间、汽车与道路设施之间的“智能沟通”。

完善通信网络和提高知识传播性。信息对整个欧盟来说都很重要，特别是对于交通可达性较差的地区，保持这些地区信息的通畅对整个欧盟地区一体化进程非常关键。ESDP 建议将创新体系、技术转移、劳动培训、职业教育、研究发展等与知识相关的策略广泛融合到空间发展政策中，保证各地区具备获得知识信息的基础设施；将现代中小型企业的经济作为可持续发展的源泉，以促进区域机构与企业间网络的发展和创新的扩大。

合理和高效地使用基础设施。空间政策逐步影响欧盟区域内的人口和劳动力分布，进而影响人们的交通出行需求和选择方式。日益增加的客流与物流造成了诸多的负面影响，但是只靠新建、扩建基础设施不是最佳的解决办法。需要协调空间发展策略、土地利用规划和交通通信规划，加快整合现存的基础设施，避免重复投资和低效利用造成的浪费；利用新技术实现数据间的实时交换，提高设施使用效率；创新管理机制，促进通过征收道路通行费和外部交通费等方式，降低交通压力过大的负面影响。

3. 自然与文化资源的保护、管理和开发

自然与文化资源在空间发展过程中产生重要影响。自然资源的保护与气候和环境问题密切相关，文化资源体现人类发展历史和地方的独特性，两者作为经济要素之一，在区域发展中的作用越来越明显。欧盟提出的《生物多样性保护战略》把空间发展战略作为保护生物多样性的重要手段之一，ESDP 也明确提出自然与文化资源保护的三个战略。

第一，合理保护与开发自然资源。欧盟提出要在空间和环境影响评价的基础上，秉持可持续发展的理念，合理地利用自然资源并减少污染和浪费。具体策略包括发展“自然 2000”（Nature 2000）提出的欧洲生态网络；在制定产业政策和空间发展战略时充分考虑环境敏感区和生物多样性地区的承载力；降低交通对环境的影响，充分利用可再生能源，节约集约能源使用，减少碳排放量；从区域和国家层面上制定易发生灾害地区的抗风险战略。

第二，综合管理水资源。发展先进技术和水经济管理手段，平衡水资源的供需关系；以区域协同形式，保护并修复濒危的湿地系统和海洋系统；评价大型水资源管理工程对区域环境的影响。

第三，创造性地管理文化景观和文化遗产。创造性地保护和发展具有特定的历史、美学和生态重要性的文化景观；创造性地修复已经遭到破坏的景观，维护和设计具有保护价值的城市；编制和落实濒临消失的文化遗产综合保护战略，把文化遗产留给子孙后代。

3.1.3 跨国区域均衡发展的协调手段

欧洲空间战略规划重点关注各国以及各部门的政策在空间层面上的均衡与可持续发展，为区域和地方有关部门寻求平衡的和可持续的发展提供政策指导框架。欧洲在制定空间发展战略的过程中，始终以 ESDP 作为行动准则，建立了一整套欧洲到国家再到城市的多层级合作体系，这一体系灵活且可持续，并融入智慧城市这一理念，使得各成员国间的相互协作得以构建，最终实现欧洲各区域的均衡协调与融合发展。这提示我国在制定智慧城市空间建设的具体发展路径时，要注重与区域的协调，促进区域的均衡发展。

3.2　国家战略：美国空间发展战略

3.2.1　倡导交通及经济的可持续发展

“美国 2050”空间战略规划是美国政府为了应对 21 世纪美国国内人口的急剧增长、基础设施需求、经济发展和环境等问题的挑战，制定未来美国国土发展框架而采取的国家行动，旨于在交通、经济及可持续发展等方面发挥领导作用。

“美国 2050”空间战略规划呈现分阶段重点实施的特点。自 2005 年项目启动以来，“美国 2050”陆续举办大型会议，确定国家空间战略规划的实施计划；2009 年，“美国 2050”重点关注国家高速铁路网络的构建；2012 年，“美国 2050”的研究重点是加快恢复国家基础设施，包括加快对具有国家意义的重大创造就业机会的基础设施项目的环境审查进程。

2015 年，美国正式开展智慧城市建设。美国联邦政府通过《白宫智慧城市行为倡议》，该倡议强调各个相关部门应各司其职、齐心协力促进智慧城市建设，重点研究智慧基础设施建设以及新兴技术的应用；联邦政府更新《美国创新战略》，将智慧城市发展列为该创新战略的九大发展方向之一；美国网络信息技术研发机构发布《智慧互联的社区框架》，该社区框架重点在于利用信息-物理联合体系、智能技术等新兴科学技术，形成互操作和全标准的运行环境，来解决智慧城市发展过程中可能出现的问题，从而提高城市生活环境质量，使城市变得更加宜居美好，最终实现可持续发展。目前美国智慧城市建设形成了以政府和企业为主导的发展模式，建设重点落在信息基础设施建设方面。

3.2.2　着眼超级都市区域的空间规划

2006年，“美国2050”空间战略规划首次提出，由“美国2050”国家委员会管理，联合美国区域规划协会、林肯土地政策研究院、大学等机构的专家、学者等共同研究构建美国未来空间发展的基本构架。当前，已公布一系列阶段性研究成果，包括超级都市区域划定与区域经济协调发展、新技术推动基础设施更新及生态导向的大型景观保护等方面的内容。

1. 超级都市区域划定与区域经济协调发展

超级都市区域规划是美国提升国际竞争力、参与全球经济竞争的重要内容。“美国 2050”中提出划定超级都市区的主要依据包括环境系统和地形、基础设施系统、经济联系、聚落形式和土地利用，以及共同的历史文化。基于以上依据以及一套划定大都市区域的量化指标，“美国 2050”划定了 11 个超级都市区域，分别是亚利桑那阳光走廊、卡斯卡迪亚、佛罗里达、落基山脉前山地带、五大湖地区、墨西哥湾岸区、东北地区、北加利福尼亚、皮埃蒙特大西洋、南加利福尼亚、得克萨斯三角地带[45]。这 11 个区域总面积只占总量的 26%，却聚集了全国 74%的人口。因此，超级都市区域成为美国空间战略规划中区域发展的基本单元。

同时，区域经济的协调发展要求发展相对落后地区的经济，实现区域经济均衡发展和可持续增长。2009 年，美国区域规划协会和林肯土地政策研究院联合多位学者及专家共同探讨有关美国经济相对落后地区的发展，并开展了一项名为“区域经济发展新策略”的研讨会。该研讨会提出了划分经济相对落后地区的标准并按空间尺度的不同将其划分为郡县级和城市级，针对这些发展落后地区提出国家投资战略和空间发展战略，以促进区域经济增长[65]。

2. 新技术推动基础设施更新

完善国家基础设施、提升面临挑战的应对能力是实现国家持续繁荣的必要之举。基础设施规划既包括传统的气候变化与能源供应、高速铁路规划、交通运输系统和水资源保护与利用等，也包括信息及通信技术基础设施等现代基础设施建设。

气候变化与能源供应。为了应对不断增长的能源需求、摆脱对国外石油资源的过度依赖以及降低对全球气候变化的影响，需要全面审视现有的发电和输配电基础设施。在此背景下，美国提出了“智能电网”，在保护环境和生态系统的前提下，引入可再生能源发电技术（包括风能、太阳能等），建设新的发电设施和输配电网络系统，以实现发电、输电、配电和用电体系管理的优化提升。

高速铁路规划。“美国 2050”通过研究全国铁路规划现状，优先考虑 500 英里（1 英里≈1 609.344 米）范围内高水平经济活动的主要都市中心的一体化联系，提出将全国高速铁路网络的构建分为三个阶段推进：第一阶段，初步构建国内首个提供专用路权的“高铁特快”服务的系统；第二阶段，与全国经济发展排名前 100 的城市建立交通联系，并完善第一阶段构建的系统；第三阶段，进一步扩展超级都市区域内交通系统，并建立这些区域之间的联系，将其整合成真正的国家交通网络[66]。

交通运输系统。“美国 2050”旨在提供强大、具有竞争力和可持续的交通运输系统，为国家的长远以及可持续发展提供支撑。随着信息与通信技术的发展，在交通运输系统领域应用计算机、通信和感应技术建设智能交通系统（intelligent traffic system，ITS）是极具发展潜力和发展前景的。从 1990 年前后开始，美国大量开展 ITS 项目研究，并取得系列成就，更有效地利用现有地面交通设施，大幅度减少各种交通伤亡事故，建设交通控制管理系统，提高城市交通管理效率等。

水资源保护与利用。“美国 2050”水资源计划的重点是调整水资源政策，以满足 21 世纪更加复杂的水资源需求，并提出要在流域范围内协调土地利用规划和水基础投资之间的关系。针对未来日益复杂的水资源利用问题，“美国 2050”提出建设一个利用自然系统和市场工具，鼓励创新并提高效率的政策框架[67]。

信息及通信技术基础设施。构建覆盖全国的信息及通信技术基础设施系统是适应现代信息化社会发展的必要前提。2016 年，纽约开展“LinkNYC”计划，该计划旨在用现代通信网络替代传统电话亭，每个网络链接都提供超高速、免费的公共 Wi-Fi、电话、设备充电和平板电脑，用户可以使用城市服务、地图和导航。

3. 生态导向的大型景观保护

林肯土地政策研究院发布了一份政策焦点报告——《大型景观保护：政策和行动的战略框架》，该报告重点关注大型景观区域内土地和水资源问题，是一份保护美国大片土地的区域合作战略。战略提出有关大型景观保护的政策建议，包括：建立一个大型景观数据库；绘制现有和正在进行中的大型景观保护工作地图；为从业人员建立能力网络；建立竞争性赠款计划，促进、协调和支持前景明朗的工作；为实现大型景观保护项目提供必要的政策工具和激励措施；等等[68]。

3.2.3　优先发展特定地区，提高规划效率

美国空间战略不局限于行政区域范围，合理划分空间规划区域，瞄准重点区域的发展，强调跨行政区域之间协调合作并注重城市的可持续发展。首先，建立科学的分区标准，将国家划分为 11 个超级都市区域，并强调针对特定区域重点发展，不强求空间规划的面面俱到以确保规划效率；其次，重视区域协调，提高区域基础设施方面的联系，构建高速铁路网络以提升区域可达性；最后，关注大型景观保护、积极引入新兴技术建设智慧城市，推动国家可持续发展。

3.3　国家意志：新加坡空间发展战略

3.3.1　优化提升土地资源的利用效率

新加坡是一个典型的城市型国家，国土狭小、资源匮乏，但经济高度发达。

作为一个土地资源有限的国家，对于土地的合理布局和高效利用是新加坡空间发展规划所关注的重点。新加坡的概念规划在平衡土地方面发挥着重要作用。2013年，新加坡国家发展部（Ministry of National Development，MND）发布了《2030年土地利用规划》（*The Land Use Plan 2030*），该规划预测，至2030年，人口将达到650万至690万，并应为实现高质量的生活而制定发展策略，主要从提供良好的经济适用房、打造“花园中的城市”、完善交通运输网络、维持经济活力、确保未来发展空间等5个方面入手，优化土地利用方式并为公民提供优质美好的生活环境，以实现城市的可持续发展。

有力的政府推动和全方位的资源支持是新加坡空间发展战略的实施动力。从1960年前后开始，通过制定合理的城市空间发展战略以及政府的积极管治参与，为新加坡跻身世界发达国家之列奠定了基础。与此同时，政府大力支持国家信息化建设，积极发展信息与通信产业，新加坡成立直属总理公署的智慧国咨询与行政办公室，负责统筹及推动各部门、研究机构和民间研发智慧型器材及应用程序，全面通过科技改善生活。

科学的城市规划运作体系是新加坡空间发展战略的实践基础。新加坡城市规划体系由战略性的概念规划和实施性的开发指导规划两级构成，开发指导规划的成果最终会纳入总体规划之中。概念规划主要在形态结构、空间布局和基础设施体系中起示意性作用，用以指导未来40～50年的城市发展。总体规划主要制定土地使用的管制措施，包括用途区划和开发强度，以及基础设施和其他公共建设的预留用地，用以指导未来10～15年实施性发展计划，作为开发建设活动控制的法定依据。开发指导规划将新加坡划为5个规划区域和55个规划分区，主要包括土地使用和交通规划，根据概念规划的原则和政策，针对不同分区的特定发展条件，分别制定用途区划、交通组织、环境改善、步行和开敞空间体系、历史保护和旧区改造等方面的开发指导细则，政府通过该细则和土地征用计划对城市开发进行控制管理。开发指导规划具有针对性，比总体规划更加详细，因此对具体的开发建设活动而言更具有指导性价值。

新加坡空间发展战略以建设“智慧国家”和“花园中的城市”为发展目标。早在20世纪90年代，新加坡便提出IT2000计划，目标是将新加坡建设成为智慧岛。2006年，政府又提出“智慧国2015”计划，计划在全国范围内建设完善的超高速宽带网络等。随后，新加坡政府又公布了“智慧国家2025”的10年计划，“智慧国家2025”计划基于“以人为本”的连接、收集和理解的三大理念，强调通过数据共享等方式，将新加坡建设成为智慧国家，为公民提供更好的公共服务。经过几十年智慧城市发展战略的推进，新加坡也成为全球智慧城市建设领域的国家典范。

3.3.2　四大战略提升国家竞争力

1. 轨道交通支撑多中心空间结构

构建多中心空间结构，缓解用地紧张与人口稠密之间的矛盾。新加坡面积为 724.4 平方千米，总人口约为 570 万（2019 年），人口密度约 7 869 人/千米^2，是世界上人口密度最大的国家之一。针对人地矛盾，新加坡政府在城市发展过程中针对土地使用和空间组织进行了缜密考虑与研究，新加坡依靠新市镇建设，最终确立“1356”的多中心空间结构，即 1 个城市中心、3 个区域中心、5 个次区域中心和 6 个边缘中心[69]。

以轨道交通为导向的新市镇发展是新加坡多中心空间结构的重要组成部分。新加坡自 1960 年建屋发展局（Housing Development Board，HDB）成立以来，已经陆续完成了 26 个新市镇的规划，便捷高效的轨道交通体系吸引了 80%的人口居住在新市镇。新加坡的轨道交通由地铁和轻轨组成，并注重与 TOD（transit-oriented development）模式的结合，每一个站点都是重要的连接点，形成了轨道站点、换乘中心与市镇中心高度整合、一体开发的发展模式。通过以轨道交通为主导，辅以其他公共交通的方式，最大限度地发挥轨道交通的作用，推动新市镇的发展，有利于解决新加坡城市空间发展问题。

2. 以空间创新推动产业发展

持续创新与调整的空间发展策略促成了新加坡经济产业增长的奇迹。经济发展受城市空间发展政策和政府管治的直接影响，因此在土地紧缺的新加坡，空间发展规划如何提高城市土地经济效益，成为规划中迫切且关键的问题。新加坡为提升综合竞争力，产业结构转型升级大致经历了四个阶段。

第一阶段（1819~1959 年）：贸易中转港口。19 世纪以来，随着国际海上贸易的兴盛以及苏伊士运河的开通，新加坡成为航行于东亚和欧洲的船只之间的重要中转港口。在经历历史上第一次城市迅速发展后，新加坡的经济得到了快速增长，也吸引了许多寻求机会的区域移民。来自各国各区域的移民集聚新加坡发展贸易。新加坡凭借着优越的地理位置、良好的港口条件以及英国殖民时期提供的先进国际贸易制度，成为东南亚地区重要的国际贸易中转港口。

第二阶段（1960~1980 年）：传统贸易中心。单一的国际港口贸易显然不足以支撑新加坡的经济发展。为了解决就业和住房问题，新加坡政府提出发展制造业以及建设公共住房的两大战略。一方面，政府积极向欧美日等国家招商引资，并开始建设裕廊工业区，吸引全球劳动密集型企业投资落户新加坡；另一方面，政府大力发展基础设施和服务设施，同时培训技术工人。在外国投资的推动下，新加坡从一个单纯的贸易中转港口转型成为制造业和商业贸易结合的传统贸易中心。

第三阶段（1981~1985 年）：物流服务中心。随着邻近国家的开放，制造业纷纷向劳动力成本更低的发展中国家转移，新加坡制造业优势减弱。新加坡将生产性活动转移至周边劳动力丰富的国家，保留非生产性活动，促成了工业园的更新换代。1981 年，新加坡划定了用于制造业科技研发的第一科学园。随后在紧邻第一科学园地段划定了第二科学园，为制造业的非生产性活动提供了发展空间，促进了制造业的结构转型[70]。新加坡向物流服务中心迈进。

第四阶段（1986 年以来）：创新型城市中心。制造业和服务业作为新加坡经济发展的支柱性产业，受到了政府的高度重视。新加坡为了推动信息产业等知识密集型产业的集聚与发展，在科技研发和商务办公的基础上，融入居住、商业娱乐和生态休闲等内容，并打造了功能复合型的新加坡科研中心——纬壹科技城[71]。新加坡的发展重点成功转向服务业和知识密集型产业。

3. 信息与通信技术提高城市的管理效率

信息与通信产业的发展是新加坡空间发展战略的技术支撑。自 2006 年开始，新加坡实施“智慧国 2015”计划，欲将新加坡建设成为以信息通信为驱动的国际大都市。在电子政务及互联互通方面，新加坡取得了不可忽视的重要成就。新加坡电子政务建设的成功与政府对信息与通信产业的支持息息相关，政务的整合实现了信息的高效管理以及一站式服务，促成了政府与公众的良好互动。完善的基础设施网络是信息与通信技术服务公众的基础，新加坡在“智慧国 2015”计划中完成了无线新加坡项目，在全国建成了 7 500 余个热点，覆盖商务区、购物区及机场。作为东南亚的重要航运枢纽，新加坡注重利用信息与通信技术增强新加坡港口和各物流部门的服务能力，并形成“政府主导—企业执行”的政企合作模式。在多年的发展过程中，新加坡在利用信息与通信技术促进经济增长与社会进步方面都处于世界领先地位。

4. 建设“花园中的城市”

建设“花园中的城市”是新加坡基于可持续发展理念提出的新的战略目标，是在“花园城市”的基础之上，将现有的点状、片状散布的大型公园绿地以绿道串联成网，使自然与城市融为一体，让花园内化为城市的一部分。

构建城市公园网络。新加坡绿化规划中明确规定：各居住区的 500 米范围内需设置一个面积达 1.5 平方千米的公园，各镇区需设置一个 10 平方千米的公园[72]。各个公园提供开阔的公共空间，以供休憩游玩；带状公园一般作为缓冲地带以连接不同居住组团，同时将各组团串联成网。公园网络是新加坡建设“花园中的城市”的重要环节。

注重绿化景观建设。新加坡政府尤其重视绿化植被的规划建设，坚持规划先行，通过土地规划实现整体控制绿化空间面积。在植物种植方面，新加坡采取的是不对称的种植方式，与处于温带的国家不同，这是因为热带地区的人民对树荫的需求十分强烈，而不对称植物种植的方式正好可以解决这一问题；在立体绿化方面，主张采用多元化的方式，新加坡为了在土地高效利用的基础上打造“花园中的城市”，城市中随处可见墙体绿化、屋顶绿化、围栏绿化、桥体柱绿化等多种立体绿化形式[73]。

科学管理城市绿化。一方面，新加坡采取的是“规划—建设—管理”的建设模式，主要由国家公园局进行调控，同时制定了一系列建设管理措施，避免各类建设活动破坏绿地、森林和自然资源；另一方面，新加坡积极普及绿化管理知识，让国民意识到城市绿化的重要性，并培养国民保护生态环境的意识。

3.3.3　建设多方位发展的城市空间结构

新加坡拥有规范健全的城市规划体系和切实可行的城市发展战略，从国家或区域层面概念规划的制定，到总体规划的落实，再到对地方发展的引导与管控，都呈现出较强的连续性与可操作性，展现了新加坡政府较强的社会管理能力[74]。作为跻身全球智慧城市前列的新加坡，在空间发展方面从空间结构、经济产业、城市管理、生态环境等四个方面进行了智慧化建设。通过国土均衡开发策略，处理了人口集中与分散问题，构建了与社会经济相适应的发展格局；通过城市的工业化提供了大量的就业机会，拓宽了城市经济的宽度，并且继续向高科技产业发展；通过信息与通信技术的引入，提高了城市的运行管理效率，协调了政府与公众之间的关系；通过建设“花园中的城市”，提供了宜居的城市环境，并逐步实现经济社会的可持续发展。新加坡从四个层面激发城市的发展潜力，提升城市的综合竞争力，体现了城市发展的智慧。

3.4　极致集约：中国香港空间发展战略

3.4.1　推动集约城市的高密度发展

中国香港是一个紧凑集约的高密度城市。香港地区缺乏土地资源，地形多山，总土地面积为1 106平方千米，其中已建设区面积约268平方千米，仅占总土地面积的24%，人口约732万，在已建设区内的人口密度达到了27 330人/千米^2，是世界上人口密度最高的城市之一[75]。

策略规划在香港地区历史悠久。自20世纪70年代起，香港地区每约10年便修订一次全港发展策略，以使策略满足时代需求，规划上一轮全面性修订于2007年完成，公布了《香港2030：规划远景与策略》（后文简称《香港2030》）。目前，香港规划署正在修编新一轮的策略规划，即《香港2030+：跨越2030年的规划远景与策略》（后文简称《香港2030+》）。《香港2030+》研究是基于《香港2030》制定的一项全面性的规划研究，旨在更新全港发展策略，以引领香港地区未来规划、土地及基础设施的发展，并畅想跨越2030年的发展愿景。

《香港2030+》以亚洲国际都会作为全港发展策略的长期目标。《香港2030+》重视提升宜居度，强化城市竞争力并倡导可持续发展，在此基础上提出了全港发展策略的三大元素：规划宜居的高密度城市、迎接新的经济挑战与机遇，以及创造容量以达至可持续发展。此外，《香港2030+》在空间层面上融合三大元素形成了“一个都会商业核心、两个策略增长区及三条主要发展轴”的概念性空间框架，为满足香港地区目前及未来的社会、环境及经济需求提供了一个多维度的技术支撑。

《香港2030+》将打造智慧城市作为香港地区城市发展的重要策略。在全球经济发展过程中，驱动香港地区迈向知识型经济体系的主要动力已经转向创新科技，发达的通信及资讯科技是香港地区建设智慧城市的坚实基础。香港特区政府于2017年公布《香港智慧城市蓝图》，在智慧出行、智慧生活、智慧环境、智慧市民、智慧政府及智慧经济六个范畴下提出76项措施，利用创新科技应对城市管理挑战和改善市民生活，其中超过40项已经完成或分阶段完成。2020年，香港特区政府《香港智慧城市蓝图2.0》提出的措施包括仍在落实或持续进行的措施，以及另外超过60项新措施，如设立智慧交通基金推动与车辆相关的创科研究及应用；研究在香港使用遥距医疗、视像及遥距诊疗；推出“智慧厕所”试验计划和研究在公厕应用科技；在“精简政府服务”计划下，改革涉及申请和批核的政府服务等。创科不但可以促进经济，更重要的是可以改善民生，《香港智慧城市蓝图》由1.0进阶到2.0，是《香港2030+》的重要补充。

3.4.2 高密度城市的三大发展要素

《香港2030+》规划目前还在继续进行，其规划内容仍在不断细化和完善。从目前已公布的《香港2030+》规划的系列专题研究报告可以看出，《香港2030+》规划主要提出有关全港发展策略的三大要素、一个概念性空间框架以及一套智慧、环保及具有抗击力的城市策略。

1. 全港发展策略的三大要素

一是因地制宜地制定发展方针，规划宜居的高密度城市。香港作为集约发展的高密度地区，为市民带来便捷的出行方式，有效减少土地使用并抑制无序的城市扩展，但高密度的发展模式也势必会带来一些问题，如狭小的居住空间、高昂的房价、交通拥挤及热岛效应等，影响城市的宜居度。提升宜居度对促进香港市民的健康、福祉以及缔造优质的生活环境十分重要。针对不同发展程度的区域，应该制定不同的发展方针。在发展集聚的市区，重点改善现有建设环境状况，包括更新老化建筑、增加交通可达性、提高城市通透性及改善城市气候；在新发展区域，规划设计的科学合理以及土地资源的高效利用则是优化重点，如以铁路为本的集约发展、土地混合使用的日常生活设施以及智慧、环保和具有抗击力的地区发展等。提高生活环境质量，打造优质的宜居高密度城市是香港地区未来发展的关键所在。

二是迎接新的经济挑战与机遇，提升城市的整体竞争力。目前，香港地区经济已经由制造业为本转至以服务业为本，由贸易及物流、金融服务、旅游、专业服务及其他工商业支援服务等四个行业作为经济支撑，并出现了文化创意和创新科技两个新兴产业。为应对全球发展趋势转变以及新的经济挑战，需要从空间、技术、人力资源、基础设施等多个领域提升城市的整体发展水平。提供足够的土地和空间，以满足当前的土地短缺以至未来对各类经济用途的需求；促进经济领域多元化发展，并在技术层面创造充足的优质岗位；推动创新及科技发展，为香港地区经济增长和城市创新带来发展动力；培育并吸引足够和合适的人才，创造可吸引海外人才来港发展的条件；完善基础设施系统，加强香港地区与全球及邻近区域的联系，进一步提升香港地区的发展效率。

三是创造足够的土地及空间，以促进可持续发展。香港地区地形多山，土地面积达到 1 106 公顷，但可供发展的土地十分有限，主要依靠填海及削平斜坡来创造可发展土地。为满足香港地区长期发展的土地需求，应该从多方面创造可供发展的土地。《香港 2030+》中提出五个发展方向：优化土地使用，积极推进高密度发展模式，优化提升现有土地使用方式；调整土地用途，将优越地段或交通便利地段用作其他更合适的功能；创造土地，利用填海来创造新发展土地及重新开发影响环境的棕地；创新拓展空间，探讨岩洞开发利用模式、加强地下空间的发展、运用科技解决基础设施方面的限制问题及进行更多的上盖发展；完善土地使用周期规划，接续发展前石矿场、前堆填区或其他临时用地。创造可供发展的新土地，优化现有土地用地是支撑香港地区可持续发展的基础。

2. 概念性空间框架

将三大发展要素转化到空间层面，构建“一个都会商业核心圈，两个策略增长区，三条主要发展轴”的空间发展框架。概念性空间框架将从自然资源、土地需求、人口分布、职住关系、空间结构及交通运输等多个方面为规划、土地及基础设施发展提供技术指引，推动香港地区迈向可持续发展[76]。

“一个都会商业核心圈”涵盖集中发展高增值金融服务及先进工商业支援服务的传统商业核心区、新商贸区内为正在转型的企业提供另类选择的第二个商业核心区、即将发展为新智慧型金融及工商业支援服务枢纽的第三个商业核心区。

“两个策略增长区”即东大屿都会和新界北。东大屿都会主要通过填海发展人工岛，连接香港地区与大屿山，创造一个智慧、宜居和低碳的发展区；新界北主要通过全面规划，运用更有效的方式发展新界的荒置农田和棕地，以建设未来的新市镇并发展现代化产业，同时改善现有地区的周边居住环境。东大屿都会和新界北两个策略增长区不仅能够解决职住问题，还能提供可发展的土地及空间，以应对未来人口增长的挑战并满足未来香港地区的土地使用需求。

“三条主要发展轴”即西部经济走廊、东部知识及科技走廊和北部经济带。西部经济走廊临近香港国际机场、深港西部通道，以及内河货运码头和其他港口，日后将成为香港地区对外的国际及区域门户地区；东部知识及科技走廊涵盖六所高校、工业和服务支援中心以及高科技和知识型产业区，是香港地区高新科学技术的引领地带；北部经济带基本上覆盖西部经济走廊与东部知识及科技走廊之间的边境地区，具备六个现有及一个正在兴建的过境通道，并临近科研及科技高速发展的深圳，适合发展仓储、科研、现代物流及其他服务业，以及新兴产业。

3. 智慧、环保及具有抗击力的城市策略

制定一套智慧、环保及具有抗击力的城市策略是推动香港地区可持续发展的成功关键，也是香港地区应对土地资源紧缺、建筑及基础设施老化、环境污染及城市抗击力等挑战的必要手段。智慧、环保及具有抗击力城市涵盖多个方面，包括推动可持续规划及城市设计，积极倡导智慧出行，制定综合智慧、环保及具有抗击力的基础设施系统等。

推动可持续规划及城市设计。减少对土地资源的需求及利用，优先考虑现有土地用途的更新利用并积极推动岩洞和地下空间的发展；在规划新市镇和新发展区域时，将智慧环保理念渗透于不同层面的规划和设计中；提倡智慧低碳经济，利用创新科技强化当前的经济支柱并发展新的经济支柱。

积极倡导智慧出行。良好的城市流动性是支撑香港地区社会、经济和土地发展必需的要素。使用适当的资讯及通信科技、提供智慧运输基础设施并进行智慧交通管理运营、合理布局公共运输交汇处及公交车站，有利于促进智慧出行，提升城市的流动性。

制定综合智慧、环保及具有抗击力的基础设施系统。基础设施系统是推进城市发展进程必不可少的物质保证，是香港地区经济效益、社会效益、环境效益的重要条件。综合智慧、环保及具有抗击力的考虑，应推广节约能源、土地及各类基础设施之间的协同效益；提倡可持续城市排水策略，建设可持续排水系统及防洪系统；提升水资源管理效率；鼓励建设具备抗击气候变化及防灾的基础设施等[77]。

3.4.3　提升集约城市宜居度的空间框架

香港策略规划重新审视未来的规划策略及发展方向，为将香港地区建设成为宜居、具有竞争力及可持续发展的亚洲国际都会提供研究指引和导向。香港地区在研究策略规划时，一方面，从发展方针和空间规划两个层面进行考虑，将理论指引渗透至空间框架之中，并积极引入环保城市、智慧城市及具有抗击力的城市等城市策略；另一方面，规划署在进行规划的过程中，积极地与其他部门进行沟通，如香港创新及科技局公布的《香港智慧城市蓝图》是全港策略规划的技术基础。《香港 2030+》研究从区域层面更新全港发展策略以引领香港未来规划、土地及基础设施的发展，以达到可持续发展的目标。

3.5　技术指引：中国台湾空间发展战略

3.5.1　强化空间规划发展的技术支撑

从 20 世纪 90 年代末起，台湾地区开始在城市建设领域积极运用信息与通信技术。1998 年开始实施《信息通信发展方案》。2002 年推动“数字台湾”（E-Taiwan）计划，2005年启动“移动台湾”（M-Taiwan）计划，2006年开始推动无线城市建设，2007 年实现“6 年 600 万户宽带到家”的目标，2009 年开始实施以“发展优质网络化社会”为目标的“智能台湾”（Intelligent-Taiwan）计划。同年发布《智慧生活科技运用计划》。此外，台湾地区各个城市积极探索智慧城市实践，多次在国际智能城市评核组织（Intelligent Community Forum，ICF）开展的全球智慧城市评核中获奖。

台湾地区重视将信息技术创新及时应用于智慧城市建设。由于具有多年的IT产业代工经验，台湾地区与一些国际厂商建立了长期稳定联系，拥有较好的信息与通信技术基础，并具备与欧美发达国家联动发展的有利条件。近年来，随着大数据、物联网和云计算等新兴信息技术的发展，中国台湾在制定城市发展计划过程中积极响应与运用，大力发展信息与通信产业，引领城市发展进入“智慧台湾”的新阶段。

贯彻落实“以人为本”的发展理念，提高民生福祉是台湾地区智慧城市建设最基本的宗旨。2009年台湾地区成立“智慧生活科技运用计划推动办公室”，并发布《智慧生活科技运用计划》，提出了三条建设要点：一是将智慧小镇和智慧经贸园区列为两大发展主轴；二是整合运用宽带网络、数字电视网络与传感网三种网络；三是在推动舒适便利、农业休闲、安全防灾、医疗照顾、节能环保、智慧便捷等六个方面应用智慧科技[78]。

地方政府、企业和市民共同携手推动台湾地区的智慧城市建设。其中，地方政府从宏观层面制订城市的发展计划，并响应市民需求开展社会管理、基础设施和公共服务设施等方面的智慧化建设；市民作为智慧城市建设的受益者，在享受智慧服务的同时，参与到智慧城市建设中并及时反馈智慧建设中所出现的问题，以实现更加智慧的城市建设[79]。信息与通信企业是台湾地区建设智慧城市的关键。针对城市建设和市民生活的需求，企业推出符合实际需求并具有可行性的产品和服务，地方政府则通过采购、公开招标、协议合作等方式，选择合适的企业参与到智慧城市建设中，以此形成“政企合作”模式，推动城市基础设施和公共服务设施建设[79]。

3.5.2 多效机制保障城市发展

1. 新市镇建设与城市更新单元规划

缓解城市中心压力的新市镇建设。台湾地区的新市镇建设始于20世纪50年代的中兴新村，其建设目的是疏解台北市政府机关过度集中的压力，开发了一个省府办公居住社区，将办公人员及其家眷一同迁往。随后，为缓解城市中心居住压力、完善城市空间结构以及促进区域均衡发展，台湾地区逐步探索新市镇建设，先后开发了林口、大坪顶、台中港、淡海、高雄桥头等新市镇，从初期新市镇的小规模、单一结构逐步发展为规模较大并具有综合功能的相对独立的新区，有效地利用了土地资源，并提高了都市环境质量。

构建以“都市更新单元”为核心的城市更新规划体系。台湾地区的城市更新策略是以促进城市土地有计划再开发利用，复苏城市机能，改善居住环境，增进公共利益为目的的，在城市计划范围内实施的重建、整建或维护措施。台湾地区城市更新相关部门积极探索英日美等国家的城市更新成果，并针对自身城市建设的实际需求制定了“都市更新条例”，形成了以“城市更新单元”为核心的城市更新规划体系。自 20 世纪 60 年代起，台湾地区针对城市土地使用所产生的一系列问题不断探索完善城市更新规划体系，在经历了“台湾当局各有关部门消极介入城市化建设—地方政府主导城市更新—探索城市更新单元规划—推动奖励民间更新方案”四个阶段后，逐步形成了现行的城市更新规划体系[80]。现行的城市更新基本流程分为 6 个阶段：更新地区划定、更新计划拟订、更新事业概要、更新事业计划、实施计划和计划执行。

2. 社区营造

开展社区营造活动，提高社会协同治理水平和居民的地方认同感。1994 年，台湾地区为解决城乡发展不平衡、社会冲突显著、生态环境恶化等矛盾，正式提出开展社区营造计划。社区营造是以社区为主体，借助民众自主参与社区建设并积极探索社区的地方特色，进而推动社区发展，提升居民地方认同感。

基于“社区共同体”理念，活化民主生活。台湾地区已进行了将近十年的社区单元改造行动实践，“社区”的概念融入台湾特色并不断得到升华，它是人民对优质生活环境、乡土归属感、社会安全的憧憬，是人民共同经营城市的初衷，让民众赋予“社区共同体”意识，就要彻底改变原本小家建设的思维模式，建立社区建设思维模式，社区营造需要关注物质和精神两个层面，包括社区物质环境空间和社区居民的文化生活。

鼓励发展多元主题、打造永续经营社区。台湾地区社区营造的核心价值观是“自主自立、在地经营、全民参与、永续发展”[81]，在具体项目的建设经营中贯彻落实核心价值观，防止实施过程中方向跑偏，更要防止社区营造项目陷入计划申请、计划执行、进度管控等陷阱。此外，社区营造应从整体发展角度去实行，当社区居民共同完成一个社区营造项目，经过一段时间的运营后，可能会出现认同感淡化、部分利益分配不均等情况，这时候就需要一个新的计划来激发新的认同，而不会因为某个切入点或者某个主题完成而结束，因此，台湾地区的社区营造欲打造一个永续发展的过程。

建立统一的社区营造资源共享平台，避免不必要的多元主体的竞争和资源浪费。台湾地区的社区营造倡导多元主体参与，各主体均以自身利益为前提参与规划，难免会出现利益冲突和资源浪费，而资源共享平台的构建有利于各参与主体更好地相互协助。同时，由于日益多元化的福利资源的出现，部分资源可能会重复提供给某些项目和个人，资源共享平台可以更高效地利用资源，避免不必要的资源浪费[82]。

3. 台北市“网络新都”建设

随着信息与通信技术的进步与互联网应用的蓬勃发展，信息成为一种新兴的战略性资源，是迈向以网络、通信为基础的新知识经济架构的核心。利用信息技术完善基础设施建设，以提高市政府施政效率和市民的信息应用能力进而提升城市整体竞争力。台北市政府以“数字城市、行动台北”为目标，推行“网络新都”计划，实施市长信箱白皮书政策等措施应对信息全球化发展所面临的挑战。“网络新都”计划主要从信息基础设施、电子化政府、电子化企业、电子化生活、信息技术教育及缩小数字鸿沟等六个方面推动实施。

（1）信息基础设施建设。市政府各机关建立健全相关法规，借力民营企业建设全市的无线宽带网络系统，且为配合建立无线宽带网络系统，市政府建设相应公共资源及便民配套服务，让更多市民实现无线上网。推广数位凭证应用。为确保网络交易的安全性，市政府鼓励市民使用自然人凭证，该凭证采用生物特征识别技术，降低身份证被冒用的风险，保障个人权益的同时提供精确专业的服务。

（2）电子化政府建设。提出“一站式”服务理念，建设政务服务中心，提高行政办公与市民业务办理效率。通过构建电子公务处理系统，整合市政府内部的业务流程，设立一站式操作窗口，缩短信息学习障碍，提高行政效能，整合公文撰写、公文管理、档案管理、公文电子交换及公文在线审核等公文作业功能，简化公文作业流程，提升公文电子审核比率。通过电子信息共享平台，推动跨县市合作，开展城市发展经验交流会，共同加强基础设施一体化建设，提升城市整体竞争力。

（3）推动企业信息化发展，鼓励发展文化产业。推动企业信息化，辅导企业建立电子化环境，配合经济部门推动企业电子化相关计划，协助建立企业模板式网站与电子信箱；鼓励企业建立电子商务，不仅提高交易效率，同时提升企业的竞争力。推动发展文化产业，利用数字媒体艺术中心、展演及评奖、政策奖励、创作交流平台营造良好数字创作环境；利用政策奖励、行销媒合、补助、租税优惠、品牌辅导与数字媒体艺术中心营造良好数字产业环境；借助数字媒体艺术中心协助创作人才创意增值及产业转移；借助产业合作进行创作、行销、制作以及经营之人才培养；奠定文化创意与数字产业上游发展基础。

（4）电子化生活。推动市区道路、标志、公车、停车智能化工作。提供公车乘客即时到站及离站信息，以提升大众交通服务品质。建设快速道路交通监控系统，提升交通运输效率及安全性。提供路外停车场即时停车位信息，为驾驶者提供参考。整合市民生活信息资源，建立各类指标性服务网络；建构防灾信息网，结合地理信息系统，提供气象、水情即时信息及灾害预报、范围和查询功能，使民众借助网络获得灾害相关信息及地理空间信息，市民可以上网学习防灾、救灾知识；建立不动产数字资料库，促进不动产信息透明化，活跃市场交易，增加税收，以市场价值促进城市区域发展。

（5）建立远距教学中心，提供在线学习渠道。运用信息科技创新教学模式，推动学生在线学习，将信息科技融入教学观摩与研习，创新教学模式；推动市民电子化学习，提供不受时空限制的学习环境，扩大市民知识领域。强化台北 e 大（Taipei E-Campus）课程内容，积极规划台北 e 大专业认证制度，培育专业人才。

（6）缩小数字鸿沟，推动无障碍网页空间。为使身心障碍者能享有便利无障碍信息网络服务，并展现本市为高度信息化城市，各机关学校网站要求提前一个年度通过无障碍网页检测。开办无障碍网页空间讲习，整合市政府各机关网站资料形成一站式无障碍市政服务入口网站。帮助弱势群体提升其上网能力。为那些有特殊需求的群体（如身心障碍者）搭建便利简洁的网络服务，协助低收入市民实现上网，对低收入市民购置电脑进行部分补助，提高高山族的上网比率。

3.5.3　以信息技术手段提升城市管理

中国台湾地区不断创新发展信息技术，积极建构市政府和信息与通信企业的合作关系，引领市政府、企业和市民的协同建设，探讨新市镇建设并健全都市更新体制、应用“社区营造”和“智慧城市”两大理念，建构多效机制保障城市发展。台湾地区的空间发展十分注重信息基础设施的建设和社区营造理念的应用，包括智慧基础设施、智慧生活和智慧环境等方面，大幅提高了社会的治理水平和居民的地方认同感，保障城市空间的有序和谐和健康发展。作为一个城市化水平达到 80%以上的地区，台湾地区的空间发展战略对我国大陆智慧城市空间规划具有一定的借鉴意义。

3.6　国内外智慧城市的空间发展战略经验与启示

欧洲、美国、新加坡、中国香港和中国台湾这五个国家与地区的空间发展战略各具特点。

在跨国区域层面，ESDP 是一项具有重要意义的空间规划政策。它从区域整体角度出发，着眼于各国的发展特点，制定面向各成员国的政策指导框架。欧洲空间规划实施的对象较广，是一套欧盟到国家再到城市的多层级合作体系，并强调成员国的相互协作，不仅考虑了实施主体的自发性与独立性，同时也体现了公平自主、结构清晰、功能准确、控制引导和可持续发展等特点。

在国家层面，“美国 2050”空间战略规划是美国针对国家当前及未来可能面临的关键问题和挑战所提出的空间战略，旨在解决美国人口急剧增长、基础设施需求及经济发展等方面的严峻问题。“美国 2050”并非覆盖全部国土范围，而是聚焦于国家重点发展区域，以超级都市区域为发展单元串联国家的基础设施网络并开展景观保护行动，同时运用新兴信息技术推动国家可持续发展。

在城市层面，选取了新加坡、中国香港和中国台湾地区进行研究。其中，新加坡作为典型的城市型国家，政府在制定与实施空间战略规划的过程中具有较强的社会管理能力，在健全的城市规划体系和切实可行的城市发展战略的引导下，新加坡在空间发展战略的制定、落实以及管控过程中呈现出较强的联系性与可实施性，是新加坡成为全球智慧城市建设领域的国家典范的重大推动力。中国香港地区研究空间发展战略主要关注土地的“供需关系”，以满足居民生活和就业需求，利用新技术持续有效推动城市空间的发展。《香港 2030+》重新审视香港未来的规划策略及发展方向，聚焦于土地及基础设施的发展。香港策略规划综合考虑城市发展方针、空间规划和技术支持等多方面因素，协调空间规划与智慧城市理念，为推动香港的集约发展、提高城市的宜居性与竞争性以及实现可持续发展提供研究指引。中国台湾地区研究城市空间发展战略则十分注重信息基础设施的建设和社区营造理念的应用，大幅提高了社会的治理水平和居民的地方认同感，并重视土地的使用效率，推进新市镇建设并健全城市更新单元规划体制，多效机制保障城市空间的有序和谐和健康发展。

但这些区域、国家、城市的智慧城市空间发展战略存在以下问题：其一，不同部门在推动智慧城市建设时，缺乏一定的沟通与协调，制定空间战略的部门与推动智慧城市建设的部门（如信息技术部门、创新科技部门等）很少有技术层面的沟通；其二，不同地区的城市智慧化程度差异较大，以中国台湾地区为例，台北和桃园有关智慧城市的建设效果较好，其他地区的智慧城市建设实施较弱；其三，各地在制定空间发展战略时缺乏宏观层面的统一调控，在以上所讨论研究的空间发展战略案例中，只有中国香港从宏观层面提出了《香港智慧城市蓝图》，而其他国家和地区在制定空间发展战略时几乎没有统筹考虑制定智慧城市发展战略。

应该注意到，上述的，特别是欧盟的空间规划与我国的国土空间规划有本质的区别。前者更强调区域平衡与协作的意向共识；而后者则是政府公有权力对国土空间（更重要的是土地用途）进行法定的管治，当然，我国越高层次的国土空间规划，其区域平衡、协作的指引性会越强。因此，我国智慧城市的空间发展战略应立足于我国现阶段独特的社会经济发展状态，且借力新技术，展望美丽中国的未来。

综上，在研究我国智慧城市空间发展战略时，应注意以下几点：首先，空间发展战略研究不局限于行政区域范围内，积极探索跨行政区域的空间发展规律，激发各城市的发展潜力，发挥区域的联动作用，以特定地区的发展带动整片区域发展；其次，充分考虑不同地区的发展差异，明确不同发展程度的城市定位，因地制宜地制定各地的空间发展战略，同时增进区域间的联系、加强区域合作关系与良性竞争，以实现区域的均衡与协调发展；再次，信息技术的运用是智慧城市空间发展战略的基础，规划制定相关部门在研究空间发展战略时应注重与各个部门的技术对接，尤其是与智慧城市建设相关的部门（如信息技术部门、创新科技部门等）的技术对接，强调技术层面的沟通与协调，确保空间战略与智慧技术的高度衔接，以提高空间发展战略研究的科学性；最后，智慧城市的空间发展战略是新时代背景下一项重要的技术探讨，协调好智慧城市建设与传统空间发展战略两者之间的关系具有重要的现实意义。

第4章 智慧城市的空间发展战略模式探索

本章综合前文的三个发展背景、三个理论集群、三大价值观和五种思维方式，建立“1战略4维度”的智慧城市空间发展模式，包括战略结构、生态空间、社会空间、产业空间和支撑体系五个部分。

4.1 构建智慧城市空间发展的总体战略体系

4.1.1 智慧城市空间战略的任务设定

为了应对前述智慧城市建设中出现的多样化问题和挑战，广义上的智慧城市应挣脱狭义层面上技术专门化的桎梏，转而向“技术”和“理念”一体化靠拢[83]。理念是超越技术层面的深刻思考，有助于在城市建设过程中创新、协调、绿色、开放、共享等五大理念的智慧运用。因此我们除利用信息与通信技术来实现城市最佳运行状态外，还应重点关注理念建设，促进人的全面发展。在智慧城市建设热潮袭来的大背景下，我国智慧城市的空间发展应承载以下任务。

1. 重塑城乡关系，焕发绿色活力

着重运用生态智慧来引导城乡生态实践研究，构建生态文明，使城市和乡村共同焕发绿色活力。

在我国城乡发展的新时期，乡村振兴战略也被放在了突出位置。乡村振兴为乡村发展指明了几条道路，首先应重塑城乡关系，走城市与乡村融合发展的道路。为了警惕城乡空间的两极分化现象加剧，我们主要应做到坚持乡村振兴的全面展开，因地制宜并循序渐进，促使人与自然的和谐相处。未来在知识经济的引

领下，主要城市将重点发展以信息科技为主导的第三产业，周边地区将发展技术集聚的第二产业。乡村则将利用优良的技术工具网络，为城市第二、三产业提供生产动力，并接纳共享来自城市的先进设施和产业扩散，与城市进行互补重构，最终实现以农业农村为核心的乡村现代化。

城市本身就是一个复杂的生态系统，先进科学技术的运用可以减少城市问题的发生。但在实施过程中往往过分关注具体技术基础设施的建设和局部成果的获得，而忽略了空间规划方案本身的智慧性，使得城市“智而不慧”“智而不美”。例如，大数据技术在城市水务中的应用，相关人士指出城市排水问题的解决是十分复杂的系统工程。过去的生态实践对物联网方案和雨洪模型颇为关注，各类数据相对分散不利于整合模拟。但如今以华为等企业领衔的智慧城市生态圈建设，其搭建的信息化平台整合了城市水务的各种相关数据，为海绵城市雨洪管理提供了解决方案。因此，为响应美丽中国、美好生活的号召，在智慧城市建设中应用新兴科学信息技术（大数据、云计算、区块链、人工智能等）的同时也应当结合生态智慧原理，使城市的天然系统和人工系统完美耦合，携手共建和谐、健康、高效、可持续的宜居生态环境。

2. 优化空间布局，促进资源共享

从全局出发，统筹协调、因地制宜地优化空间布局，以促进资源共享为目的，推动社会健康发展。

空间布局的优化，应包括生态、生活、生产空间的总体布局，形成网络型生态空间、宜居生活空间、高效生产空间，并相互良性影响、相互渗透。同时，各大空间的服务资源，如生产性服务业、生活服务设施、城乡基础设施、交通基础设施等，将依托新技术而扩大共享范围。优化空间布局有三点原则：①全局意识。反思传统的城市空间发展实践，普遍存在缺乏全局意识和发展目光较为狭隘的问题，多数只专注于自身小范围内的基础设施建设和目标实现，从而忽视了区域层面的联系，造成因小失大的不良后果。因此未来应树立全局意识，从全局出发，提取城市发展过程中亟待解决的问题。②统筹协调。鉴于不同地区城市之间的主要矛盾不尽相同，而且各部门机构对问题的理解也见仁见智，解决问题的能力也因人而异。因此在城市空间发展过程中应认清现状，打造统筹平台，共享资源利用情况，协调各专业人士发展，以共同为城市空间发展出谋划策。③因地制宜。在具备全局意识和统筹协调能力的同时，也应注意到不同地区城市的特色风貌建设。随着多媒体和城市修复技术的发展，城市建设者可以综合运用多种先进技术展示城市的传统风貌，增强地方文化自信，打造具有地方特色的智慧城市建设方案，避免落入“千城一色”“千城一面”的陷阱当中。

实现资源共享，促进社会公平体系建设。随着智慧化的升级，将有越来越多的居民能够使用公共服务资源。例如，在城市的知识传播方面，数字技术的发展正在促使一些著名高校开放自身的特色网络基础课程。这一方式不仅降低了学校的运营成本，而且引发了全民学习的风潮，有助于社会教育公平性的提升；与此同时，随着智慧资源的流通共享以及智慧平台的大力营建，更多不同角色的人会参与到城市空间发展当中，城市治理人员的角色也会变得包容化、多样化和专门化。

3. 分配自由区域，推动科技创新

新兴智慧城市建设需要搭建共赢多赢的商业平台，为了平台的顺利运行，有必要在智慧城市建设过程中建设新型高效和空间均衡的自由区域，这就更需要科技创新的协同以驱动市场与产业的进步。

该区域通常是以智慧空间改革试验区的形式存在，融合了不同商业模式的业务领域和最先进的数字化基础设施。例如，国家发展和改革委员会 2016 年 10 月发布的《传统基础设施领域实施政府和社会资本合作项目工作导则》[84]中提到政府特许经营模式和政府购买模式，前者主要应用于城市交通一体化方面，如一卡通出行、智慧停车设施等；后者主要关注大型公共服务设施方面，如城市无线网的建设、智慧教育、智慧医疗设施等。此外，还有企业社区自营模式，通过数据共享平台的构建，实现一系列的综合目标，如生态城市、平安城市等；以及由政府出资设立的股份投资公司，通过一些金融机构与市场上的主导企业进行商业融资，促进智慧城市的顶层设计、招标管理和项目运营等。

未来的智慧空间改革试验区也是新型的科技创新中心，科技创新将成为驱动市场的主要商业行为。创建科技创新中心的关键问题是打造适合的市场环境，同时促进新知识的产生。为此，地方政府应改善科技创新与产业升级之间的关系，支持和促进各高校研究机构、非高校研究机构、企业公司之间的沟通联系，从而使新知识成果的投入、产出、应用形成良性循环。在沟通交流层面，开放空间的智慧化对科技创新的助力最为明显，如智慧阅读空间、智慧购物空间等都是进行科技创新的主要开放平台。因此，传统城市空间需要重新审视其内部结构，转变其功能形态以适应智能化基础设施所带来的多重挑战。通过这种方式，科技研究成果可以迅速引领市场创新，即加速新知识的市场化，为智慧城市建设提供基本经济保障。

由于新型智能技术的应用，智慧城市空间应进行相应的创新性适应设计。例如，人工智能、大数据等空间智能移动技术的发展，催生了无人驾驶汽车的发明应用。可以预见未来即使是处在复杂的城市建成区，也可以安全高效地完成出行任务。如果城市交通相应发生变革，传统路网和断面形式则需要进行再设计。城

市空间的改变不局限于来自交通方面的挑战，还伴随功能形态的发展变化。城市中心区域趋向于混合功能展示区，功能更加复杂化、多样化、敏感化和智能化，以满足广大市民的不同需求。智能型制造业生产区位也会发生改变，趋向于迁往多功能技术集聚区域，以便于快速利用科技成果、吸引科技人才，并且只有在知识成果能顺利为人所需要、利用的前提下，智慧城市所关注的创新城市、数字经济等才会拥有良性的发展空间。因此在这一背景下，政府企业及相关机构均需转变传统规划思路，采取多方协调、合作的方式促成城市空间的转型升级，传统的城市问题与挑战也会随之得到克服和解决。

4. 强调以人为本，营造智慧支撑

我国新型城镇化的建设过程必须坚持以人为本，坚持为人民服务是引领智慧城市建设的根本方向。充分考虑各地区发展情况，营造智慧基础设施体系，支撑城市智慧发展。

由于地区发展上的不均衡，原有基础设施完备、经济条件好的城市及地区能够快速找准定位，赢得竞争优势；而原来本就处于弱势地位的城市及地区则可能会陷入被动。因此，除了维持传统含义上的社会公平（如收入再分配制度、社会医疗保障体系、义务教育等）以外，还需要新型公平理念的建立。随着新型城镇化浪潮和第四次科学技术革命的到来，在智慧城市建设中更应着重关注机会平等，尤其是维护弱势群体对智慧资源、数据信息获得的公平机会权利。除了机会平等以外，还应把市民需求放在首位，并进而转化成市场发展的重要目标，如巴西里约热内卢公众信息中心的建立，以及英国格拉斯哥医院建筑的余热供应，皆体现了市民的强烈需求。

在建立社会公平的同时，需要科学合理制定基础设施服务体系，智慧支撑城市发展。在人口动态调查方面，由于智能通信、移动工具的普及，居民日常出行方式和活动的定位与记录成为可能。未来可以精确到每一条街道的人口流动情况，包括流动人口和常住人口比例、性别年龄差异等人口特征分析，而在用地规模预测方面，则离不开多规合一背景下数据平台的建立。该平台应建立在国土资源、经济发展、城乡规划等多部门协调的基础之上，统筹各类相关的用地分类和指标体系，形成统一的规划信息数据库，供相关人士、部门搜索查询。同时，应吸取其他部门、行业的经验、智慧，搭建城市空间发展规模的动态变化监测平台，利用情景分析等方法有效预防和适应城市发展的变化情况，以科学精准地划定城市增长边界，确定城市信息基础设施布局和相应规模。

4.1.2 智慧城市空间发展战略的体系构建原则

智慧城市空间战略，应以解决城市问题为导向，以合理配置资源、优化空间布局为核心，对城市运行数据进行整合与分析，在反映城市形态、结构变化的本质、土地空间扩张规律的基础上，实现对产业、社区、生态、基础设施等城市各要素资源运行情况的动态模拟与协同配置[85]。

1. 城市与自然共生

现今，人们正以比以往更快的速度进入城市，城市得到高速的发展与扩张。但城市的发展不能抛开自然，城市需要自然，自然可以让城市获得更好的成长，构建宜居的环境，实现可持续的发展。人类只有遵循自然规律才能有效防止在开发利用自然时走弯路，让城市变得具有恢复力与可持续性，由此，城市与自然和谐共生是必不可少的。

现代生态文明是新文明观、经济方式、生活方式、社会发展方式、科技范式等一系列变革的系统性革命，是按照自然生态规律，运用信息技术、生物技术、纳米技术和新能源技术，以自然的生态统一性和生态化的社会实践方式，对自然生态进行修复性、协调性、可持续性开发，形成生产生态化、生活生态化的一种新兴文明态[86]。依托城市空间发展和生态文明建设并实现有机结合，为智慧城市的内涵式建设提供支撑，有助于促进城市空间与生态环境的可持续发展。

2. 优化城乡空间布局

随着城市化步伐的加快，传统的城乡关系被打破，城乡发展不平衡的矛盾与问题逐渐显现。反思城乡关系，二者的协调与空间优化是促进整体发展必不可少的条件，如何规划一份合理、利用效率高、可持续发展的城乡空间布局是当前需要深入研究与探讨的问题。

推动城乡一体化的进程是我国构建社会主义和谐社会的重要战略措施。从空间优化的角度，对城市空间要素进行演进规律的科学总结，并对城市空间发展趋势进行多方案模拟推演与比较，实现对产业、交通、社区、文化、生态等城市各要素资源与各个子空间系统的优化配置，对城市空间结构、基础设施进行优化调整与科学布局。

3. 空间支持产业发展

产业转型是城市转变经济发展方式和发展模式、实现进步的关键。城市发展从依赖资源消耗到依赖技术创新，产业结构的升级对城市空间提出新的要求，空间应当满足产业发展的需求，以支撑产业为城市发展提供动力，两者相辅相成，共同促进城市的进步。

空间应该支撑产业的健康、高效发展。从全球、区域的角度判断主导产业，并根据产业发展趋势预测空间需求，结合智慧城市的定位、发展战略与发展规模，制定产业空间的合理布局与发展策略，实现空间支持产业发展、产业发展带动经济与城市进步反哺空间品质的进一步优化。

4. 智慧监测城市运营

实时监控有利于及时把握城市的健康状况与发展情况，科学决策有利于引导城市发展方向，确保城市正确决策。因此城市运营需要有实时监控及科学的决策支持系统，通过建立监控与决策平台，应对城市管理、公共安全、环境保护、智能交通、基础设施等领域的管理决策，进而实现城市智慧式管理和运行。

城市运营需要智慧监测。通过使用传感器、视频监测、物联网等信息技术手段来采集城市各要素，对城市各要素的运行数据进行分析，整合运用，精确分析城市系统运行现状。在了解城市运行和发展现状的基础上，通过空间可视化、虚拟现实等可视化技术，结合城市开发规模、开发强度、人口密度及城市空间发展政策等，对城市空间要素进行可视化模拟仿真，判断城市运营状态，预测城市未来空间发展趋势与规模。

4.2　构建智慧城市的生态空间体系

4.2.1　智慧城市的生态空间发展体系

1. 生态城市与智慧城市的耦合

伴随着全社会生态环境保护意识的增强，城市空间规划中城市规划与生态空间的关系、生态空间体系的建设，以及如何运用生态策略实现人与自然和谐共存、可持续发展的宜居城市形式等相关议题逐渐受到重视。习近平总书记在十九大报告中指出，“我们要建设的现代化是人与自然和谐共生的现代化，既要创造更多物质财富和精神财富以满足人民日益增长的美好生活需要，也要提供更多优质生态产品以满足人民日益增长的优美生态环境需要。必须坚持节约优先、保护优先、自然恢复为主的方针，形成节约资源和保护环境的空间格局、产业结构、生产方式、生活方式，还自然以宁静、和谐、美丽”[3]。这亦与我们提倡构建智慧生态空间相契合。

智慧城市的生态空间，是生态城市与智慧城市的耦合。20 世纪 70 年代有学者提出了生态城市的概念，这一概念提出建立一种尽可能减小对水、食物、能源等必需品的需求量，以及降低废热、废气和废水排放量的城市[87]。在今日看来，生态城市与智慧城市的内涵具有内在关联，生态城市可以看成是智慧城市的组成部分，智慧城市中必然集成了生态城市的观念，我们亦可以在生态城市的研究与讨论中探索智慧城市的建设战略。生态城市的观念反映的是人类对人与自然关系的深刻认识，它所倡导的是一种基于生态学原理建立的自然和谐、社会公平和经济高效的复合系统[88]，是社会进步、经济发展、生态保护三者的高度和谐。

再看智慧城市，它是一种基于城市的科学发展观，通过对新一代的科技与技术的应用，重视城市活动、公共安全、环境保护及社会民生等问题，强调以人为本，智能协同，可持续发展，追求绿色、高效、安全、方便、可持续的城市形态。起初，学者的关注仅仅着眼于城市的信息化与智能化，而随着城市的不断发展，学者开始注意到生态元素的重要性。智慧城市所追求的智慧，不仅仅限于人与城市的智慧，亦包括人与自然生态之间的智慧，智慧城市中的生态因子需要受到重视，它要求从更加客观科学与全面的角度去对待与分析生态因子，从规划前的自然生态环境调查评价，到实施与建成使用的持续生态环境监测，从城市整体的生态环境空间保护考虑，到具体城市建设项目过程中对生态环境与绿色建筑的关注，方方面面均应运用先进的智慧技术去思考城市建设与生态的关系。

当下智慧城市已然成为全球共同讨论的课题与目标，城市未来将逐渐呈现信息化、智能化、生态化、安全化等特征。一个智慧城市必然是一个生态环境良好的城市，生态城市强调从生态环境的角度关注城市空间的各个方面，将资源合理利用以及人与自然和谐发展作为核心内容，而智慧城市也以“以人为本”作为核心思想，二者的落脚点均是让人类的生活更加美好和谐。然而当下对智慧城市的探讨和研究焦点依旧集中在构建城市的信息化与智能化方面，尚未深入挖掘城市空间与生态环境的关系、人与自然的关系。事实上“智慧”应该不仅仅是对城市服务设施、基础设施、信息系统等的完善，更应该是从人与自然的关系角度出发的一种深刻的思考。智慧城市虽然能够为人们的生活提供便利的服务，但它更需要吸收当下优秀的生态城市发展理念，融会贯通，这样才能从根本上推动城市健康和谐发展。智慧城市对良好生态环境的需求，以及智慧城市居民对良好生活环境的要求，使得生态环境的营造对智慧城市的规划与建设产生影响，智慧城市的概念应当包含生态城市的概念，生态城市的理念值得智慧城市借鉴与学习。智慧与生态的融合研究，符合生态文明发展的要义，这要求我们注重从生态发展的视角去关注智慧城市的空间营造。

2. 智慧生态空间概念特征

由此我们提出智慧生态空间的概念。智慧生态空间，是智慧城市的生态蓝图，它描绘的是智慧城市中生态空间欣欣向荣以及生态与城市和谐共生的部分。传统的生态空间以生态系统服务为理念，重点需要优化生态用地的规模和空间结构，对生态红线进行精准识别和精细化管理，并促进生态资源的资产化。在智慧城市理念引导下的智慧生态空间，要求城市按照生态学原理进行设计的同时加入生态技术因子的应用，以建立高效、和谐、健康、可持续发展的人类聚居的空间，同时通过引入系统工程、信息科技、生态经济学等先进科技与技术知识来改善城市管理，协调好城市空间与生态环境的关系，最终将城市打造为生态化、信息化并重，经济蓬勃发展的新型现代化智慧城市[87]。

前苏联生态学家扬尼斯基和美国生态学家理查德·雷吉斯特等学者于 20 世纪 80 年代初分别对生态城市进行了研究。扬尼斯基认为生态城市是一种理想城市模式，是科技与自然充分融合、生态良性循环的理想栖境。雷吉斯特则认为生态城市即生态健康城市，是紧凑、充满活力、节能并与自然和谐共存的聚集地。1990 年第一次国际生态城市会议在美国召开，各国家代表介绍了生态城市的建设理论与实践，并提出了“生态结构革命”的十项计划，此后国际生态城市会议陆续召开，推动了智慧生态空间建设发展，形成了一定的国际影响力。近年来，随着生态文明价值观的传播与新兴技术的兴起，万物互联互通的数字化生态正推进智慧生态空间的建设。智慧城市是城市化 3.0 的重要标志，也是生态文明建设的重要载体。智慧生态空间是智慧城市的重要组成部分，其具备以下特征。

（1）以生态城市发展理论与智慧城市发展理论为支撑。智慧生态空间遵循着既有的绿色发展的基本理念与原则，表现出共生、循环和自然的生态城市核心价值，把智慧与生态的核心理念实现有效融合，在遵循城市发展规律的前提下，通过对城市进行智慧生态规划建设管理，实现城市社会、经济、文化和环境的全面发展，创造和谐、健康、可持续发展的城市人类宜居环境。

（2）借助信息技术实现生态空间的智慧化。从方法上讲，智慧生态空间的建设依赖于计算机网络和信息技术的发展。推进“多规合一”、借助新兴技术推动实施包括城市规划在内的空间规划统一监管，通过科技的运用确保生态空间的健康发展，标志着我国空间规划正在进入以智慧生态为基础的生态文明新时代。

（3）构建可持续发展的生态安全格局。自然生态和数字生态决定着自然资源环境的承载力，通过借助科学手段进行生态安全格局的构建，能够准确识别地区生态敏感性，识别关键生态问题和关键性生态系统服务，进而基于生态安全格局对城镇增长模式格局进行预测，以确保城市的健康发展。

3. 智慧生态空间构建目标

智慧生态空间的构建，建立在智慧城市的建设之上，它有利于在提高城市的智慧化水平的基础上，将智慧与生态完美融合，实现人与自然的和谐相处，符合生态文明的价值观念，促进城市可持续发展，其构建目标有以下几点。

（1）通过划定生态资源与生态空间保护范围，保障与延续城市建设发展中的生态因素。利用生态保护红线落实底线思维，利用智慧的手段保护红线内的生态环境，确保生态空间的健康发展，维护国家和区域生态安全及经济社会可持续发展，保障人民群众健康，在提升生态功能、改善环境质量、促进资源高效利用等方面必须严格保护最小空间范围与最高或最低数量限值[89]。

（2）协调生态环境与城市发展建设的关系，减小城市发展对生态环境的损坏，减小城市发展的经济、社会与生态之间的矛盾与风险。在城市规划中，借助现代信息化技术，融入生态化理念，科学估算城市的资源环境承载能力，并依此适当调整产业结构与布局，合理估算城市人口规模与用地规模，同时运用相关知识与先进技术手段，更好地营造智慧生态空间，全方位地提升城市实力与影响力。

（3）将生态资源转化为城市发展的自循环与自完善能力，促进经济低碳化的发展，引导城市选择正确的发展道路，最大限度提升城市的创造力，以创造更加优良的生态人居环境，使优良的城市生态环境最大限度地为提升市民的文明水平与人居环境服务[90]。

（4）树立公众正确的生态价值观，让公众对生态发展与城市建设的关系有更深入的了解，将自己日常的行为与生活同城市的发展相关联，如绿色消费、生态旅游、循环利用等，以利于城市与生态的和谐共处，以求达到一种人与经济、自然和谐发展的状态。

毫无疑问，智慧城市的生态空间的营造，是对城市智慧内涵与生态内涵的融合研究，这一研究顺应城市发展规律，符合智慧城市建设要求，对智慧城市空间战略模式的探索也有所帮助。

4.2.2 智慧生态空间发展策略

智慧生态空间的建设，需要吸取生态发展视角下城市空间建设的优势，智慧不应仅仅停留于信息与科技的进步、局限于对经济发展和社会发展的追求，还包含着对优良生态环境的极大需求，只有生态环境友好，城乡空间才算真正的美好，只有城乡生态系统运行良好，整个智慧城市系统才算真正的健康运作。以下对智慧城市生态空间的建设提出几点发展策略方面的建议。

1. 以底线管控为基础

在城市不断的发展中，人们逐步认识到粗放的开发和发展模式不适合城市空间的健康、可持续发展，于是开始寻求符合生态环境发展要求的城市发展模式，在这样的背景下，众多城市发展模式相继被提出，包括“新城市主义”、“精明增长”及“紧凑城市”等[91]。从生态发展的视角看，城市的高密度紧凑布局和土地空间综合利用有利于保护城郊的生态区域，符合构建生态低碳城市的要求，城市用地紧凑布局和复合利用将在一定程度上减少城市用地量，从而为开敞空间、生态斑块与廊道、农田等留下足够的空间，减少城市对自然环境基底的侵蚀。

生态资源和自然资源是有限的，土地有其自身的承载能力，城市的建设不可超出土地的承载力，因此划定一定的建设界限显得十分重要，城市生态控制线的作用就在于此。城市生态控制线是在尊重城市自然生态系统和合理环境承载力的前提下，根据有关法律、法规，结合城市实际情况划定的生态保护范围界线，可以保障城市基本生态安全，维护生态系统的科学性、完整性和连续性，防止城市建设无序蔓延[92]。传统的城市建设中，城市过快的发展往往跨过这一条生态线，在智慧城市的背景下，运用科技手段对城市生态控制线进行实时监控有利于对生态空间的保护，有利于从实际上监测城市建设，有利于实时保持城市建设与生态之间的和谐关系。

2. 以新技术实施监控与管理

党中央、国务院高度重视大数据在推进生态文明建设中的地位和作用。习近平总书记明确指出，“要推进全国生态环境监测数据联网共享，开展生态环境大数据分析”。李克强总理强调，“要在环保等重点领域引入大数据监管，主动查究违法违规行为”。传统的生态评估平台与生态信息管理监控平台在智慧城市的背景下都应当得到进一步的优化。

借助大数据的便利与先进科技的运用，推动政府信息系统和公共数据互联共享；运用现代信息技术加强政府公共服务和市场监管，推动简政放权和政府职能转变；构建“互联网+”绿色生态，实现生态环境数据互联互通和开放共享。2016 年，时任环境保护部部长的陈吉宁就提出，大数据、“互联网+”等信息技术已成为推进环境治理体系和治理能力现代化的重要手段，要加强生态环境大数据综合应用和集成分析，为生态环境保护科学决策提供有力支撑[93]。

3. 城市系统的生态文明转向

生态空间的建设需要城市系统的辅助，包括交通系统、社区空间、市政设施系统、自然文化遗产等多方面的配合。传统城市系统构建时亦有从人与自然和谐共处出发，从生态策略的角度思考，如提倡绿色出行、节约能源、生态社区建设等，但缺乏智慧的视角。智慧城市要求城市系统与自然系统和谐共享，通过加入智慧的观念与技术，结合生态策略，优化城市系统，构建和谐共生的空间。

依托智慧生态观念与新兴技术手段，可以整合交通系统、市政设施系统、能源供应、环境保护等功能，贯彻绿色理念，实现能源与资源的高效循环利用。优化城市系统也包括智慧生态社区的构建，智慧生态社区旨在建立健康发展复合生态系统，融合“生态”与“智慧”两方面前沿理论创造最优人居环境。它要求运用物联网技术、大数据技术、生态技术进行生态建设，建立以智能互联、生态宜居、可持续发展为特色的社区。智慧生态社区的建设具体内容包括小区生态系统规划设计、环境物联网系统建设、智能应用系统及智能家居管理系统。另外，对自然文化遗产的保护同样需要我们以智慧生态的视角去执行，通过资源保护规划和监测系统构建，对自然文化遗产采取相应的环境治理与保护措施。

4.2.3 国土空间的智慧与生态转向

1. 生态文明战略引领

生态文明是人类文明发展的一个崭新阶段，是城市发展后工业化时期社会化的文明形态，强调人与自然、社会和谐相处与可持续发展。生态文明的理念契合智慧城市的要求，同时两者作为城市未来建设发展的重要理念与方向，相互促进，基于生态文明建设智慧城市将是未来中国城市发展的方向[94]。

2012 年党的十八大做出“大力推进生态文明建设”的战略决策。2018 年 3 月 11 日，第十三届全国人民代表大会第一次会议通过的宪法修正案，将宪法第八十九条“国务院行使下列职权”中第六项“（六）领导和管理经济工作和城乡建设”修改为“（六）领导和管理经济工作和城乡建设、生态文明建设”。同时，《深化党和国家机构改革方案》中提出组建自然资源部，作为国务院组成部门。国土资源部的职责，国家发展和改革委员会的组织编制主体功能区规划职责，住房和城乡建设部的城乡规划管理职责，水利部的水资源调查和确权登记管理职责，农业部的草原资源调查和确权登记管理职责，国家林业局的森林、湿地等资源调查和确权登记管理职责，国家海洋局的职责，国家测绘地理信息局的职责整合划归自然资源部[14]。

自然资源部的设立是响应生态文明战略的具体行动。规划是面向未来、引领发展的先锋军团，在过去 60 多年，城乡规划归属建设部门，国家发展的重心也偏向开疆拓土式建设，而现在自然资源部的设立，显然是国家在发展过程中逐步意识到要以自然资源的保护和利用为主旨，这也意味着未来规划工作的重心将发生改变，由建设转向保护。同时值得关注的是，此次纳入自然资源部管理的不仅仅是城乡规划，还包括原来由国家发展和改革委员会管辖的国家主体功能区规划，以及原国土资源部的土地利用规划、原国家海洋局的海洋规划、原农业部和原国家林业局的草原和森林、湿地规划等。总之，所有的空间上的规划，现在都归属自然资源部，规划权的高度统一也在此实现。

在规划权统一后，主体功能区规划、土地利用规划、城乡规划三大核心规划将实现无缝对接，从而保障城乡保护性空间、开发边界、城市规模控制等重要空间参数的一致性、空间信息平台的统一性、空间管控体系的高效性。从一定意义上，这是向“多规合一”迈进的重要的一大步，都说要“一张蓝图干到底”，自然资源部的一大重要职责，就是给出这张蓝图的空间底图，告诉我们哪些地方能开发，哪些地方要保护[95]。自然资源部门所绘出的这一张蓝图，正是未来智慧城市所要追求的生态蓝图，只有通过对各类规划进行统筹整合，切实考虑生态因子的影响，落实生态城市的观念，才能建设真正智慧的城市。

2. 国土空间治理的三大价值观

早在 2015 年，《生态文明体制改革总体方案》便提出要构建以空间规划为基础，以用途关注为主要手段的国土空间开发保护制度，构建以空间治理和空间结构优化为主要内容，全国统一、相互衔接、分级管理的空间规划体系[4]。

随着自然资源部的成立，在保留原国土资源部规划职责的基础上，整合国家发展和改革委员会的组织编制主体功能区规划职责和住房和城乡建设部的城乡规划管理职责，同时建立了空间规划体系，推行“多规合一”并监督规划实施。

国土空间规划，是在自然资源统一管理的前提下进行全域国土空间用途管制，是统筹山水林田湖草系统治理的基础性、综合性和引领性的空间规划。国土空间规划的核心内容是“三线三区”的划定，“三线”为生态保护红线、永久基本农田、城镇开发边界；“三区”为生态、农业及城镇空间。开展层级分为国家、省和市县，其中国家级是战略性和政策性的，省级是指导性和协调性的，市县级则是实施性和综合性的。建立国土空间规划体系是党中央、国务院做出的重大部署，是推进生态文明建设、构建美丽国土的关键举措，是促进国家治理体系和治理能力现代化的重要举措。

国土空间规划的内容体现了当代需求的三大价值观：其一是资源保护，其二是资源开发，其三是资源配置。这三者正契合智慧城市发展的价值观。推动经济发展需要土地开发的支撑。除了资源保护和资源开发，实现土地保护最好的方式就是优化资源配置，提高土地使用效率。因此国土空间规划不能简单地沿用原国土资源部一味强调保护的思维，而忽视资源开发和配置，如何协调资源配置与经济发展，是空间规划的一大任务[96]。

（1）资源保护上，以“三线”划定为基础，坚持底线思维，发挥国土空间规划在规划体系中的基础作用，促进经济社会发展格局、城镇空间布局、产业结构调整与资源环境承载力相适应[97]，约束不合理的发展诉求。国土空间规划在空间开发保护方面具有战略引领地位，在生态文明战略支持的背景下，统筹确定城市发展格局与自然资源保护，解决国土空间开发安全格局问题，而借助新技术与遥感技术的应用，可以更加精确与科学地判断与确定底线位置，确保在城市得到发展的同时，守住自然生态的底线，创造人与自然和谐相处的世界。

（2）资源开发上，以集约节约、可持续发展与精明使用为战略思想，开展国土空间保护分析评价与资源开发利用分析评价，对空间与资源进行集约化、高质量的利用。国土空间规划要求构建国土空间秩序，优化国土空间开发、资源节约集约利用，而利用大数据更有利于分析产业布局、资源能源分布、国土开发强度和结构、生态环境承载力等问题，国土空间开发格局集成分析的必要性，开展国土空间开发格局与社会经济、资源环境等数据的融合分析与状态表达，为国土空间开发格局优化提供了基本思路和框架建议。借助分析与集约节约思维的引导，有利于构建健康绿色的国土空间秩序，推动创新协调的资源开发。

（3）资源配置上，以提高资源利用效率为目的，通过对城市自然资源的合理配置与运营培育城市持续创造活力与价值的空间。国土空间规划有利于自然资源的统筹，不仅仅是土地资源，还包括海、水、森林、草原、矿藏等，这些自然资源都要进行统一的资源配置。国土空间规划体现了国家对资源的逐级配置，所以国家事权一定要由中央政府管控，中央政府解决大的格局问题，同时为地方政府留下一定的规划事权空间[96]。在大数据时代与新兴技术的帮助下，有利于构建便捷有效的资源配置平台，实现资源的合理配置，有效提高资源的利用效率，达到高效利用、集约节约的目的。

3. 走向智慧化的国土空间治理

新组建的自然资源部的重要职能之一是建立智慧、合理、可持续发展的空间规划体系并监督实施，各类空间规划职能按照“多规合一”要求纳入自然资源部，也标志着空间规划进入了以自然生态为基础的生态文明的新时代。在当前智慧城市理念认识与新技术应用的背景下，构建智慧的国土空间规划有利于城市更好地维系市场的活力，平衡生态保护与经济发展。

智慧国土空间规划应当具备以下特点。

（1）实时感知。随着基于定位功能的移动信息技术的逐渐成熟，空间位置服务数据大量涌现，构成了国土空间规划的感知体系。利用遥感技术与全球定位系统、地理信息系统等，结合及时网络传输，实时感应国土空间中各类主体的变化情况和变化趋势，及时把握变化情况。通过常态化、动态化、精准化的数据捕获，可以及时发现问题，明确治理方向和重点。

（2）高效协同。通过构建基础数据、目标指标、空间坐标、技术规范统一衔接共享的国土空间规划协同平台，提供一套完整的规划信息服务环境，整合各类数据资源、分析工具及业务协同工具。“协同规划”平台将基于土地利用规划、城市总体规划和经济社会发展规划，与产业布局规划、环境保护规划等其他专项规划相融合，结合数字规划、生态规划和智能规划等技术，实现各体系的高效协同。

（3）自主学习。随着机器学习及人工智能的发展，规划将迈向人机协同的阶段，通过机器的自主学习，未来或可实现规划编制、审批、实施、监督、评估闭环管理，自动发现问题、辅助解决问题、促进自我优化。规划管理及从业者也将有机会利用智能化辅助工具进行思考和判断。

（4）智能模拟。空间规划是一门研究人地关系的学科，要进行科学的国土空间规划，就必须要理解国土空间的演变机理，并能实现预测。智能模拟将全局演变与局部行为进行有机融合，实现对复杂人地关系演变的模拟呈现，用智能模拟的方法进行国土空间规划是一种顺势而为的策略。通过相关技术的应用，模拟城市在多智能体行为决策过程中的空间开发过程并协同形成城市开发的“刚性”边界和“弹性”边界，得到城市开发边界对城市空间的管控及反馈机制。

新技术开启解决传统规划问题的新思路。随着物联网、互联网、区块链、大数据、人工智能等新技术的发展，发展方式、生活方式乃至治理方式均有所转变。从“人工智能”到“机器智能”，从“智慧城市”到“城市大脑”，技术和方法的变革促使空间治理模式和服务模式的不断突破，赋予了国土空间规划智慧化的新动能。智能国土空间规划体系的构建，将形成一套科学、合理、协同的生态文明的空间治理体系，形成以生态保护为导向，以用途管制为抓手，逐渐实现高效协同、集约发展、精细治理的国土空间规划新模式。

4.3　构建智慧城市的社会空间体系

4.3.1　智慧城市的社会空间发展体系

1. 智慧社会发展缘起

智慧社会作为新时代中国的建设目标之一，是创新型国家的重要组成部分。十九大报告中指出要“为建设科技强国、质量强国、航天强国、网络强国、交通强国、数字中国、智慧社会提供有力支撑”[3]，以加强国家创新体系建设。针对当下社会基础相对薄弱、缺乏强有力的社会支撑等问题，学界认为目前创新型国家建设需要经济技术创新和社会管理创新的双轮驱动，两者缺一不可[98]。

智慧社会伴随着智慧城市的发展而形成，是智慧城市的拓展与延伸。由于过去的城市建设过于注重经济领域，经济快速发展的同时社会矛盾愈发凸显，如区域发展不均衡、城乡差距不断扩大等现象依然存在。越来越多的社会问题，以及多样化的社会需求，都亟待借鉴智慧城市中创新式的手段来加以解决与满足。

智慧社会的重点在于运用智慧手段预判社会需求和解决社会问题，这是满足人民美好生活需要的高级社会形态。人类社会已进入科技加速融合与创新发展的变革临界点，并将在科技创新的作用下继续全面演进，未来将进化成为继农业社会、工业社会和信息社会之后，更为高效智能、供需匹配的智慧社会状态，借此改善社会结构并保证社会功能的持续优化。

2. 智慧社会概念特征

智慧社会与智慧城市高度相关，但二者既有联系也有区别。在概念定义上，智慧城市是运用新一代信息与通信技术推动城市规划、管理与服务智能化的新理念和新模式；而智慧社会是为满足人民日益增长的美好生活需要而衍生出的高级社会形态，或可看作信息社会的高级阶段[99]。可见通过推进智慧城市的建设，有助于智慧社会的最终实现；智慧社会则展示了智慧城市的未来愿景，同时也为智慧城市的发展指明了方向。相对智慧城市而言，智慧社会的内涵与范围更为宽泛，主要体现在如下方面。

首先，智慧社会凸显了城乡融合发展的趋势。智慧城市作为城市建设的新理念与新模式，倾向运用智能化的科学技术手段来解决城市发展问题，但现阶段对广大农村地区的关注力度明显不够。智慧社会则覆盖“三农”领域，强调智慧生产与服务在农村地区的扩散与渗透。智慧乡村、智慧农业等概念的提出有利于提高农村建设水平和管理力度，农民生产和生活水平的提高有利于缩小城乡发展的差距，并起到保障社会公平和健全农村体制机制发展的作用。

其次，智慧社会致力于满足人民美好生活需要。除打造宽泛高效的社会信息基础设施以外，更为重要的是通过应用人工智能、区块链、云计算等先进信息技术，整合并构建面向广大人民群众的多样化云服务平台，实现技术的共建、共享与共治，从而使群众切身参与到智慧社会的建设过程中来，拥有更多的参与感、获得感和幸福感。

最后，智慧社会应享有高起点、高标准的系统设计思维。智慧社会作为智慧城市建设的未来愿景，应力争克服智慧城市建设中出现的“社会隔离”“信息孤岛”“技术异化”等问题与挑战，强化大局观念和协同思维，实现社会管理方式的优化与创新。在此基础上，强调信息基础设施和数据资源平台的开放共享，让越来越多的人受益于智慧社会带来的高质量产品与服务。

3. 智慧社会策略构建

目前国内外研究多从智慧城市领域的社会层面，以及社会网络和资本出发来探讨智慧社会的构建方向。

一方面，从社会网络出发，Paskaleva 认为通过信息网络的运用可以达到万物互联的状态，以实现城市中知识、信息、经验和技能的共享，城市发展战略和目标方面的多方互动与交流，从而帮助政府、社区和企业为居民提供更佳的服务产品和政策措施[100]；Kim 等也认为应在充分了解居民需求的前提下重点构建开放、共享的社会网络[101]。

另一方面，从社会资本出发，2014 年 Nam 和 Pardo 提出为解决快速城镇化过程中出现的各类问题，必须采取富有创造性和合作性的智慧解决方案[102]。社会资本有利于加强社会成员与社会组织之间的联系，消除社会隔离状态，并促进交往规范和行为准则的形成，这是形成集体智慧的基础。

总体来说，智慧社会更加注重新一代信息与通信技术在社会公共领域中的应用能力，以及对基层治理能力和社会交往水平提出了更高的要求。但现阶段仍存在智慧社会与智慧城市的相互关系辨识不清、智慧社会发展路径不明等问题，未来可从以下方面来重点考虑智慧社会的策略构建。

（1）智慧社会的内在发展规律应得到理论辨析和有效识别。鉴于已有的研究对智慧城市的空间发展规律研究相对较少，对智慧社会时空演变规律的探究则更加缺乏深层次、广范围的理性认识和深刻梳理。因此，为促进从智慧城市到智慧社会的优化转变，就必须从高起点出发，在深刻审视技术跃进的基础上总结归纳智慧社会的内在发展规律。

（2）智慧社会的政策干预手段需要进行反思和探索。以往的理论实践很少从社会治理角度来反思社会公共领域的政策干预问题，实际上包含智慧社会在内的创新型国家建设需要加强国家和政府的双重投入。智慧社会需要由自下而上的政策干预来引导外部投资进入社会公共领域，与此同时需重点关注基层和城乡治理环境的优化提升。从而在整体国家治理结构中融入美好生活愿景，实现高效智能的及时反馈和供需匹配。

（3）智慧社会的总体路径需要进行阶段性的战略部署与安排。智慧社会的发展理念响应了当前中国社会整体发展的需要，但其在发展过程中也要注重现阶段的实际发展情况。未来应在深入剖析我国分阶段的建设发展战略基础上，综合运用新一代信息与通信技术的研究成果支撑、社会公共领域的政策干预、基层及城乡治理管控等手段来探索构建智慧社会的总体路径与实施方法。

4.3.2 智慧社会发展的三个维度

1. 智慧公共行政

智慧公共行政是推动智慧社会建设的重要抓手。智慧社会的形成需要有源源不断的内生驱动力量，其中政府作为主导力量将紧密围绕社会内生发展动力，促使各种社会要素实现自我调节与优化。智慧公共行政就是指以国家行政机关为行动主体的公共管理组织，通过利用现代化的信息技术来建设高效电子政务系统，主要包括政府热线、无纸办公、数字城管和平安城市等内容。以此为基础，将日常的行政与管理工作加以信息化、数据化和网络化后，逐步建立起统一的涵盖社会管理、经济发展、环境保护和公共安全等方面的信息数据库和网络服务平台。这一过程中涉及综合电子政务平台的整体构建与运营，有利于提高政府优化整合各类社会公共事务的行政效率，提升行政部门信息政策的制定水平，促进社会信息资源的共享与开发，从而形成多个部门、一个政府的格局。通过智慧公共行政的有力推动，还有助于实现智慧型政府建设。智慧政府集多部门整合和一站式服务的优势于一身，开展政务网络数据管理、数字认证和公共信息中心建设，有利于提高政府的服务效率，从而提高市民对政府的满意度。

2. 智慧公共服务

智慧公共服务是落实智慧社会建设的重要举措。智慧社会作为新一代信息技术支持下的高级社会形态，可以通过实现资源、能源的集约高效利用来提升居民的生活环境与生活质量。其中完善智慧公共服务体系作为智慧社会建设中的关键一环，对加强居民生活的便利性和智能性有着突出的作用效果。为建设符合实际和贴近民意的智慧公共服务体系，一些国家城市进行了相关的实践与探索，包括加强面向全体居民的就业、住房、医疗、教育、水电、社会保障等专业性的系统建设，综合提升城市管理和公共服务的高效化、规范化和智能化水平，进而推动城市的转型与发展。这一过程打造了多个面向政府、企业和社区居民的行政审批、产品供销、生活服务等相关的公共服务信息平台，有利于推进智慧公共服务体系的全面系统建设。主要涉及如下系统平台。

（1）网上行政服务平台：用于解决各平台的功能定位、规范制定和运行监督等问题，以保证整体公共服务体系的正常搭建。

（2）居民自助服务平台：统筹各类企事业单位共享服务资讯来满足居民日常生活服务的需求，包括自助缴费、搜集信息、建议探询等服务工作。

（3）社会保障系统：升级居民住房、医疗、就业和教育等方面的一体化保障平台建设，来提升居民的幸福感和获得感。

3. 智慧社会治理

智慧社会治理是支持智慧社会建设的重要保障，即在运用好新一代科学技术的基础之上，通过智慧治理和社会治理的双重结合来形成一种更加开放创新、更加互动合作、更加协调包容的新型社会治理体系。该体系的形成不仅涉及政府的精准化管理和高效化决策制定，还要求群众的广泛参与和意见表达。其中群众参与是智慧社会治理与普通社会管理的显著不同之处，在充分发挥智慧化法治引领作用的同时，还积极鼓励人人运用法律思维来构建智慧社会治理体系。随着大数据时代的加速到来，通过做好“网络+法律+居民”的综合集成创新和推广宣传，可高效涵盖上述诸如电子政务云平台、公共服务体系等建设方面。相较于传统的社会管理方式，智慧社会治理主要具有如下优势。

（1）形成联动的城市感知体系，包括实时监测、随时上传和共享参与等内容。

（2）打造精细的控制与运营管理中心，包括资源调配、应急处理等内容。

总体而言，智慧社会治理的特点在于创新、开放、合作与包容，有助于大幅提高城市的治理效率和管理水平，为居民提供更为安全和谐的城市环境。

4.3.3 社区自组织能力建设

社区自组织理论是 20 世纪 60 年代末期建立并发展起来的一种系统理论，主要是用来研究复杂的自组织系统如生命、社会等系统的形成与发展机制问题[103]。即在一定条件下，各系统均遵循从无序到有序和从低级到高级的演变发展规律[104]。自组织特征作为系统演化中的普遍规律，与人类社会的关系极为密切。组织理论自建立后随即被用来研究人类社会系统包括社会的存在与发展等相关问题，其主要构成包括耗散结构论、协同论、突变论、演化路径论、混沌论等。由于小到一个家庭、社区、各种组织，大到一个民族、国家和地区等都是各相对独立的社会共同体，故不仅要与外部环境进行信息、物质和能量的交换，而且要依赖内部各组成系统在此交换基础上的协同作用。它们都具有不同的自组织机制或能力[105]，因此可对此进行相关的结构研究与功能辨析。

社区是与国家、地区和城市等领域相区别的自主层级，但它仍从属于国家、地区或城市。因此社区治理体系需纳入整个国家、地区或城市的治理体系之中，并服从于后者的管理[106]。同时社区中需要其社区共同体的本性——自组织机制作为保障，对不属于政府和市场的自主领域进行自我教育、自我管理和自我约束。这意味着秩序是社区良性运行的前提条件，自组织机制则为其实施的内在保证。处于该情况下的社区自组织并不是脱离和取消政府而单独存在的，而是在强调自组织机制的作用下服从于政府的宏观管理。这两种机制互相借鉴补充，两者孰轻孰重则大体上取决于背后的制度成本。它们的主要任务是共同调节社区关系，并向社区居民提供便利的公共产品和公共服务。换个角度来说，现代政府也由公众组织选举而来，因此属于更高层面上的“自组织”机构。综上所述，社区自组织指在政府等机构不强制介入的前提下，通过社区成员的自主沟通和互动合作，来消除管理分歧、解决公共问题、取得社区共识和增进居民信任的全过程，之后社区将逐步进入一个动态平衡的“自我维系”状态。

1. 传统社区治理模式

近年来各地政府（包括各市、区级政府和街道办事处）纷纷展开对治理社区问题的探索，希望借此来推进社区治理由传统模式向现代模式的过渡。随着实践和经验的积累，逐渐形成了由居委会、街道办事处、非政府组织及企业等多方关系构成的传统社区治理模式。主要有如下表现形式[107]。

（1）政府主导型。该模式下政府主要通过对社区各类资源进行自上而下的整合，来加强社区建设和居民联系。其中街道办事处虽然作为政府的主要派出机构，却不具备一级政府事权。因此享有最大社区管理权限的同时，管辖权并不十分完整。整体可看作“二级政府、三级管理”的组织架构，易滋生出“小政府，大社会”的主张。该组织架构有利于社区的财力、人力和权力资源全面下沉，从而全面提升社区建设。但事实上，该方式有“全能政府”、社区“行政化”之嫌。原因在于与之前的政府职权范围相比，政府权力进一步渗透至社区层面[108]。一方面，街道一级的政府权力不断增长，职权范围也相应增加，致使社区基层工作人员越来越多，政府负担加重；另一方面，社区自治能力下降，居民依赖心理增加，社区参与观念愈发淡薄。

（2）基层自治型。该模式下政府主要通过下放权力至基层社区，建立社区自治组织来加强居民参与社区生活的积极性。与政府主导型的治理模式相比，基层自治型更具优势。后者强调居民通过参与社区自治组织来进行自我教育、自我管理和自我服务，主动解决社区发展问题，创造自己的美好生活[109]。由于政府干预较少，依靠社区居民和非政府组织来自发进行社区资源整合，调动居民积极性和创造性的同时还有效降低了管理成本，并且为社区居民提供了参加生活公共事务管理的机会，这也是提高公民政治参与度的重要渠道[110]。但社会背景的复杂化以及居民对多样化社区的认同感大不相同，再加上社区自治力量不成熟或动员力量缺失等问题，极易导致参与愿望不足。因此在公共物品和公共服务等方面[111]，仍需政府提供一定的政策和物质支持。

（3）政府和社会共治型。该模式下坚持以社区为平台，以自治为方向。通过制度变迁等手段在社区范围内建立行政调控和社区自治的双效机制，从而形成一整套功能互补、资源整合和力量互动的新型社区治理模式[112]。

（4）企业导向型。该模式指在市场经济条件下，利用市场资源配置优势来减轻政府的行政管理负担[113]。一方面能有效激发企业的社会责任感，发挥企业的资金技术优势；另一方面由于企业的管理职能缺乏法律依据且以逐利为最终目标，故企业与社区治理的公共性质存在矛盾。

2. 智慧社区营造契机

智慧社区作为新一代信息与通信技术影响下社区管理的新理念与新模式，其智慧化水平是社会与城市智慧化程度的重要体现。未来应通过社区自组织与新一代信息技术的耦合，来积极探索智慧社区自组织模式。该模式下社区治理由行政化转为市场化，克服了政府管理社区的行政经费负担，可充分发挥企业在市场发育充分前提下的资源配置优势。

新一代智慧社区主要以社区居民为服务关键，通过建设认证安全的通信基础设施和运行良好的信息平台，来构建适宜社区发展的智慧环境，以期形成面向未来的更为安全、舒适和高效的新兴社区形态。建设过程中可把握新一轮信息科技革命的重大机遇，重点优化社区数字生活。其中智慧物业管理、电子商务服务、智慧养老及智慧家居发展较为迅速，具体如下。

（1）智慧物业管理针对现代化社区中常见的物业管理问题如停车计费、门禁监控、电梯防护、生活缴费等方面，运用智能技术实现各类应用系统的集成处理。

（2）电子商务服务包括网上购物和电子支付等形式。

（3）智慧养老使老年人等弱势群体处于智能监控状态下，可方便享受到远程医疗协助等服务。

（4）智慧家居以住户为平台，力争在每户家庭实现家电、建材、网络的智能一体化发展。

智慧社区的概念框架包括基础层、数据库、云平台、应用系统和保障体系等五大方面，具体如下。

（1）基础层包含支撑智慧社区运行的全部硬件环境，如各类传感器、网络通信仪器、监控终端及方向探测器等。

（2）数据库则在上述硬件基础上收集分析所需信息，包括记录户主身份、居住状况等信息的基本业务数据库、硬件感知类的信息数据库以及交换日志数据库等。

（3）云平台作为实现各类异构数据和信息的转换接口，主要用于交换和计算或提供计算机服务等功能。

（4）应用系统是面对面的直接服务体系，在上述基础上分成居民信息管理系统、交换日志管理系统、应急处理系统、安全监控系统、智能门禁系统、远程协助系统等。

（5）保障体系主要从技术、运作和管理等三方面出发来建立安全防御体系，切实保护基础层、数据库、云平台及应用系统的可操作性、抗压性和防泄漏性。

综上所述，应用新技术的智慧社区不但可以平衡社会、经济和环境需求，而且可以在改善社区质量的同时提升居民的协作意识。但由于智慧社区的特殊运行环境，其对技术的要求很高。一旦某一环节出现如信息泄露、数据崩溃、远程故障等问题，将可能引发不同程度的严重后果。因此，在智慧社区的建设过程中，应审慎对待技术的发展和应用。除运用新一代技术外，智慧社区的营造还离不开社区居民的自组织、自治理和自发展意识。这要求我们在智慧社区建设过程中应同时注重居民积极性和主动性的发挥，通过居民间的良性互动来整合社区力量与资源，实时解决问题，从而共同促进社区良性发展。

4.4 构建智慧城市的产业空间体系

4.4.1 智慧城市的产业空间发展体系

1. 智慧产业的兴起与发展

智慧产业的概念伴随智慧城市的发展而产生，是智慧城市的重要组成部分，也是城市空间发展战略的关键内容。它的提出时间较晚，但随着物流网、云计算和大数据等新一代信息技术的兴起和发展，智慧产业的发展越来越受到各国的关注。美国早在 20 世纪 90 年代就提出以先进技术推动制造业发展的目标，通过落实“国家信息基础设施”（national information infrastructure，NII）和“全球信息基础设施”（global information infrastructure，GII）计划，将发展智慧产业提升到国家战略层面；英国把“数字之都”作为智慧产业发展方向；新加坡“智慧国家 2025”计划，确定了以信息产业为核心的产业发展战略，并以此带动经济和社会的转型发展；日本自 2009 年以来，积极推进“I-Japan”战略，大力推动信息技术和产业的深度融合。

我国智慧产业的起步较晚、发展水平不高，但目前越来越多的城市开始对智慧产业的发展进行规划部署。例如，广东省在 2009 年启动了“数字广东”建设，旨在提高信息服务业对先进制造业和现代服务业的支撑作用；深圳市在 2014 年成立了智慧城市产业促进会，搭建智慧产业综合服务平台；2017 年，广州市在中心知识城成立了国际智慧产业中心，构建起区域智慧产业发展的新支点；还有上海市和佛山市分别成立了江苏智慧产业商会和佛山市智慧产业协会等。同时，《“十三五”国家战略性新兴产业发展规划》把“数字中国”作为建设目标，提出促进信息技术产业跨越式发展，拓展网络经济新空间的发展战略。十九大报告中提出“推动互联网、大数据、人工智能和实体经济深度融合”的产业发展目标。由此可见，智慧产业在我国未来的产业体系中将占据更大的份额。

本书认为，智慧产业是指将以物联网和云计算等新一代信息技术为代表的新技术和知识深入应用到研究、创造和管理等活动中，并提供智慧型产品或服务的产业集合。智慧产业的内涵包括两个层面[114]，一是传统产业的智慧化改造，即传统产业通过借助新技术或知识，实现产业的感知化、数字化和智能化运作，促进产业的转型升级，提高经济效益，如以智能制造为代表的智慧制造业、以智慧医疗和智慧物流为代表的智慧服务业、以精准农业和设施农业为代表的智慧农业等，使传统产业获得新的竞争力，激发城市经济活力；二是智慧产业化，即把依托新技术和知识形成的智慧型产品或服务进行产业化运作，包括云计算产业和电子信息产业等一批新兴产业，这些往往是城市中的战略性新兴产业，对城市未来的产业发展具有重要的引领作用。同时，智慧城市的建设预示着信息社会和知识经济迈向了更高级的发展阶段，在这一过程中，将催生和带动智慧产业的快速发展，并以它为主要支撑，推动智慧城市的高效运转，从而实现智慧城市和智慧产业的融合。

历史经验表明，科学技术的进步是城市发展的重要动力，每一次技术变革，都会引起生产和经济方面的巨大突破。20 世纪 70 年代，信息技术和远程通信的发展催生了第五次技术革命并延续至今，进入 21 世纪，以物联网、新能源和 3D 打印技术等为代表的第六次科技革命正处于酝酿阶段，“工业 4.0”和“智能制造 2025”等概念的兴起，是智慧产业发展的新动力，也是城市产业向信息化、智能化深入发展的表现。因此，在新一轮国际竞争中，智慧产业越来越成为世界各国和各城市抢占的制高点。

2. 智慧产业体系的内涵与四个特征

产业体系是指特定区域中的所有产业及它们之间关系的总和，既是一个有机的整体，有自身独特的功能和结构，也是区域经济发展水平和竞争力的体现。在经济全球化的背景下，产品、资金和技术等要素在世界范围内加速流动，各个国家和城市难以封闭发展，必将受到世界经济格局的影响，加入国际劳动分工的体系中。然而就我国来看，过去凭借低劳动力成本优势形成的产业体系，虽然使我国实现了经济增长的奇迹，成为世界“制造大国”，但从全球劳动分工来看，我国大部分企业处于价值链的末端，承担着附加值低、资源环境消耗大和劳动剥削严重的加工制造环节，另外，西方发达国家由于拥有核心技术的优势，掌控着高附加值环节并创造了巨大的价值，与我国拉开了明显的差距。随着全球要素资源价格的上涨、贸易保护主义抬头和技术创新不断加速，我国产业同构程度高、协作性弱和创新意识不足等问题将逐渐凸显，提升我国在全球分工中的地位和促进传统产业体系的转型将非常迫切。

党的十七大报告中首次提出发展现代产业体系，旨在推动产业体系的优化和提升产业核心竞争力，《中共中央关于制定国民经济和社会发展第十三个五年规划的建议》中提出“构建现代产业新体系”仍然是国家产业发展策略的重点。现代产业体系一般是指以高科技含量、高附加值、低能耗、低污染、自主创新能力强的有机产业群为核心，以技术、人才、资本、信息等高效运转的产业辅助系统为支撑，以环境优美、基础设施完备、社会保障有力、市场秩序良好的产业发展环境为依托的新型产业体系[115]。

随着智慧城市建设的深入，构建起与之对应的智慧产业体系，成为智慧城市经济运行的支撑。本书认为，智慧产业体系是现代产业体系的深入发展阶段，与现代产业体系相比，智慧产业体系更加强调智慧产业在产业发展中的主导位置和重视产业间的协同发展效应，它是指智慧产业比重高、产业创新能力强、功能结构合理、经济环境效益高的新型产业体系。综合智慧产业体系的内涵和智慧城市建设的实践经验，本书认为智慧产业体系具备以下四大基本特征。

（1）创新性——活力高效的产业创新体系。创新是智慧产业体系的首要特征，也是智慧产业体系发展的动力源泉。目前，我国的经济增长方式进入转型期，从传统的要素驱动转变为以创新为核心驱动力的内生型经济发展阶段，国家竞争力的提高依靠知识、技术、制度和管理等多维度的创新，其中以科技创新最为重要，核心技术的突破将带动企业技术不断升级，抢占科技制高点将成为各城市参与新一轮国际竞争的关键，在这一过程中，城市智慧产业体系将逐渐发展与完善。此外，创新体系的构建不仅需要促进各类创新要素的集聚，还需要建立相应的驱动机制，加强创新主体间信息和资源共享，促进创新体系的高效运转，使我国摆脱国际产业链中的不利位置。

（2）持续性——协调有序的产业结构体系。协调性是智慧产业体系的结构特征。智慧产业体系应具备产业间相互融合、相互补充，以及产业结构不断优化升级的能力。智慧产业体系强调各产业之间具备合理的规模比例和较强的互补性，在城市或区域间形成有效的分工与合作关系，具有高水平的资源配置效率、极佳的经济环境效益和超强的抗风险能力等，体现出智慧城市产业结构的协调性、高效性和稳定性。同时，在产业的历史演化进程中，能够不断调整自身的状态，持续向更高层次、更合理和最优的产业结构转化。

（3）生态性——绿色低碳的产业发展路径。生态性是智慧产业体系的基本特征，是建设生态文明城市和绿色城市必须考虑的问题。在能源供应日益紧张和资源环境压力持续上升的背景下，需探索经济建设与环境保护双赢的智慧发展路径，实现产业经济和环境效益的同步提升，如创新经济组织形态，鼓励发展循环经济，建立产业内部和产业之间的生态循环关系；利用新技术改进产业能源和资源利用体系，提高潜在生产率，推动智能电网和智能楼宇等新概念的应用；鼓励生产者开发和使用清洁能源，引导消费者绿色消费习惯形成等。同时，还需要最大限度地减少产业发展造成的土地无序滥用和环境污染等负外部性，转变过去粗放型的老路，倡导绿色低碳发展路径。

（4）开放性——开放自由的产业发展环境。开放性是经济全球化和区域经济一体化的内在发展要求，既有利于生产要素的合理流动，形成良好有效的竞争环境，在竞争中促进智慧产业体系的培育和发展，优化产业结构；也有利于城市或区域间合作关系的形成，实现共同进步。同时，发展智慧产业体系，还需要充分利用国际和国内两个层面的资源和市场优势，形成自身的核心竞争力，提高参与国际产业分工的深度和广度。

3. 智慧产业体系的四大发展策略

智慧产业体系是由智慧城市中各个产业相互影响而构成的有机整体，它包括产业要素、产业结构、产业布局和产业组织等多个层面。通过明晰智慧产业体系的内涵与特点，借鉴产业发展战略，构建合理高效的智慧产业体系，可从以下四个方面着手。

（1）立足城市产业发展特征，确定智慧城市主导产业。借助智慧的技术手段，整合政府和企业的产业发展信息，明确城市产业的发展水平与发展条件，选择合理的产业发展方向，避免因过高或过低估计造成决策的失误，体现出智慧的城市发展理念。智慧城市主导产业是指能够带动整个城市产业发展的产业或产业群体，具有强创新性、高关联度和高速领先增长等特点，在城市发展的不同阶段，主导产业会进行有序的更替。一般而言，主导产业的选择包括两个方面，一方面是分析产业对智慧城市发展目标的贡献度，包括对相关产业带动情况、资源的利用效率，以及对城市就业、价值增加、对外辐射能力和环境产生的影响；另一方面是对产业竞争能力的考虑，包括技术、产品或服务质量、效率、市场占有率和利税效果等。主导产业的选择和培育应以智慧产业为主，成为智慧城市发展的重要推动力。

（2）优化城市产业结构，构建智慧产业空间布局。城市产业结构表现为城市中各产业之间的比例关系和相互关系，智慧城市的产业结构优化包括三个方面：一是充分发挥城市优势，特别是智慧城市建设对产业的促进作用；二是提高产业结构的整体性和系统性，即以主导产业为核心，构建一个产业间联系密切和分工合理的有机整体，使城市经济获得较高的抗风险能力；三是保证产业结构的先进性，需要及时淘汰旧部门，发展新部门，形成动态的更替机制，提高智慧产业比例，保证城市产业活力。产业空间布局对提高城市经济效率具有重要作用，智慧的产业空间布局应满足产业间、产业与城市其他经济社会活动间相互联系和协调的需要，降低产业生产、交易和内外交流等活动产生的成本。同时，合理的空间安排有利于发挥部分产业的集聚效应，促进土地和基础设施的高效利用，创造更高的经济环境效益。

（3）发挥科技引领作用，构建平台优势，促进智慧产业的发展。科技创新是智慧城市产业不断发展和有序更替的动力来源，也是提高产业竞争力的关键突破口。加强科技创新投入、引进国外先进技术、支持科技成果转化和智慧基础设施建设等，有利于发挥科技对智慧城市产业发展的引领带动作用。整合提升城市平台资源，如发挥产业云平台和互联网平台型企业的服务优势，沟通上下游和旁侧企业，聚集信息、技术、人才和资金等生产要素，延伸智慧产业链；探索技术、人才、融资和管理等多种公共服务平台的运行机制，支撑智慧产业的培育和传统产业向智慧型产业转化，促进相关产业的整合与重组等。

（4）提高组织管理水平，引导智慧城市与智慧产业融合发展。产业管理是指为实现产业发展或调控的目标，对产业进行规划、组织、协调、沟通和控制的一种管理过程。智慧城市的产业组织和管理应具备高效、智慧的特征，主要包括加快产业的信息化和智能化建设，实现全过程监控和动态化、智能化管理；建立有效的产业管理体制，以管理或制度创新促进经济效益提升，如以政策或行业协议指导与协调产业发展方向和规范企业行为等。重点引导智慧城市建设与智慧产业发展相融合和相促进，鼓励企业将相关技术成果应用于智慧城市建设，而政府相关部门应树立全新的城市建设和产业发展理念，统筹考虑智慧城市与智慧产业的发展规划，通过智慧城市的基础设施支撑智慧产业发展。

4.4.2 智慧产业发展格局优化

以智慧产业的总体发展战略为基础，依据智慧产业的产业特征和发展需求，从区域、城市和科技园区三个层次，对智慧产业的空间发展格局进行优化部署。

1. 构建区域产业协同发展格局

顺应国内区域经济一体化趋势，加强区域产业协作。区域经济一体化是指特定地区通过建立经济合作关系或形成经合组织，促进区域内生产要素的自由流动、产业分工的优化和空间结构整合，从而实现区域的联动和一定程度的统一。由于区域一体化对提升区域竞争力、发挥各方优势和消除市场壁垒等方面具有重要意义，粤港澳大湾区和长三角等城市群、广佛和深莞惠等城市间，已建立起多个领域的合作关系并取得了一定的成效。但从整体来看，区域一体化程度仍处于起步阶段，以珠三角为例，一体化进程由政府自上而下推动，主要涉及交通通信、公共事务和基础设施建设方面，产业层面的合作内容较少，各城市的产业同构度较高，缺乏产业链上的协作。我们认为，智慧的产业空间发展格局应以区域产业协作为基础，对产业空间和资源进行整合，从而提高区域经济效益。主要措施包括建立错位发展、优势互补的产业体系，强化区域在产业链上的分工与协作；整合产业空间和优化资源配置，提高区域经济效益；实现区域基础设施建设一体化，减少重复建设产生浪费；推进制度创新，调动政府、企业、组织和市场的积极性等。

另外，从构建智慧产业体系来看，由于智慧产业涉及领域广、核心技术开发难度大和智慧基础设施建设投入多等客观因素，依靠个体城市的力量往往使智慧产业停留于概念层面或发展停滞不前，而通过构建区域间产业的协作机制，能集中统筹区域技术、人才和资金等要素，发挥区域城市合力，加快智慧产业培育进程。

2. 推动城市产业空间布局重组

信息化和全球化的双重进程源自 20 世纪 70 年代，其引发了生产方式由福特主义（Fordism）向灵活积累（flexible accumulation）的变革、产业结构由“硬变软”，即第三产业比重逐渐上升的趋势明显，以及高新技术产业在制造业中的比例不断上升。同时，信息技术对当今世界城市体系的塑造和新国际劳动分工的形成具有重要推动作用，它促进生产要素从核心发达国家向其他发展中国家和地区扩散，推动了经济全球化过程，使生产活动以垂直分工的形式在世界范围内进行，从而使得城市产业的空间布局和功能组织发生明显的改变。

智慧产业的兴起是信息经济和知识经济深入发展的体现，智慧产业的发展加快了城市产业空间的重塑。新一代信息技术的突破，是智慧产业发展的主要动力，智慧城市的建设使生产要素的流动、生产或服务过程走向智能化和高效化。从区域层面上看，各个国家和城市正致力于抢占技术和知识的制高点，在产业分工中谋求更高的地位，塑造新的产业空间；从城市层面来看，各类产业将开始新一轮的集聚与扩散，为城市产业空间布局的优化重组提供机遇。

立足产业空间发展特点，推动城市产业空间的重组，是支撑智慧产业体系和促进城市产业结构升级的重要抓手。信息时代和“智慧时代”中，信息技术削弱了时空限制，使经济活动的区位选择更具灵活性，产业布局呈现分散化的趋势，但地理上的邻近效应对促进知识技术的创新、交流和传播，对集聚经济的产生等仍然具有重要作用。应处理好产业集聚和分散的关系，加快调整传统工业时代的产业格局：促进传统集中在城市中心区的劳动力密集型和资本密集型制造业向城市郊区或城市外围转移，这些产业存在用地不经济和竞争力不足等问题，需要进行置换并腾出城市发展空间；促进信息流动量大、需要频繁面对面接触和交流的知识密集型产业向城市中心区集聚（表 4-1），特别是生产性服务业的集聚，包括管理、技术研发和经营销售等价值链环节[116]。此外，随着智慧产业深入发展，高新技术企业的数量将快速增加。科技产业独特的生产特征，使企业集群的区位选择较为灵活，如美国的硅谷（Silicon Valley）和印度班加罗尔软件园等，都不在传统的城市中心区，更偏好于与大学和科研机构的空间邻近，有利于科技企业对人才、技术、创新资源的利用和产学研关系的构建。

表 4-1　工业化时代与信息时代的核心与边缘特征比较

发展阶段	区位	产业特征	功能分区	景观格局
工业化时代	核心	发达制造业、服务业	大量加工工业中心出现	集中化的大片工业用地
	边缘	低级制造业、服务业和农业	以资源、原材料加工为主	零星的工业
信息时代	核心	生产性服务业为主、高技术产业	信息中心出现	多样化的混合型土地利用
	边缘	发达制造业、高科技农业	新产业空间出现	集中的地块工业用地

资料来源：根据王远景. 信息时代的广州城市空间结构演进研究[D]. 华南理工大学硕士学位论文，2013 重新整理

3. 打造无边界的城市科技园区

城市科技园区的发展经历了由工业园到高科技城的演变。早期工业园是以生产制造为主的单一功能园区，通常分布于城市的边缘。随着科技园的发展，其规模明显扩大，功能更为多元，并逐渐独立于城市而存在。目前，以硅谷为代表，兼具科技研发、先进制造、生活娱乐等综合功能的高科技城，已成为城市科技园区的重要模式。

近年来，一种无边界的城市科技园区在欧美城市中心区兴起，逐渐成为城市经济的新增长点。其中，硅巷是美国继硅谷以后，发展最快的高科技企业集群。与传统的科技园区不同，它没有明确的边界，但相对集中于曼哈顿下城区，目前已汇聚了数百家初创企业，成为投资创业的热点。硅巷以信息技术产业为主，重视把互联网和移动通信等技术与时尚、传媒、商业和服务业相融合，不断寻找新的经济增长点，区别于更关注硬件创新的硅谷。纽约城市未来发展研究中心的报告也指出，纽约的特性将适合下一代互联网科技企业的发展。硅巷的成功包括以下几个因素，一是纽约集中了大量人才、科技产业组织，助力科技生态圈形成；二是纽约充足的资本与完善的服务，吸引初创企业集聚；三是政府提供税收和企业入驻服务支持，旨在把纽约打造成新一代科技中心。英国的东伦敦科技城（又称“小硅谷”，Silicon Roundabout）原来是衰落的贫民区，现已吸引思科、英特

尔、推特、谷歌、脸书、高通等 1 600 多家公司进驻，实现发展转型。它的成功有赖于伦敦充足的人才储备、良好的投资环境，以及政府的政策扶持等。可见，城市中心区的独特的人才、资金和服务优势，为科技企业的成长提供了优质土壤。

以无边界的城市科技园区打造城市经济新增长引擎。由于城市中心区地价租金成本高，可参考欧美经验，建造集研发创新、会议办公、交流学习等综合功能于一体的单体建筑，增加空间的使用效率，同时，探索以知识与创新为导向、兼顾生活品质的中心区混合布局形式，打造中央智力区[117]。此外，为创新创业者提供政策优惠，积极引导科研机构以及金融、商业和科技服务等生产性服务业在中心城区集聚，通过搭建科创云平台，整合行业发展信息，实现产业间的互助发展。

4.4.3　城市创新网络系统培育

1. 以四大构成要素为支撑

党的十八大明确提出创新驱动发展战略："科技创新是提高社会生产力和综合国力的战略支撑"，十九大报告强调："创新是引领发展的第一动力，是建设现代化经济体系的战略支撑"[3]，城市创新网络系统的高效运作是智慧城市产业体系的重要支撑，也是智慧城市建设的动力来源。城市创新网络系统是指城市创新主体间在长期正式或非正式的合作与交流关系的基础上形成的系统。创新网络系统由创新主体、创新资源、物质空间和关系通道组成。其中创新主体执行或参与创新活动；信息、知识和资金等是创新活动发生所需的资源；主体间的联系和资源的流动依靠关系通道和物质空间实现（表 4-2）。

表 4-2　城市创新网络系统的组成要素分析

组成要素	主要类型	主要内容
创新主体	技术创新	企业、科研机构、行业协会、培训机构
	制度创新	政府机构
	支撑创新	服务机构
创新资源		物资、信息、知识、资金、政策、制度或规则
物质空间		创新活动发生的场所
关系通道	正式通道	会议交流、合作协议、研讨活动等
	非正式通道	日常交流、公共活动等

资料来源：根据李小建，李国平，曾刚，等. 经济地理学[M]. 北京：高等教育出版社，2006 重新整理

创新节点由单个创新主体或相互联系、共同产生影响的多个创新主体构成，是构成城市创新网络的基础。创新网络的运行是各类节点通过关系通道，在不同的空间中实现创新资源配置并进行创新活动。创新网络具有系统性、开放性和动态化的特征。系统性体现在创新主体间紧密联系和创新要素的高效流动，使城市创新网络出现“整体大于部分之和”的效应。依托各类关系通道，创新的每次产生都会被迅速模仿和学习，创新资源也会随之调整，使创新快速扩散。开放性指创新主体间的联系和创新资源的流动不局限于城市中，强调区域协同创新的作用。动态化表明创新网络的各组成要素在规模、联系方式和分布上不断变化。

2. 打造多层次创新空间发展格局

城市创新空间网络的基本模式由创新核、内圈层、外圈层和创新节点组成，各个层次各具特点，是城市创新活动的主要载体。

创新核即中央智力区，指以科创和研发活动为核心的城市功能区。它掌控着城市创新链的顶层，是城市创新的动力来源，主要包括高新科技园区、高校和科研院所集聚区等。创新核是知识和智力的集聚，具有创新氛围浓厚、创新极化和扩散效应明显的特征，同时生产性服务业发育较好，公司总部和科研机构集中分布，人才、资金、技术和信息等要素高度集聚，形成相对稳定的创新网络。但目前，中央智力区在国内的发展还不成熟，其中北京中关村和上海杨浦知识创新区的发展相对较好，有成为中央智力区的潜力。

内圈层即城市主城区，主要包括城市中心城区的核心部分和新城区，是创新要素的主要载体。它承担了大量城市功能，包括居住、生产、休闲和提供各类服务。从创新活动来看，内圈层以促进新技术应用和推广为主，一方面发展智慧产业，另一方面对传统产业进行改造，以及推动经济环境效益低的产业转移，为新产业发展腾出空间。

外圈层主要包括城市主要组团和大型产业园区，以及接近中心城区的工业园区，与创新核和内圈层保持紧密联系。这些区域创新活力相对较低，以承接创新空间扩散和主城区产业转移为主。

创新节点主要包括重点城镇和部分工业园区，以及部分远离中心区的大型产业园。由于当前其规模小、产业承载能力较弱，常作为未来产业和城镇发展的后备空间。

智慧城市的创新空间发展格局应强调多元性和层次性，注重创新驱动的空间维度，推进各类创新空间协同发展和相互补充。识别城市创新空间并进行梳理，依据创新链和产业链进行分类布局引导：加快培育城市创新核，结合智慧城市建设，完善各类基础设施和服务平台建设，吸引城市核心创新主体集聚，成为城市知识和技术高地并促进溢出效应；推进内圈层产业布局调整，置换低端产业，发挥与创新源的邻近效应，培育优势产业集群；外圈层和创新节点积极对接优势创新空间，承接创新和产业转移，同时吸引一个或几个重大项目落地，带动创新节点发展，延伸城市创新网络；构建海陆空三位一体城市交通体系，实现城市内外的各类创新空间的高效连通。通过多层次创新空间打造，整合创新空间，为创新活动提供适用的物质空间载体。

3. 重视创新机制的引领作用

智慧城市的创新网络系统是城市创新驱动战略的基础，创新网络体系的形成关系到智慧城市的建设质量和智慧产业的发展深度。可以从激励创新主体、整合创新空间、深化创新联系和优化创新环境四个方面入手，搭建开放、高效的城市创新网络体系。

（1）强化创新激励机制，激发创新主体活力。坚持完善创新政策供给，构建具有普惠性的创新政策体系，保障政策实施；明确主体在创新活动中的定位，强化人才在创新中的核心地位，增强企业在创新中的主导作用，发挥科研机构和高校的引领作用，充分调动各类科研组织，系统地提升创新主体能力[118]。

（2）打造创新增长极，系统布局城市创新空间。引导城市核心创新要素围绕城市生产力流动和集聚，发挥创新引领作用；围绕城市核心创新空间，根据产业链和创新链整合创新空间，形成功能齐全、互为衔接的创新空间网络。

（3）加快与区域创新网络的深度融合，构建开放型城市创新网络。推进与国内科研网络、先进城市和先进企业，以及国外发达地区的研发机构和跨国企业等建立联系，促进创新资源的开放与共享，促进产业链、资金链和创新链紧密结合；推进产学研协同创新机制，各类创新主体形成紧密合作关系。

（4）优化创新环境，培育良好的创新生态。加快发展科技服务业，发展技术市场和完善公共技术平台，提升创新全链条的服务能力；加强知识产权运用和保护，营造良好的创新政策环境；激发全社会创新活力，营造尊重知识与创造的创新文化环境。

4.5　构建智慧城市的支撑体系

4.5.1　智慧城市的支撑体系是建设智慧城市的基础

智慧城市建设与发展离不开知识支撑体系的驱动。支撑体系是由智慧城市发展建设中所运用到的各种知识与技术组合而成的结构系统。现代信息与通信技术在城市中深入应用，正成为构建智慧城市支撑体系的关键。IBM 公司在《智慧的城市在中国》中提出智慧城市应具备全面覆盖、充分整合、鼓励创新和协同运作四大主要特征，使城市的各种核心系统与智慧城市的相关基础设施展开协调高效运作，实现城市运转的最佳效果。中国科学院自动化研究所所长谭铁牛在“全球城市信息化论坛”中进一步指出：信息化技术创新是城市创新的基础，智慧城市的发展应依托新一代信息技术，以整合性和系统性的方法开展城市管理，促进各项城市职能协调运作，为城市企业提供良好的创新环境，逐步实现城市规划向基础设施数字化、城市生活和谐化及城市管理智能化的转变。从信息技术的视角来看，他认为智慧城市具备“五化”的特征：①泛在化：信息技术的应用无处不在；②效用化：IT 基础设施及其应用发挥类似水电气的作用；③智能化：IT 基础设施及其应用更加智能便捷；④绿色化：环境友好的低功耗信息技术；⑤软性化：软件与服务重于硬件与制造。

智慧城市的支撑体系包括四个方面的主要内容（表 4-3）。其中，生活类应用着力为人们提供品质生活，生产类应用促进生产效率提升，生态类应用则重视技术对环境治理的变革。由于城市基础设施是城市发展与市民生活的物质基础，它的质量关系到城市运转的效率与市民生活水平，而且基础设施是信息与通信技术的主要载体，在智慧城市建设中发挥着基础性作用，常被作为城市智慧化发展的首要举措，大致可以划分为两种类型：一是信息基础设施建设，主要包括公共信息平台、三网融合、无线网等；二是基础设施信息化。

表 4-3　智慧城市支撑体系的主要内容

<table>
<tr><th>基本类型</th><th colspan="2">具体内容</th></tr>
<tr><td>生活类</td><td colspan="2">智慧社区、智能家居、智慧建筑、智慧政务、智慧医疗、智慧教育、智慧金融、智慧旅游等</td></tr>
<tr><td>生产类</td><td colspan="2">智慧园区、智能工厂、智慧农业等</td></tr>
<tr><td>生态类</td><td colspan="2">智慧生态等</td></tr>
<tr><td rowspan="2">基础设施类</td><td>信息基础设施建设</td><td>公共信息平台、三网融合、无线网等</td></tr>
<tr><td>基础设施信息化</td><td>智能交通、智慧物流、智慧水务、智能电网、智慧应急、智慧安防、智能防灾、智能环境监测、智慧能源、智慧市政等</td></tr>
</table>

随着智慧城市的深入发展，信息与通信技术的应用模式和功能也在不断地丰富与更新。未来，将进一步融合各类技术的发展成果，从初级的自动化和智能化逐步向以自适应和自组织为特征的高度智能化发展，这是智慧城市未来发展的必然趋势。其中，云计算和物联网是智慧城市的核心技术，人工智能、生物识别和 3D 打印等技术对智慧城市的影响也在日益深入，下面将逐一进行分析与总结。

4.5.2 支撑体系的九大关键技术

1. 云计算：城市的信息处理中枢

云计算作为一种全新的互联网形态，实现了计算机基本框架结构的新突破以及商业模式的转变，能够在世界各地借助互联网提供广泛和及时的服务。云计算是指采用即插即用的模式，利用分布式、虚拟化储存与并行计算、网络宽带等技术，获得自助式管理计算和资源储存等能力，实现公共资源的高效与弹性处理，使用中可根据自身需求，通过广泛的大众通信网络，获得可拓展性的动态信息处理能力以及相应的应用服务[119]。简单而言，云计算可被认为是一种计算方式，它将计算任务分配到由众多计算机联合而成的资源库中，以安全网络框架支持各种应用系统，客户可根据自身需求获得信息共享、快速运算和其他软件服务。通俗而言，云计算可以被认为是一种计算方式，利用互联网将各类资源通过服务的方式提供给客户，其特点包括规模庞大、高度可用性、广泛通用性、可拓展性、虚拟性及高资源利用率[120]。

云计算是构建智慧城市的关键，在促进城市信息化的过程中发挥了重要作用。云计算作为一种网络技术方法，能够有效地整合零散的信息与数据，并进行高效的聚集处理与综合分析，有利于制定更有效的发展策略。由于智慧城市是一个庞大而复杂的网络系统工程，涉及安全管理、环境监测、城市交通、医疗卫生、商业服务和居民生活等众多领域，而云计算在整合城市海量信息中具有突出优势，使其在智慧城市建设中处于核心地位。随着云计算应用的日益成熟，它将如同其他电、水、气等基础设施，满足普通用户的需求，并且颠覆性地改变传统信息产业结构，极大地提高市民生活水平，改变企业及政府部门的生产与管理模式[121]。此外，城市信息化建设是智慧城市的基础，云计算能大幅度减少城市信息服务和管理维护成本，降低信息化门槛，使更多的单位和企业愿意通过信息化提高工作效率，推动城市社会和经济进步。

云计算的深入应用，将推动城市多领域的智慧升级。云计算的一个重要功能是实现多样性资源整合，提供更广泛和强大的数据信息支撑能力。在智慧城市建设过程中，云计算以超级计算机和云计算为技术支撑，应用先进的数据处理技术，通过模型预测和对所获取的信息数据进行系统分析，为决策和行动计划提供支撑，还能够对相关的物体实行动态性管理与监控等服务[122]。具体而言，它是面向社会的专业化和集约化信息技术与信息资源服务，为各行各业提供计算服务，满足人们对低成本信息服务的需求。另外，在政府智慧办公、智慧出行、智慧医疗和智慧教育等公共领域，云计算能够对多个相互独立的应用平台及“信息孤岛”中的海量数据进行有效的整合计算，支持更广泛和更强大的应用数据处理，还能深度挖掘数据，成为政府部门决策、社会公众服务和企业发展战略制定的服务平台，此外，在智慧城市信息安全管理中，云计算能整合储存个人信息数据，降低其丢失与泄露风险[123]。

目前，我国已有多个城市制定了云计算的发展战略和具体行动计划。地方政府逐渐成为云计算的主要推动者，积极推动云计算的基础设施建设，并探索以基础设施即服务（infrastructure as a service，IaaS）为基础框架，把云计算数据中心作为设计的核心，建立一个可以多维度运作的总体云。通过多种云建设，如交通云、教育云、安全保障云、社区云、政府云和旅游云等，为多种应用提供支撑，并在未来支撑更多类型的云建设[124]。

2. 物联网：实现信息交互的基础

物联网，即“万物联网”，是新一代信息技术的重要组成部分。联合国国际电信联盟（International Telecommunications Union，ITU）在《ITU 互联网报告2005：物联网》中，把物联网定义为通过二维码识读设备、射频识别装置、红外感应器、全球定位系统和激光扫描器等信息传感设备，按约定的协议，把任何物品与互联网相连接，进行信息交换和通信，以实现智能化识别、定位、跟踪、监控和管理的一种网络[125]。物联网技术是多种技术的有效结合，具有感知能力强、互网络覆盖面全、分析功能智能化和运营服务专业化等特点，其最突出的特征是可以辅助人们进行预测与决策。

城市物联网体系是智慧城市建设的技术基础，实现城市相关信息的网络化连接，促进城市服务与管理的信息化、自动化和智能化发展。智慧城市是信息化社会的高级发展阶段，体现了人、机、物三者的深度融合，对城市物理信息的全面感知与整合、城市物品之间的互联互通，以及城市的智能监控与管理等方面提出了更高的要求。物联网为人与物、物与物、物与网络之间的联系创造了条件，推动城市各类物体的“智慧化”建设，有利于获取和处理海量城市信息，支持城市的决策与运作，提升智能化管理服务能力和城市运营效率。在物联网支持下，庞大的信息网络和处理系统正逐渐成为城市智慧发展的重要支撑。物联网的网络框架一般由感知层、网络层和应用层组成，其中感知层实现对物理环境的感知、识别与监控；网络层提供城市信息的传递服务，实现各类信息网络的有效融合；应用层通过对信息的处理，链接应用主体，促进物联网在城市多个领域中的应用。此外，物联网还是云计算和互联网的基础感知网络，促进两者工作范围与功能的延伸。

以物联网为基础的业务与应用覆盖智慧城市的多个方面，不断推动智慧城市的发展。与西方国家相比，物联网技术在我国的应用深度和广度仍有较大差距，目前主要应用于以下几个领域：①智慧交通，包括交通流量监控与分析、智慧出行、城市公共交通系统管理、交通诱导以及公安交警的信息监控等内容，将逐步建立起全方位、多层次和智能化的城市综合交通管理与服务系统；②智慧物流，物联网技术在物流领域的应用广泛，实现对货物运输和配送的全过程跟踪和实时监测，初步建立起智能化的配送体系，同时，借助计算机模拟和分析工具，完善从原材料到成品的供应链网络，显著提高城市物流效率；③城市公共管理系统，依托物联网络系统，实现城市资源信号的统一，对公共资源供给、城市安全和环境保护等领域进行有效的监控与检查；④智慧医疗，通过物联网的射频识别技术，可以实时感知患者的健康状态，提高治疗效果；⑤智慧社区，智能楼宇、智慧家居和路网监控等组成部分，都需要构建物联网体系作为支撑。随着我国智慧城市的兴起，物联网基础设施在生产和生活中的应用将进一步深化。与此同时，物联网产业化逐渐成为智慧城市发展的新动力，加快物联网与传统领域的融合。目前，广州市已提出加快打造物联网产业集聚，促进智慧城市建设的发展策略。

3. 人工智能：发掘城市的深度智慧

人工智能是指能够模拟人类智能活动的智能机器或智能系统，研究领域涉及非常广泛，从数据挖掘、智能识别到机器学习、人工智能平台等[126]。随着数字城市和物联网的深入建设，各类城市数据与信息呈现爆发式的增长趋势，为人工智能奠定了发展的基础。目前，人工智能已成为世界科技热点，谷歌、苹果、微软、百度、阿里巴巴和腾讯等互联网巨头纷纷投入人工智能产业的研究与开发中，促进人工智能的产业化发展，但目前人工智能在城市中的应用仍处于初级阶段，在核心技术突破、专业人才储备和基础设施建设等方面仍有待提高。

人工智能成为智慧城市建设的重要推动力，主要体现在以下几个方面：一是人工智能可以学习、挖掘和整合智慧城市中的多维、海量数据信息，模拟城市运转、环境变化和人类行为等，为城市决策提供重要依据；二是成为智慧城市的管理中枢，对城市进行全局实时分析，提供智能化和高效化的调配资源服务，目前多应用于城市交通、资源调度和城市应急等领域，如实时调控调节城市红绿灯时间和公交车数量配备、仓储调度和智能电网等；三是替代重复性劳动，如无人驾驶、智能机器人和智能配送等，此外，还催生大批智能设备与应用，如智能家居和智能可穿戴设备等，使人类的生活更加便捷。人工智能技术逐渐成熟，并将深入渗透到城市的各个领域，重塑城市的生产与生活方式，在智慧城市中发挥重要的作用。

4. 生物识别：应用广泛的智慧城市技术

生物识别技术运用计算机、传感器和生物统计学原理等科技手段，识别人体的生物特征（如脸部、指纹、静脉和虹膜等）与行为特征（如走路姿势、声音纹路、击键和笔迹等），从而鉴定个人身份。目前，我国生物识别技术发展迅猛，在身份查验、移动支付和安防监控等方面的应用较为广泛，开始深入人们的日常生活以及多项城市服务与管理当中，保障城市与个人安全。生物识别技术体现了城市的智慧，是智慧城市的经典应用，未来将进一步扩大其应用范围，覆盖政府、军事、金融、商贸、医疗和安保等领域，助力多个行业的创新与变革。

5. 3D 打印：推动生产方式的变革

3D打印技术即增材制造技术，是以三维数字模型为基础，通过材料逐层叠加的方式形成实体结构的制造方法[127]。3D 打印是新一代信息技术与制造业的深度融合，它能降低生产制造的门槛，简化制造工序和减少对传统生产要素的依赖，在互联网的支持下，3D打印使人们可以随时随地通过数字设计或模型进行产品生产。同时，3D 打印推动传统工业生产方式和生产组织的变革，促进“即时生产”、“小批量、个性化定制”和“分布式生产”等全新生产组织模式兴起，使价值链的焦点开始从生产制造转向设计研发和品牌经营等环节。3D打印可以划分为桌面级 3D 打印与工业级 3D 打印，分别面向日常消费市场与工业应用，目前多应用于文创教育和设计，以及航天航空、汽车船舶和医疗等精密零件加工与制造领域等。随着世界各大工业强国陆续把 3D 打印作为未来产业发展的重点，其应用的深度和广度将进一步提高，颠覆人类的生产和生活。

3D打印技术助力智能制造，并逐渐成为智慧城市产业发展的新支点。目前，我国 3D 打印技术仍未成熟，没有大规模应用到工业和个人消费领域，但相关政策对 3D 打印的发展给予了有力支持，并强调了 3D 打印在智能制造领域的推动作用，如《中国制造 2025》提出加快 3D 打印在智能化生产过程中的应用，推进相关智能制造装备与产品的研发。3D打印是智慧产业的组成部分，虽然尚未达到爆发式增长点，但已成为未来产业转型的重要方向，其中美国 Stratasys3D、惠普和西门子等知名企业陆续开展 3D 打印产业的部署。此外，3D 打印还将推动城市空间的演变，如生产空间融入城市内部，更接近消费者；大规模生产空间缩减；传统物流仓储空间面临破碎重组等。

6. 新能源：开辟智慧能源供应的新途径

新能源，又称非常规能源，一般具有未进行大规模开发利用、开发难度大和成本高、清洁环保，以及总量大、分布广泛和能量密度低等特点[128]，其中，太阳能、风能、潮汐能、地热能、生物智能、氢能和核能在联合国新能源和可再生能源会议中被列为重点开发类型。20 世纪末以来，新能源技术进入快速发展阶段，并产生了不少成果，如核电、光伏发电、风电和生物燃料等技术相对成熟，已进入产业化阶段；燃料电池、潮汐发电、地源热泵和氢能等，在技术上有明显突破，但有待提升；可燃冰开采和纤维素乙醇等领域还处于探索期。这些技术的开发与研究在应对能源危机和环境恶化等问题方面具有重要作用，还具有一定的经济潜力。

新能源是智慧城市能源建设的重要支撑。伴随着我国城市化进程加快、人口剧增、环境恶化和资源短缺等问题日益凸显，高效节能、低碳环保和可持续的城市发展模式，逐渐成为建设智慧城市的基本要求与原则。《关于促进智慧城市健康发展的指导意见》把打造宜居、舒适和安全的生活环境，实现城市可持续发展，作为智慧城市建设目标，体现了对资源环境的高度重视。因此，智慧城市的发展离不开智慧能源建设，而新能源技术是推进可再生清洁能源使用、优化城市能源结构的关键力量，成为发展智慧能源的重要方向，有利于提高城市环境承载能力和竞争力、保障城市绿色发展。

7. 新材料：为智慧城市建设提供物质基础

新材料是指新近发展的具有优异性能或特殊功能的材料，以及经改进后性能显著提升或具有新功能的材料[129]，如纳米材料、生物材料、能源材料、超导材料和智能材料等。新材料提供智慧城市建设的物质基础，能广泛应用于交通运输、工业制造、能源供应、生物医用和建筑建造等多个行业中，国家重点科技项目如智能电网产业化、绿色建筑、医学科技、太阳能科技和机器人科技等，都离不开新材料的研发与应用。目前，新材料已成为我国战略新兴产业的重点领域和工业和信息化部“工业强基”的四大基础之一。随着新材料技术的日益成熟和产业化进程的加快，新材料对转变城市发展方式、实现节能环保和可持续发展等目标将发挥更明显的支持作用。

8. 虚拟现实：塑造智慧城市的虚空间

虚拟现实（virtual reality，VR）是通过计算机生成的三维交互式虚拟环境，为使用者提供视觉、听觉和触觉等感官的模拟，使其产生身临其境的感觉[130]。Burdea和Coiffet总结了虚拟现实的“3I”特征——沉浸、交互与想象[131]，使用者可以随时随地投入各类虚拟环境的人机互动体验中，包括真实环境的再现和人类构想的场景等。

虚拟现实在智慧城市中的应用活跃，为生产、生活和管理等多个领域的发展提供突破口。目前，城市仿真为市政、建筑、能源管理和城市应急等领域提供了项目分析与决策支持，虚拟制造促进工业设计与开发、生产环节优化，还在沉浸式教育、远程交流、文化创意、消费娱乐及各类科学研究中应用。市场对虚拟现实的发展前景非常乐观，谷歌、英特尔、索尼和微软等知名科技企业已开始了抢先部署。虚拟现实技术具备仿真模拟、多元感知与便捷交互等功能，不断引发智慧城市发展新突破。

9. 现代生物技术：产业化发展加速

现代生物技术是以基因重组技术为基础，在分子、细胞或个体水平上对生物有机体进行操作设计，以改良物种品质和生命大分子特性或生产特殊用途的生命大分子物质的技术[132]。目前，生物技术正不断向传统行业渗透，部分应用领域还进入了产业化阶段，如生物医药、生物农业、生物制造、生物环保和生物能源等，都是典型的高新技术产业。其中，生物医药是国内外现代生物技术应用最活跃的领域，也是发展最早、最具规模的生物技术细分产业。国内一线城市，如北京、上海、广州和深圳等城市，纷纷把生物医药作为战略新兴产业进行部署，逐步为智慧产业和城市的跨越式发展提供支撑。

4.5.3 支撑体系的五层次设计

智慧城市空间战略是将城市的智慧发展理念落实到空间的核心环节，智慧城市的每一个发展目标都需要通过空间资源的分配和布局去实现[85]，做好支撑体系的顶层设计对智慧城市发展至关重要。首先，需要对城市空间的发展规律进行梳理与分析，通过对城市现状运行数据的监测与采集，结合历史统计数据，发现、梳理、分析、总结城市发展的现状问题，并提出解决方案；其次，通过可视化仿真模拟技术对城市运行现状的问题解决、城市资源配置、空间布局、各城市要素的发展趋势进行动态仿真模拟；最后，构建便利快捷的智慧城市操作应用系统。针对政府、企业、市民等用户，在相应的平台构建便利快捷的智慧城市操作应用系统。这种系统提供辅助决策服务，为智慧城市的发展定位、战略选择、规模预测、空间布局、政策评估等提供必要支撑。具体可分为以下五个层面。

1. 铺设信息设施，建立感知网络

在城市公共空间铺设信息设施如视频检测、传感器等；建立城市全域信号感知网络、位置感知网络、ID 感知网络、流量感知网络，将城市空间要素土地利用、交通空间、居住空间、公共服务设施、市政网络空间、新兴产业空间、传统产业空间、生态绿地空间、河涌水系空间各类信息通过感知技术进行收集汇总。

2. 构建城市数据共享平台

城市空间由各个功能要素的空间组成，包括产业空间、交通空间、居住空间、生态空间等；通过使用传感器、视频监测、物联网等信息技术手段来采集城市各个空间中的居民行为数据、交通运行数据、产业布局数据、生态环境数据、公共服务数据、能源使用数据、社区发展数据、基础设施数据等，并对获取的城市数据进行过滤、梳理、整合；构建城市数据共享平台，鼓励城市各职能部门、各行业数据的共享互通；并对城市数据进行分类管理，形成各功能要素子数据库，同时在城市数据共享平台中输入历史统计资料的数据、地理信息测绘数据，构建完备的、精细的城市数据共享平台，为城市发展可视化仿真模拟提供扎实的数据基础。

3. 构建城市各要素运行的子模型及城市现状运行模型

城市系统实际运行过程中出现的问题往往是多要素综合影响的结果，基于海量的城市数据，通过模型模拟与问题分析、专家决策等方式将城市问题拆解、梳理、量化分析、有机整合；从而为解决复杂的城市问题提供了一条可行的工作路径。具体做法是，通过建立城市各要素空间运行子模型（包括城市产业空间、社会空间、生态空间等各个城市要素空间运行子模型）构建各类子模型，首先需要制定各要素运行状况的量化评价标准，构建定量分析模型，然后充分考虑各要素运行过程中的各影响因素，反复拟合优化模型，最终实现对城市系统运行状况的精确反演和精细模拟。同时，对实际存在的城市问题进行分析，将各领域的子问题对应到各要素的子模型中，进行现象模拟与问题重现，采用专家决策、空间句法分析、关联分析等方法有针对性地提出解决方案，并综合相关行业专家意见，将解决方案进行有机整合并形成最终的综合解决方案。

4. 城市发展趋势动态仿真模拟

通过地理信息系统（geographic information system，GIS）空间可视化、虚拟现实等可视化技术，在已采集的城市数据基础上，结合城市开发规模、开发强度、人口密度及城市空间发展政策等，对城市空间要素进行可视化模拟仿真，有效还原城市空间形态，并对城市空间发展趋势进行多方案模拟推演与比较，为城市优化配置各资源要素提供辅助决策，为规划师编制规划以及城市管控者进行规划管控提供服务，为城市发展政策进行优劣评估。

5. 构建智慧城市操作应用系统，制定城市空间发展战略

通过对城市各要素发展状况进行实时监测和动态分析，基于城市公共信息共享平台，构建智慧城市操作应用系统，基于城市发展趋势动态仿真模拟，可推测城市发展的大致趋势与方向，以及城市总体定位；通过城市人口与用地规模数据的及时获取，可提高城市空间发展规模的预测科学性[85]，通过多方案多场景仿真模拟分析，可为城市规划编制人员进行决策分析提供有效参考。

第 5 章　广州智慧城市空间发展的战略探索

基于上述背景与理论，选取广州作为实证案例进行检验。广州作为我国首批智慧城市试点城市、全国首个市级国土空间规划先行先试城市、全国最早制定城市总体发展战略规划的城市，是探索智慧城市的空间发展战略的前沿城市，具有研究的价值。本章通过对广州城市空间发展的背景、演进、政策等的梳理，对发展“智慧广州”的城市空间发展战略顶层设计做出探索，提出智慧广州的城市空间发展愿景。

5.1　广州实证的意义

5.1.1　广州的智慧城市建设起步早、成就突出

广州较早提出智慧城市的建设目标。2012 年 9 月，为推进新型城市化发展，广州首次提出建设“智慧广州”的战略构想，努力成为中国智慧城市建设先行示范市；2013 年 1 月，广州市番禺区和萝岗区（现已撤，改为黄浦区）入选住房和城乡建设部首批智慧城市试点，成为全国试点城市建设的示范样板。目前，广州的智慧城市建设已达到全国领先水平。在 2018 年智慧中国年会中，中国社会科学院信息化研究中心等机构从智慧基础、智慧治理、智慧民生、数字经济和创新环境五个方面，对全国 103 个样本城市的智慧城市发展水平进行评估，并发布了“第八届（2018）中国智慧城市发展水平评估报告”。该研究结果显示广州的智慧城市发展水平位列全国第六，荣获智慧城市领先奖。广州在智慧交通、智慧产业和智慧城市管理等多个方面获得突破，“广州模式”已成为我国智慧城市建设的典型代表。

5.1.2 广州是全国战略规划的先行者

为指引城市的未来发展方向，2000 年广州创造性地启动了城市总体发展战略规划研究，形成《广州城市建设总体战略概念规划纲要》成果，成为全国首个编制战略规划的城市。21 世纪以来，该纲要对广州的区域位置、目标定位和功能布局等进行前瞻，为下一层次的规划设计提供了宏观指引，包括明确建设“区域中心城市”和“广佛都市圈”等战略目标；提出“南拓、北优、东进、西联”的城市空间发展战略，至今影响着广州的城市空间拓展的方向；此外，还对城市生态空间和综合交通体系等专题进行指引。在广州的经验推广下，全国大批城市随之开展了战略规划研究，空间战略规划已然成为探索城市发展路径的重要方式。广州作为其中的先锋城市，在智慧城市的背景下，其空间发展战略提供了重要的参考价值。

5.1.3 广州积极探索国土城市空间治理转型

广州长期走在探索城市发展转型的前沿地带，积累了丰厚的研究基础。例如，顺应区域一体化和关系复杂化的趋势，不断深化“广佛同城”的发展战略和加快融入粤港澳大湾区建设等，推进政策、经济、基础设施等协同发展；适应治理方式转型，从“一元治理”到“多元共治”、“增长主义”到“目标综合”，积极探索历史街区和老旧小区“微改造”模式等；适应存量时代的到来，广州在全国率先成立城市更新局，提升建成环境的综合质量与效益……

2018 年，广州成为全国首个市级国土空间规划先行先试城市，再次肩负起引领全国城市空间转型发展的重要责任。有别于北京、深圳、杭州等科技引领型城市，广州作为传统的商贸城市，更能体现广大中国城市在面对信息与通信技术时喜忧参半的困惑，其基于新技术的空间发展战略体系更具普适性和参考性。

5.2 广州城市空间发展战略的演进

5.2.1 广州融入世界城市网络体系

广州不断融入全球合作分工，具备建设全球城市的基础。2018 年，广州在世界一线城市体系中上升至“弱一线”（Alpha-）级别，位列第40名，较2012年上升 10 名，显示出广州在高端生产性服务业方面对全球的辐射能力明显上升，具有重要的带动和引领作用。2017 年，《财富》全球论坛在广州举办，美国《财富》杂志指出：在广州投资或设立机构的世界 500 强企业共 289 家，其中超过 120 家把总部或地区总部设置在广州[133]；在广州的世界 500 强企业投资项目达 921 个，主要包括电子信息、汽车制造、船舶工业等先进制造业领域[134]，成为跨国公司在华南地区重要的落脚点和投资热点。从 2014 年广州与世界 100 个城市的联系强度来看，广州初步构建起与世界城市的联系网络，其中，与香港、伦敦、纽约和新加坡等城市的联系最为密切。目前，广州正积极谋划、抢占全球城市体系中更有利的位置，在《广州市城市总体规划（2017-2035 年）》草案中提出了建设活力全球城市和国际一流城市的目标，打造引领型全球城市。

长期以来，广州是世界重要贸易中心和我国对外开放的“南大门”，承担着枢纽与门户的使命。广州对外贸易呈平稳的上升趋势，2012~2016 年，进出口总值由 1 171.67 亿美元上升至 1 293.09 亿美元，年均增长率为 2.50%，外商直接投资（实际使用外资金额）由 457 485 万美元上升至 570 120 万美元，年增长率为 4.92%（表 5-1）。2016 年，广州位列《中国海关》杂志的“中国外贸百强城市”的第六位，较 2015 年上升三位；2013~2015 年，广州蝉联福布斯“最佳商业城市”，2017 年仅居上海之后；2016~2017 年，连续获选中国“机遇之城”。广州每年举办的中国进出口商品交易会（广交会）是全国历史悠久、规模最大和层次最高的国际性贸易盛会，吸引了各国客商云集广州。可见，广州作为千年商都的地位仍然突出。

表 5-1　2012~2016 年广州全球化进程指标测度

年份	外商直接投资实际使用外资金额/万美元	商品进出口总值/亿美元	城市接待过夜入境旅游者人次数/万人次	国际互联网普及率
2012	457 485	1 171.67	792.21	78.46%
2013	480 385	1 188.96	768.20	92.09%
2014	510 707	1 305.90	783.30	87.99%
2015	541 634	1 338.68	803.85	63.13%
2016	570 120	1 293.09	861.87	70.46%

资料来源：2013~2017 年《广州统计年鉴》

受全球市场降温影响，广州全球化水平有所减弱。2012~2016 年，广州外资依存度和外贸依存度都呈现下降趋势，广州对外贸易的增长动力相对不足；广交会成交额明显下跌，2016 年仅 559.74 亿美元，五年间下降了 18.5%，进出口贸易表现疲软（表 5-2）；此外，广州人均接待境外访客数基本不变，而国际互联网普及率呈现下降趋势（表 5-3），也显示广州对外经济活动和信息联系的强度略有减弱。因此，广州需重视对外经济活动的发展，积极与国外的国家与地区构建伙伴关系，特别是发挥海上丝绸之路的潜力，其中，《广州市城市总体规划（2017-2035 年）》草案明确提出建设“一带一路”重要枢纽城市，深化与东南亚、南亚和南太平洋的国家与地区的相互协作，从而提升广州对外的连接度与辐射能力，打造国际商贸与交往中心。

表 5-2　2012~2016 年广交会成交额统计

年份	成交额/亿美元		全年成交额/亿美元	全年成交额增长率
	春交会	秋交会		
2012	360.30	326.80	687.10	−8.09%
2013	355.40	316.90	672.30	−2.15%
2014	310.51	316.90	602.11	−10.44%
2015	280.56	270.10	550.66	−8.54%
2016	280.84	278.90	559.74	1.65%

资料来源：中国进出口商品交易会网站

表 5-3　2012~2016 年广州全球化进程指标测度（相对值）

年份	外资依存度	外贸依存度	人均接待境外访客数	国际互联网普及率
2012	100%	100%	100%	84.76%
2013	89.06%	85.86%	98.57%	100%
2014	88.49%	88.15%	97.05%	95.70%
2015	87.83%	84.23%	96.46%	67.37%
2016	91.30%	80.20%	99.46%	73.66%

注：其中，外资依存度：外商直接投资实际使用外资金额占城市生产总值的比例；外贸依存度：商品进出口总额占城市生产总值的比例；人均接待境外访客数：城市接待过夜海外旅游者人次数占城市总人口的比例；国际互联网普及率：国家互联网用户占城市总人口的比例

资料来源：2013~2017 年《广州统计年鉴》

5.2.2　广州协同区域发展情况

1. 粤港澳大湾区中的枢纽型城市

粤港澳大湾区经历了由单中心到多中心的演变历程，并进一步呈现网络化的发展态势。粤港澳大湾区不仅是我国三大城市群和世界最大都会区之一，也是国内一体化程度最高的区域，由香港、澳门与珠三角共 11 个城市组成。改革开放初

期，香港是粤港澳大湾区经济发展的核心引擎，对大湾区地区生产总值的贡献率达72%，并在1994年达到86%的峰值，单中心城市主导的区域发展格局明显。随后，广州、深圳工业化带动经济快速增长，香港经济明显发展放缓，2016 年，广州、深圳和香港三市占大湾区地区生产总值的比重分别为 21.07%、21.01%和23.85%，其次是佛山（9.30%）和东莞（7.46%），广深港三足鼎立的多中心区域发展格局已经形成，并构成大湾区三大服务核心（图 5-1、图 5-2）。同时，在2015 年粤港澳的空间联系中，也可以容易地发现大湾区网络结构的雏形，其中，广深港在网络中具有核心支配力量，紧接着是东莞、佛山、澳门，其次是惠州、中山、珠海、肇庆和江门[135]。进入网络化阶段后，区域一体化程度在智慧城市建设的支持下将进一步加深，各城市逐步形成复杂的协同竞争关系，城市间的分工将日益明确，共同推动区域的发展。

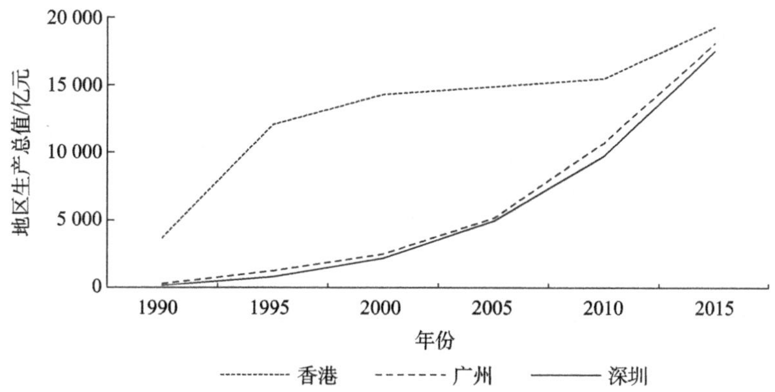

图 5-1　广深港地区生产总值变化（1990~2015 年）

资料来源：《中国统计年鉴》《广州统计年鉴》《深圳统计年鉴》

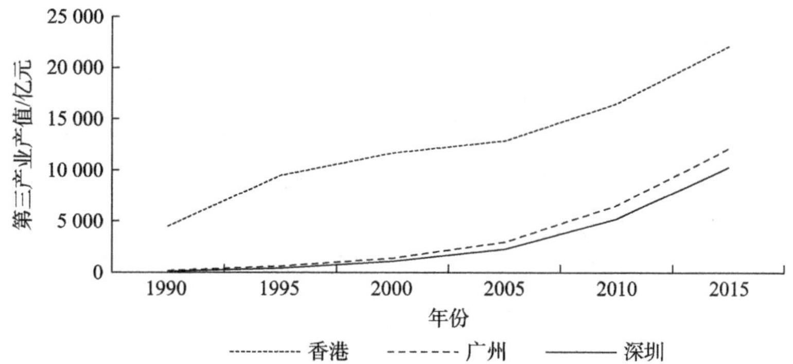

图 5-2　广深港第三产业产值变化（1990~2015 年）

资料来源：《中国统计年鉴》《广州统计年鉴》《深圳统计年鉴》

广州是湾区中的枢纽型城市，需进一步提升人流、物流、资金流和信息流等要素的整合能力，强化在区域发展中的引领地位。作为区域综合型门户城市，广州一直承担着商贸物流中心、信息中心、金融中心和文化中心等综合服务职能，而随着湾区空间结构的多中心化和网络化发展，对区域内的交通与信息枢纽的建设要求也相应提升。在这一趋势下，广州提出建设枢纽型网络城市，打造世界级空港、海港和铁路枢纽，强化区域交通功能；同时重视智慧城市建设，积极谋划智慧交通和“四网融合”等项目。此外，《珠江三角洲基础设施建设一体化规划（2009-2020 年）》提出统筹湾区交通和信息等基础设施建设，包括交通设施一体化和推进“三网融合”等。广州需积极发挥组织和带头作用，把握智慧城市建设的建设机遇，推动区域基础设施的互联互通与共建共享，深化区域一体化和网络化水平。

2. 主导广佛肇清云韶经济圈发展

广州是建设广佛肇清云韶经济圈的关键力量。2015 年，广州、韶关签订战略合作协议，首次提出构建肇清云韶经济圈，在广佛肇经济圈的基础上，形成“3+3”的协作模式，并纳入了广州新版总规的区域发展目标。目前，广佛肇清云韶经济圈的建设以基础设施建设为合作的重点，其次是产业协调发展。这将进一步发挥广佛的空间溢出效应和扩散效应，有利于整合区域资源，缩小区域发展差距，探索新的、智慧化的区域空间发展模式。

3. 积极推进广佛同城化发展

广佛同城是湾区一体化的先行示范区，同城化的发展格局基本形成。一是广佛两市不断向外拓展，中心区呈现连绵发展的态势。二是区域基础设施对接成网，基本构建起以轨道交通（广佛地铁、贵广高铁、南广高铁、广佛肇城际和广珠城际等）和高快速路为骨架、交界地区市政道路为补充的一体化交通网络，2011~2015 年，东新、广明和南二环等 18 条高快速路投入使用；广佛快巴、城际公交和机场快线等跨市公交服务的完善，以及广佛公交卡和年票的互通；基本实现广佛通信网络的一体化建设等。三是同城化机制不断优化，城市规划、交通通信、环境和产业等部门推进了工作对接，荔湾和南海、花都和三水、番禺和顺德的区级合作关系初步建立。可见，广佛同城化发展已具备一定深度，但从空间发展格局来看，目前的一体化发展主要依赖于基础设施网络的建设，但广佛交界区域的功能仍有待整合，区域空间发展结构尚未成熟、各功能区联动性不足，以及广州空港、海港等枢纽础设施对佛山的辐射带动能力偏低等，都需要进一步加以引导。

推动广佛同城化向纵深发展，广州需发挥关键作用。广佛《广佛同城化“十三五”发展规划（2016-2020 年）》提出对外形成“东联、西进、南融、北拓”的发展态势，内部构建“一核引领、一环联系和两带联动”的发展格局（图 5-3），建立互联互通的基础网络设施等。同城化对广佛的错位发展、资源共享具有重要意义，新版总规也明确提出“推进广佛同城”的发展目标，由于广州在经济实力、基础设施建设、科技创新和产业结构等方面都具有明显优势，未来应主动承担推进同城化的重任，实现区域空间结构优化。

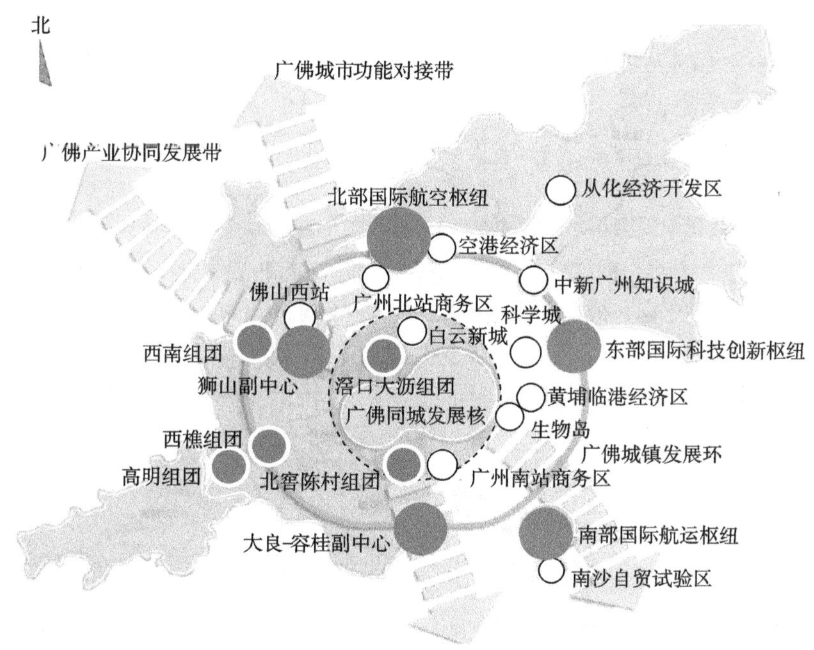

图 5-3　广佛同城化内部发展空间结构图
资料来源：《广佛同城化“十三五”发展规划（2016-2020 年）》

5.2.3　广州城市空间结构发展特征

1. 城市空间呈现新的集聚与分散

集聚与分散的双重力量推动着广州城市空间的重塑。《广州市城市总体规划（2010 年-2020 年）》延续了 2000 年以来的十字发展方针，提出构建“一个都会区、两个新城区和三个副中心”的多中心组团结构，促进非核心城市功能的疏解，南沙新区和东部新城开始壮大，增城、花都和从化的综合性服务功能得到提升，城市空间组团向四周蔓延发散。同时，在知识经济和信息化的深入发展下，智力资源丰富的地区成为创新资源集聚的热点，如中新知识城、广州科学城、国际生物岛、广州大学城及国际创新城等，吸引了越来越多的创新因子与重大项目。容易被交通或信息技术替代的日常办公等活动逐步远离城市中心，而重视面对面交流的专业性商务会议、交易服务和文化创意等活动将进一步在城市中心集聚，广州第二中央商务区和白鹅潭地区等开始崛起。

2. 城市结构呈现网络化趋势

广州网络化的发展结构在信息技术的强大渗透力与物质交通网络的结合下，已初现端倪。信息流和交通流的双重叠加，强化了中心区与其他组团之间的相互作用（图 5-4），加速了城市人口、产业、物资和服务在城市的流动和转移，形成相互交错的互动网络[136]。以广州地铁出行为例，借助广州地铁刷卡数据，分别对各区 2014 年和 2017 年某周的地铁起止点交通量进行统计分析，可以发现各区网络化的结构已初步呈现并趋于增强（图 5-5）。随着四号线南延段、九号线、十三号线和知识城线的陆续开通，这种结构将更加广泛和突出。在新的城市空间结构演变机制下，推动智慧城市的建设，有利于进一步强化广州城市空间的网络结构，促进城市各个区域形成形态松散、联系紧密的发展关系，减少城市的无序蔓延。

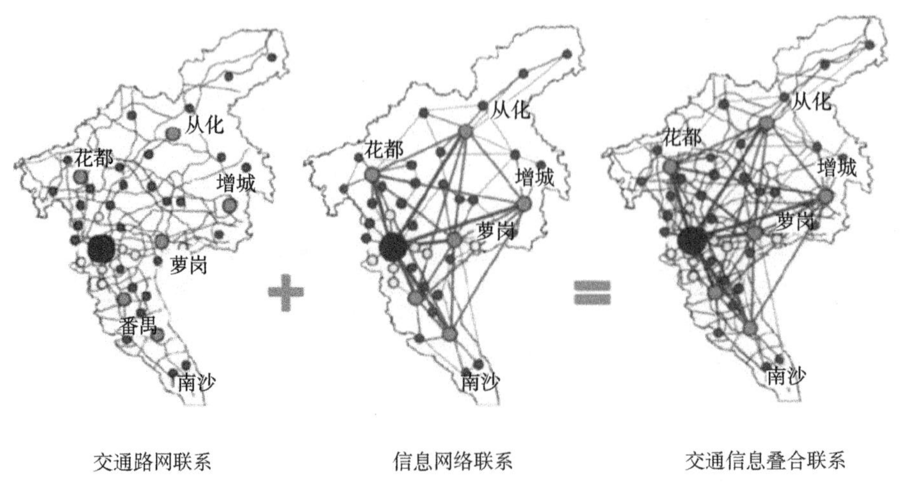

图 5-4 广州城市中心与组团之间的互动网络示意图

资料来源：王远景. 信息时代的广州城市空间结构演进研究[D]. 华南理工大学硕士学位论文，2013

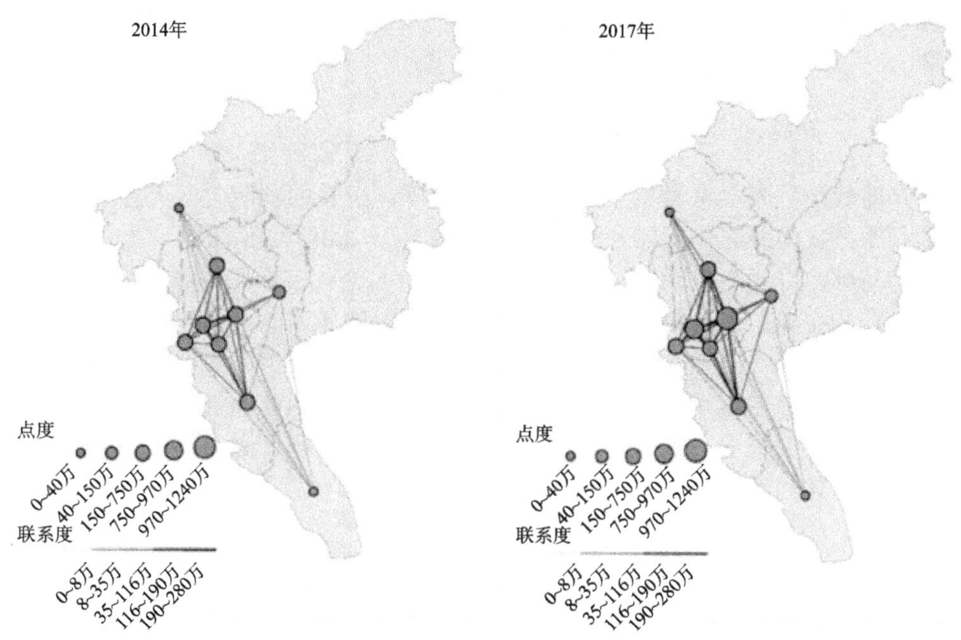

图 5-5　广州 2014 年和 2017 年某周各行政区地铁的起止点交通量对比
资料来源：广州市城市总体规划 2035 技术研究成果

3. 单中心圈层式结构仍然明显

城市中心持续向外扩张，单中心圈层式的发展结构尚未转变。1912 年以来，广州城市空间主要经历了由西向东的“就地扩张”过程，并于 20 世纪 90 年代末，形成了东西向的都市绵延区。进入 2000 年，广州城市空间继续扩张，在行政区划调整的基础上，提出建立多中心、组团式和网络型的城市空间结构，并形成了雏形。然而在城市发展中，中心城区“单中心”的结构仍然突出，原来在外围的白云、萝岗（旧萝岗区）、黄埔（旧黄埔区）、番禺等新区或新城，不断进行“跳跃式”扩展模式，但随着中心区的向外扩张，又出现了连片发展的态势；另外，以越秀和天河为核心的城市中心区主导着广州城市空间结构，集聚了大量城市功能，而规划的白云新城、增城新塘和广州新城等，大多存在空心化和同质化现象，单一的城市功能难以与中心区相平衡，还引发了严重的职住分离问题，加重城市交通压力。可以发现，广州的城市开发强度、人口密度和功能强度都呈现由中心区向外围递减的趋势，虽然《广州市城市总体规划（2010 年-2020 年）》强调提升番禺、南沙新区和东部新城等的综合服务功能，但仍未形成与中心城区相匹配的城市副中心，广州单中心圈层式的结构仍未改变。此外，当前白鹅潭地区、广州第二中央商务区和新中轴线南延段的开发，无疑也是围绕城市中心的拓展，如何协调城市中心与其他城市节点的功能关系，是智慧城市建设中不可避免的问题。

4. 城市功能复合化与土地利用兼容化

信息时代下，各类活动的空间界限日益模糊，机械的功能分区失去意义，城市土地利用方式向兼容化发展。图 5-6 以 2001 年、2008 年和 2014 年的广州市企业数据为基础，对栅格单元（1 千米 × 1 千米）内的企业多样性指数进行测算，可以发现，广州企业的多样性呈现由城市中心不断向外递增的趋势，各片区的城市功能逐渐走向多元。从中小尺度空间来看，这一趋势也相当明显，如广州太古汇和天河城等大型多功能商业综合体，北京路和六运小区的商住混合，以及环市东路的商、住和办公混合，等等。城市功能的符合化，有利于激发城市活力与满足居民日益多样化的生活需求。

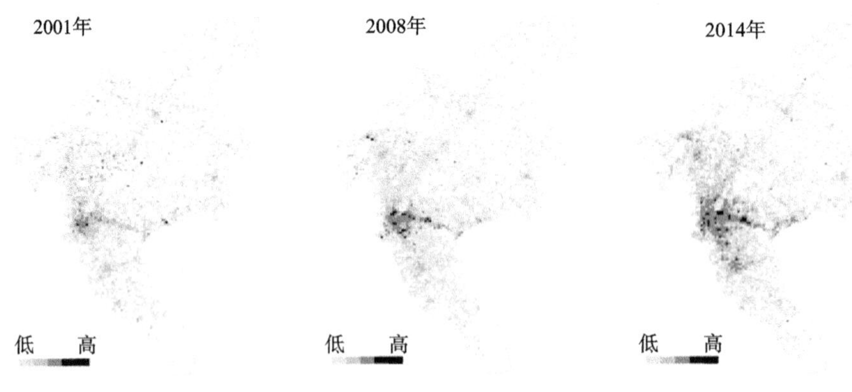

图 5-6　2001 年、2008 年和 2014 年广州市企业分布多样性指数变化

资料来源：广州市城市总体规划 2035 技术研究成果

5. 城市战略推动城市空间结构优化

《广州市国土空间总体规划（2018-2035 年）》草案中提出依托广州自然资源本底，保护建设以重要自然资源分布区域为主体、水系与廊道为纽带、重点生态公园为节点，通山达海的生态空间网络，规划形成“一脉三区、一主一副、多点支撑、网络布局”的空间发展结构（图 5-7）。该规划提出，珠江为脉，形成以珠江水系为核心的发展纽带，构建北段、中段、南段、东段等四段发展空间；山水格局，形成北部山林、中部都会、南部滨海三大分区；一核一极，形成主城

区和南沙副中心两大发展极核；多点支撑，形成城市新的发展动力源和增长极；网络布局，强化城市的集聚与辐射带动作用。同时，延续《广州市城市总体规划（2017-2035 年）》草案中提出的五级城乡网络体系，完善“主城区—副中心—外围城区—新城城镇—美丽乡村”的城乡体系（图 5-8）。其中，主城区包括天河、越秀、荔湾和海珠区，以及白云、黄埔和番禺的部分区域；副中心指南沙区全域；外围城区包括花都、番禺南部、从化和增城城区，以及空港经济区和知识城；新型城镇为相对独立的建制镇。发展策略顺应城市多中心化和网络化的发展趋势，主要包括主城区“控量提质”，疏解非核心的城市功能与人口，改善人居环境质量；外围城区“扩容提质”，促进产城融合，提高综合承载能力；新型城镇统筹城乡发展，与主、副城区形成完整的城市空间网络。在最新的广州总规中，把南沙新区提升到城市副中心的位置，与其他外围城区形成差异化的空间安排，能更好地指导中心区功能有序疏散，使城市空间发展结构更趋合理。此外，新版广州总规关注新技术对城市空间的变革与支持，并指出智慧产业的发展、智慧基础设施的建设和智慧社会的构建等，将为广州城市空间的智慧发展提供更强的动力与支撑。

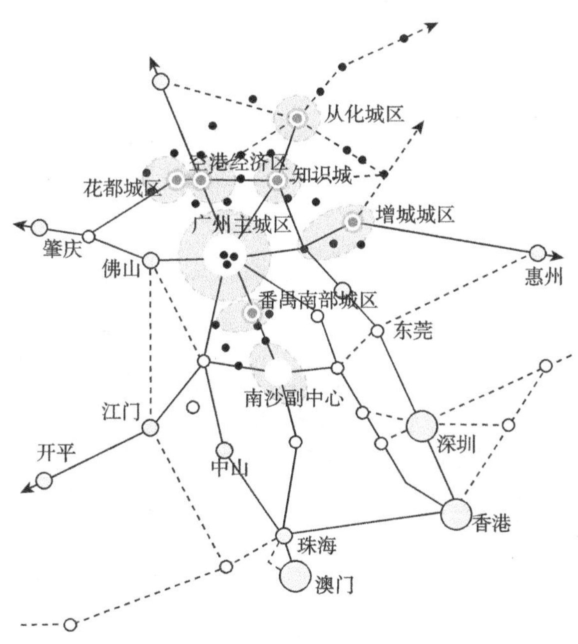

图 5-7　广州市域空间结构图
改绘自《广州市国土空间总体规划（2018-2035 年）》草案

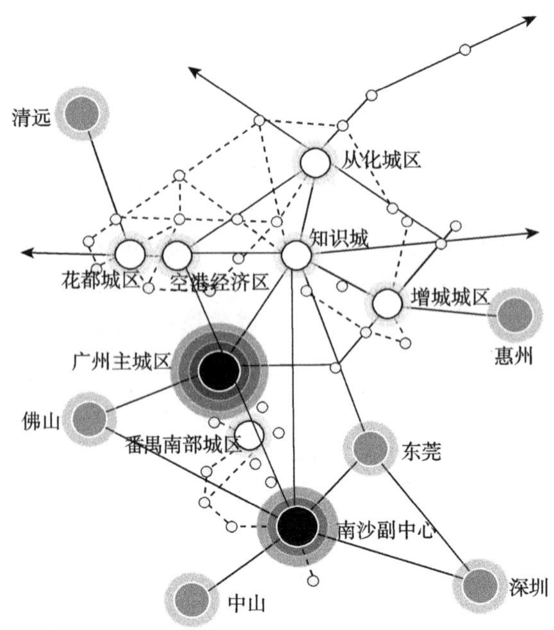

图 5-8　广州城乡体系规划图
改绘自《广州市城市总体规划（2017-2035 年）》草案

5.3　广州发展智慧城市的空间战略准备

5.3.1　“智慧广州”空间战略

21 世纪初，广州通过番禺、花都“撤市设区”的行政区划调整实践探索，在国内各大城市中率先编制城市总体发展战略规划，提出“南拓、北优、东进、西联”的城市空间发展战略。这一战略的提出，为今后几十年的广州城市空间布局起到战略引领的作用，突破原先“小广州”的城市格局，谋划合理的大都市空间架构，为广州城市发展奠定物质空间载体。2006 年，广州在原有的城市空间发展战略中，增加了“中调”，形成“南拓、北优、中调、东进、西联”的城市空间发展战略，本次调整的目的是在城市空间发展中把外延拓展和内涵优化更好地结合起来，对城市中的老旧城区、城中村进行有序的更新改造，优化城市空间结构，积极推进多中心城市结构初步形成[137]。

2012 年，广州市响应国家全面推荐新型城镇化发展的决定，将“智慧广州”建设作为城市发展的重大战略，确定建设“智慧广州”的战略愿景，拟定《关于建设智慧广州的实施意见》（以下简称《意见》），提出相关的建设目标、建设内容，部署了相关保障措施，成立了智慧城市建设工作小组，《意见》以中国智慧城市建设先行示范市为目标定位，以使市民享受便利、高效的公共服务，使企业获得低成本、便捷实惠的发展环境，使政府取得效能显著的管理成效为愿景，以至 2015 年初步建成信息网络广泛覆盖、智能技术高度集中、智能经济高端发展、智能服务高效便民的智慧城市运行体系为发展目标，围绕信息基础设施建设、智能化社会管理和服务应用、智慧型产业发展、信息技术发展、市民信息技术应用 5 个方面制定了智慧广州的建设任务，也在组织制度、统筹规划、标准制定、技术攻关、培训宣传等方面对智慧广州建设的保障措施进行了部署[138]。同时《意见》提出构建以智慧新设施为“树根”、智慧新技术为“树干”、智慧新产业为“树枝”、智慧新应用和新生活为“树叶”的智慧城市“树型”框架的要求。

2017 年 1 月，广州市府办公厅正式印发了《广州市信息化发展第十三个五年发展规划（2016-2020 年）》，提出全球互联网双创优选地、全国信息经济发展首善地、国家新型智慧城市先行区、全国万物互联应用示范区的智慧城市战略定位，提出到 2020 年，全市信息化水平在全国名列前茅，基本形成与小康社会相适应的智慧、融合、便捷、安全的信息化发展格局，信息化成果惠及全市人民。信息基础设施体系更加完善、信息技术产业规模和质量全国领先、大数据开发和应用水平大幅提升、经济各领域信息化应用日益深化、新型智慧城市建设迈上新台阶、网络和信息安全保障能力达到新高度的智慧城市发展目标，主要任务和建设重点涉及：信息基础设施、信息产业体系、大数据产业发展与应用创新、传统产业与互联网融合、智慧城市建设。第一，信息产业体系领域提出整体打造“双核三廊多点”的信息产业空间战略，“双核”指广州开发区、天河软件园；“三廊”包括新一代信息技术创新核心走廊、传统产业升级走廊、创新创业开放走廊；“多点辐射”是指以外围区县重点园区为基地，形成多个特色产业基地，与周边地区形成产业联动发展，形成多点辐射。第二，大数据产业生态体系领域，提出构建基于“一带双核五区”组团式大数据产业布局；一带双核五区：以大学城为基础，建设“大数据创新创业驱动核”；以中新知识城、广州科学城为基础，打造“大数据产业集聚发展核”；“双核”共同带动辐射形成“东部大数据产业带”。依托琶洲互联网创新集聚区构建“互联网+”大数据发展示范区，依托天河智慧城、广州国际金融城、商贸中心构建数据软件及数据增值服务、金融、商贸大数据发展示范区，依托南沙自贸区构建港口航运、跨境电商大数据及数据外包发展示范区，依托增城国家开发区构建工业大数据发展示范区，依托越秀区构建健康大数据、教育大数据发展示范区。第三，智慧城市建设主要集中在智慧政府、智慧城管、智慧交通、智慧能源、智慧卫生医疗、智慧教育文化、社会保障信息化服务、社会信用、智慧安全预防控制、智慧生态环境保护、智慧社区、网络信息安全保障等方面。

5.3.2 广佛同城化合作机制

2008 年 12 月广东省政府出台《珠江三角洲地区改革发展规划纲要（2008-2020 年）》，提出广州佛山同城化概念，要求加强广佛同城效应，打造布局合理、功能完善、联系紧密的珠三角城市群。2009 年 3 月广州市与佛山市两地政府联合签署《广佛同城化建设合作框架协议》以及城市规划、产业协作、交通基础设施、环境保护等 4 个专项协议；2009 年 12 月全国首个跨区域综合规划《广佛同城化发展规划（2009-2020 年）》正式出台，提出建立健全广佛同城化的体制机制，在城市规划、基础设施、产业协作、社会事业、公共服务等领域推进同城化建设。2010 年 11 月，广佛地铁线首段开通，成为国内首条全地下城际轨道交通线路，佛山进入地铁时代。2012 年实现广佛环线佛山西站至广州南站轨道交通等一批重点交通设施对接；2015 年南沙、荔湾两区于广州市政府签订了广佛同城合作示范区框架协议，主要从城市规划、交通、环境、民生、文化等多个层面推进广佛同城化，广佛同城化迈入新的里程。2016 年 6 月广州地铁 7 号线西延线顺德段在陈村破土动工，广州地铁 7 号线将延至顺德北滘；2016 年 11 月广州大学城卫星城在顺德北部片区正式启建，顺德将统筹配建 3 万套人才公寓，依托“十百千万人才工程”和 14 所大学城及周边高校共建卫星城，将其打造成广佛同城的核心区[139]。2017 年 9 月，广州市和佛山市印发《广佛同城化“十三五”发展规划（2016-2020 年）》，为广佛同城制定了新的发展目标，广佛同城化发展在基础设施、产业结构、交通设施、教育医疗、科技创新、社会、环境治理等方面实现有效推进。

广佛同城化建设的框架及协议中强调的“同城化”不是“同化”，明确指出两市“优势互补”为重要原则，协调两市规划、优化功能配套、实现错位发展，进而提升广佛整体竞争优势；提出“以创新行政模式”为主导，以城市规划、产业协作、交通基础设施建设、环境保护为重点，“规则一体化”为支撑的顶层设计框架。行政壁垒的限制是广佛同城化最大的障碍，协议构建了一个创新的行政模式，在领导机构、联席会议制度、专责小组这三个方面提出创新构思，领导机构采取广东省指导，两市市委书记、市长成立广佛同城化领导小组，负责广佛同城重大项目的决策和协调，联席会议制度则是由两市市长为会议召集人，召集分管发展改革工作的副市长、政府秘书长及负责同城化工作的相关部门主要负责人出席会议，会议主要商讨广佛同城化的组织协调工作；同时设立了城市规划、产业协作、交通基础设施、环境保护四个专责小组，主要负责落实领导机构、联席会议确定的有关工作事项[140]。其中在城市规划方面，主要开展重大设施的衔接规划，其次对合作的重点地区进行整合规划，最后开展广佛融合一体化规划；在产业协作方面，针对三次产业的各个门类，做好广佛同城产业布局总体规划，规划建设产业协作园区[141]，积极促进重大产业链条的形成，推动各重点产业领域和区域的深度合作；交通基础设施方面将全力推进轨道交通同城化建设，加快构建广佛一体化的道路网络、港口航运、客运公交网络；推动交通服务、物流电子口岸、交通管理和运输信息同城化发展；环境保护方面要求联合防治水污染、联合防治空气污染、统筹固废处置资源、执法与审批联动、信息与资源共享和突发事件联动处置[142]。

5.3.3　粤港澳大湾区的战略响应

2017 年 7 月香港特别行政区政府、澳门特别行政区政府、广东省政府共同签署《深化粤港澳合作 推进大湾区建设框架协议》，协议中确定大湾区合作目标主要是携手打造国际一流湾区和世界级城市群；同时强化广东作为全国改革开放先行区、经济发展重要引擎的作用，构建科技、产业创新中心和先进制造业、现代服务业基地；巩固和提升香港国际金融、航运、贸易三大中心地位，强化全球离岸人民币业务枢纽地位和国际资产管理中心功能，推动专业服务和创新及科技事业发展，建设亚太区国际法律及解决争议服务中心；推进澳门建设世界旅游休闲中心，打造中国与葡语国家商贸合作服务平台，建设以中华文化为主流、多元文化共存的交流合作基地，促进澳门经济适度多元可持续发展。同时明确了基础设施、市场、科技、现代产业、生活质量等重点合作领域。体制机制安排方面主要有编制《粤港澳大湾区城市群发展规划纲要》，四方（国家发展和改革委员会、广东省人民政府、香港特别行政区政府、澳门特别行政区政府）每年定期召开磋商会议，协调解决大湾区发展中的重大问题和合作事项，强化粤港澳合作咨询渠道，吸纳内地及港澳各界代表和专家参与，研究探讨各领域合作发展策略、方式及问题[143]。

未来大湾区将形成以东岸中轴为主轴线的三轴架构，以香港—深圳—广州的中轴线为基础，向东、西两个方向延展，形成中、东、西三大轴线发展的空间架构[144]。

粤港澳大湾区的顶层设计仍处于探讨阶段，本章根据信息与通信技术和智慧城市群的基本结构，从四个部分组织粤港澳大湾区智慧湾区的总体架构（图 5-9），首先需要建立快速高效的信息设施，作为智慧湾区的基础。建立智慧的湾区网络关键一步是全面统一的感知网络，将各类信息通过感知技术进行收集汇总，并且突破湾区内各城市的行政界限，以统一接口的感知信息对区域的基础设施、公共管理、产业发展、生活出行等信息与数据进行全面的掌握。在数据的基础上，针对城市设施发展的需求，建立公共管理、生活出行、产业发展和基础设施四个运营平台，并针对政府内部用户、公共信息用户，在各个平台开发相应的操作应用。

在基本网络设施建立和普及之后，建立基础设施、公共管理、产业发展和生活出行四种平台，通过云技术来处理感知网络中的大量数据。云处理的目标不仅仅是

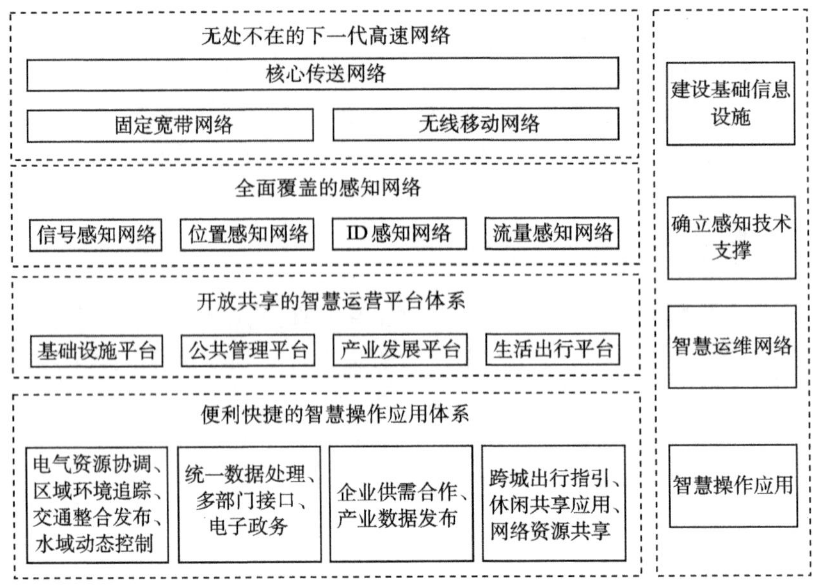

图 5-9　智慧湾区顶层设计

分析现状资源信息，更重要的是把握区域需求与区域供给情况，在数据分析基础上通过监控和谈判，实现快速供需的平衡。从信息的来源和最后的应用执行使用机构来看，将参与主体分为两大部分（图 5-10），一为相关政府管理部门，包括质监、工商、海关等，而另一主体为专营公司，它们控制了基础设施的运营，包括电力、燃气、电信和轨道等。这两大跨越城市行政区的主体在区域同一的云处理平台上发布信息、整合信息，最终能够实现突破行政界线的城市管理[145]。

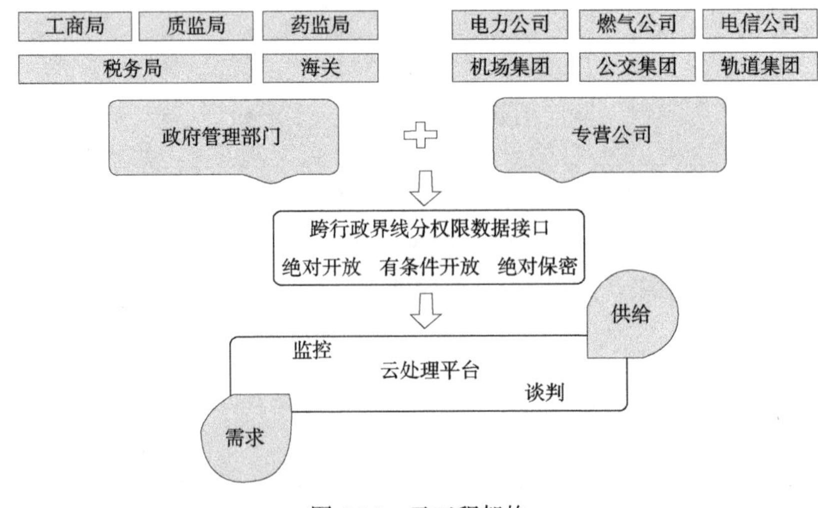

图 5-10　云工程架构

5.3.4 《广州市城市总体规划（2017-2035 年）》草案

2017 年 9 月，住房和城乡建设部将广州纳入新一轮总规编制试点城市，2018 年 2 月《广州市城市总体规划（2017-2035 年）》草案公示，本轮总规编制注重实施效果，根据住房和城乡建设部的指导意见“总规要体现数字总规、量化总规”，通过城市数据信息平台倒逼规划编制，提升审批效率和水平；广州以“信息共享、部门协同、联合审批、实施监督、评估考核、服务群众”为具体目标，整合各部门的空间规划、项目管理、行政审批信息系统，实现全市各类信息实时共享、空间规划编制和管控的部门协同、建设工程项目联合审批、规划实施监督检查与评估以及全方位服务群众等功能。让总规各项成果“跑起来、管起来、用起来”，确保总规落地生根。此外，以建设项目规划报建为试点，逐步推行建筑信息模型（building information modeling，BIM）技术在城市规划管理中的运用，夯实数字广州、智慧社会基础[146]。

规划确定广州市城市规模、城市定位、城市性质、城市格局、城市生态、城市特色等主要内容：

（1）城市规模：到 2035 年，常住人口规模控制在 2 000 万人左右，同时按照 2 500 万管理服务人口进行相应的基础设施和公共服务设施配套。

（2）城市定位：美丽宜居城市、活力全球城市。

（3）城市性质：广东省省会、国家重要中心城市、历史文化名城、国际综合交通枢纽、商贸中心、交往中心、科技产业创新中心，逐步建设成为中国特色社会主义引领型全球城市。

（4）城市格局：构建枢纽型网络城市空间格局。主城区为荔湾、越秀、天河、海珠四区，白云区北二环高速公路以南地区、黄埔区九龙镇以南地区及番禺区广明高速以北地区。副中心为南沙区全域。外围城区为花都城区、空港经济区、知识城、番禺南部城区、从化城区和增城城区。另外包括新型城镇（相对独立的建制镇）、乡村（农村居民集中居住区域）。

（5）城市生态：建设人与自然和谐共生的美丽宜居花城。维育市域生态资源集中分布的 9 大重要生态片区；构建“三纵五横多廊”的生态廊道网络。到 2035 年，生态公园数量从现在的 108 处增至 138 处，建成绿道网络 3 800 千米，形成约 1 000 千米登山健步步道。到 2035 年，全市河湖水面率达到 10.2%。

（6）城市特色：凸显广州国际化、现代化都市魅力。打造总体风貌，北部突出生态山林风貌，中部突出都市风貌，南部突出滨海风貌。打造 3 个 10 千米的精品珠江景观带；对历史城区进行整体保护与活化；串联一批最能反映广州历史底蕴与文化特色、最能展现广州传统风貌的建筑、街道、街区[147]。

5.3.5 《广州市国土空间总体规划（2018-2035 年）》草案[148]

2019年6月，《广州市国土空间总体规划（2018-2035年）》草案对外公示。该规划坚持以习近平新时代中国特色社会主义思想为指导，深入学习贯彻习近平总书记的生态文明思想、习近平总书记对广东重要讲话和重要指示批示精神，贯彻落实“一带一路”倡议、粤港澳大湾区建设等，坚持新发展理念，落实高质量发展要求，率先建立国土空间规划体系，优化国土空间开发保护格局，为广州增强粤港澳大湾区区域发展核心引擎功能，推动实现老城市新活力、四个方面出新出彩，着力建设国际大都市，焕发云山珠水吉祥花城的无穷魅力提供重要支撑，朝着建设美丽宜居花城、活力全球城市的目标奋进。

国土空间规划是国家空间发展的指南、可持续发展的空间蓝图，是各类开发保护建设活动的基本依据。本次广州市国土空间总体规划立足新时代，谋划新征程，积极借鉴新技术，为广州绘制一张未来发展的蓝图。规划提出五大思维，引领未来广州发展，推动综合城市功能、城市文化综合实力、现代服务业、现代化国际化营商环境四个方面出新出彩，以实现老城市新活力。

一是区域思维。规划提出构建几点带动、轴带支撑的网络化空间格局，带动全市“一核一带一区”协调发展新格局；发挥粤港澳大湾区区域发展的核心引擎作用，推进湾区基础设施互联互通，推进广州与港澳深度合作，共建国际科技创新中心，打造广州南沙粤港澳全面合作示范区；建设全球重要交通枢纽；携手共建广州大都市圈，加快广佛同城化，共建粤港澳大湾区核心极点。

二是底线思维。规划提出构建“山水林城田海”的美丽国土空间格局；开展“双评价”，明确城市发展容量；明确国土空间开发保护格局；统筹划定“三线”；构架通山达海的生态空间网络；加强河湖水系保育；完善城乡公园体系建设；优化城市空间结构。

三是创新思维。规划提出建设现代产业体系；打造国际科技创新中心，构架“三城一区多节点”创新格局；壮大现代服务业发展新动能，集聚发展金融与总部经济。

四是品质思维。规划提出用“绣花”功夫实现城市精细化品质化发展，实现历史城区新活力；塑造特色城市风貌，加强城市设计；塑造独特的城市天际线和景观视廊；高水平建设30千米精品珠江，推进珠江两岸贯通工程，提升珠江文化带，打造“世界级滨水文化带”；推进一批重要道路园林景观改造工程，突出花城特色；传承历史根脉，保护和活化历史文化名城；提升城市公共服务水平，打造15分钟宜居社区生活圈，保障和改善民生；建设多层级轨道网络；建设富有活力的岭南新田园；推动富民兴村产业发展，建设美丽宜居岭南乡村。

五是存量思维。规划推动土地资源配置优化转型，以“锁定总量、盘活存量、精准调控、提质增效”为目标，重点对“一场两园三旧”改造提升。

此外，规划还提出提升智慧城市建设水平。包括实施“互联网+”行动和大数据战略，以 5G 为引领布局建设新一代信息基础设施，建设国家大数据综合试验区；提升国际信息枢纽能级、完善政府信息化云平台，推行“互联网+政务服务”，建设“数字政府”；建设物联、数联、智联“三位一体”的新型城域物联专网；大力发展智慧交通、智慧能源、智慧社区，促进城市管理和社会治理智能化。

对比来看，广州市国土空间规划的五大思维与本书提出的三大价值观、五种思维方式既有较强的共性，也有各自的侧重点。共性上，区域思维与本书的战略思维有异曲同工之妙，两者都从宏观角度出发，建构城市空间发展战略；底线思维与创新思维是两者共有的指导思维，包含坚守资源保护底线的价值观，对生态空间体系与产业空间体系做出指导；而对智慧城市建设的关注也契合本书的协同思维。个性上，广州国土空间规划更关注城市空间品质、利用效率和公平性的提升，集中体现在品质思维和存量思维；本书则侧重智慧城市与空间发展战略的结合，从智慧城市角度对各类空间发展模式进行指引，还提出运用梯度思维，寻求不同经济社会水平的城市的梯度和谐发展。

可见，广州市国土空间规划与本书具有相似的价值观和思维方式，为下文的实证研究提供了重要支持。

5.4　“智慧广州”城市空间发展战略顶层设计前瞻

5.4.1　“智慧广州”的发展目标[149]

1. 环境质量改善，区域生态优良

水环境和空气污染治理成效明显，生态环保联防联治新格局基本形成，区域整体环境质量明显改善，绿色优质生活圈初步建成，可持续发展能力增强，率先构建资源节约型和环境友好型社会。

2. 社会事业进步，公共服务融合

文化、教育、医疗卫生和体育等领域资源协作共享，社会保障、就业、人才等领域服务基本实现一体化，城市管理、社会治安、人口管理、食品药品安全等公共事务管理和服务基本实现同城化。

3. 产业优势互补，综合实力增强

产业层次不断提升，产业结构明显优化，产业资源共建共享，产业空间布局基本协调，现代产业体系基本形成，产业竞争力明显提升。经济社会发展逐步转入主要依靠科技进步、劳动者素质提高、管理创新转变的轨道，高端产业不断集聚，自主创新能力明显提升，互利共赢的科学发展局面基本形成，综合实力明显增强。

4. 基础设施联网，城市协调发展

网络完善、布局合理、运行高效、开放便捷和安全有序的一体化综合交通运输体系初步建成，市政、信息、能源、口岸通关等基础设施全面对接联网，白云国际机场、南沙港、广州南站等枢纽型基础设施的辐射力和影响力不断扩大；广佛城市功能合理分工、优势互补，空间利用效率提高，交界地区同城化先行先试取得重大突破，都市圈的辐射带动功能显著提升。

5.4.2 “智慧广州”的战略定位

2019 年 2 月发布的《粤港澳大湾区发展规划纲要》中，对广州提出了新的要求：充分发挥国家中心城市和综合性门户城市引领作用，全面增强国际商贸中心、综合交通枢纽功能，培育提升科技教育文化中心功能，着力建设国际大都市[150]。该纲要强调广州基于国际视角的综合性功能以及科技教育文化中心功能，这要求广州在国家中心城市的基本定位基础上，探索粤港澳大湾区带来的拓展定位，发挥自身在粤港澳大湾区建设中的综合性引领作用，提高自身在世界的影响力。2019 年 6 月公示的《广州市国土空间总体规划（2018-2035 年）》草案中，提出广东省省会，国家历史文化名城，国家中心城市和综合性门户城市，粤港澳大湾区区域发展核心引擎，国际商贸中心、综合交通枢纽、科技产业创新中心，着力建设国际大都市[148]的城市定位，再次强调广州的综合性功能，并以美丽宜居花城、活力全球城市为目标愿景，这是新时代广州继北京、上海之后明确提出的国际化提升战略。从广州历史的辉煌来展望广州未来的定位，“一口通商”是广州成为世界性城市的历史基底，而“一带一路”倡议与粤港澳大湾区的建设则是国家经济崛起之后广州重塑世界性城市的时代机遇[151]。当前科技创新的发展与智慧技术的推动，将利于广州在国际性道路上的前进，未来的“智慧广州”应有以下战略定位。

（1）世界重要的大都市区。城市化水平高，综合实力位居世界级都市圈行列，辐射带动和综合服务能力进一步增强，依托广州国家中心城市和国际大都市建设，形成高度融合的城市发展格局，在国际城市体系中发挥重要的资源配置、

决策管理和产业创新功能，逐步确立国际性金融、贸易、会展、交通、科技、文化中心地位，努力建成面向世界、服务全国的国际大都市区[149]。

（2）全国科技创新示范区。打造全球互联网双创优选地、全国信息经济发展首善地、国家新型智慧城市先行区、全国万物互联应用示范区；争取全市信息化水平在全国名列前茅，基本形成与小康社会相适应的智慧、融合、便捷、安全的信息化发展格局，信息化成果惠及全市人民。信息基础设施体系更加完善、信息技术产业规模和质量全国领先、大数据开发和应用水平大幅提升、经济各领域信息化应用日益深化、新型智慧城市建设迈上新台阶、网络和信息安全保障能力达到新高度。

（3）粤港澳智慧湾区核心城市。发挥广州的综合性门户城市的优势，创新对内对外开放和交流合作机制，全面加强与发达国家和重要地区的经贸联系，推进粤港澳智慧湾区紧密合作、融合发展，主动参与国际分工，提升粤港澳智慧湾区的国际化水平和综合枢纽地位，构建接轨世界、服务全国、内外联动、互利共赢的开放型经济新格局[149]。

（4）都市圈同城化发展先行区。大胆探索、先行先试，建立健全同城化发展的体制机制，全面推进城乡规划、基础设施、产业协作、社会事业、公共服务等同城化，在重要领域和关键环节率先取得突破，带动广佛肇经济圈和携领珠江三角洲一体化发展，为同城化发展创造新经验[149]。

（5）国际性现代服务业中心和先进制造业基地。坚持高端发展战略取向，大力发展现代服务业、先进制造业、高新技术产业和新兴产业，打造广佛创新圈和华南科技创新中心，提高自主创新能力，培育一批具有国际竞争力的产业集群、世界级企业和知名品牌，提升区域产业的国际竞争力，成为引领珠江三角洲乃至华南地区产业结构优化升级的强大引擎[149]。

5.4.3　“智慧广州”空间战略顶层设计

制定“智慧广州”空间战略的顶层设计，首先需要对城市空间的发展规律进行梳理与分析，通过铺设快速高效的信息设施，建立全面覆盖的感知网络，对城市现状运行数据进行监测与采集，结合历史统计数据，发现、梳理、分析、总结城市发展的问题；构建城市空间结构、社会空间、产业空间、生态空间的多源集成空间信息数据库，在此基础上，搭建城市空间共建、服务共享、产业共创、环境共治的城市公共信息共享平台，同时通过可视化仿真模拟技术对城市运行现状的问题解决、城市资源配置、空间布局、各城市要素的发展趋势进行动态仿真模拟，最后，构建便利快捷的智慧城市操作应用系统（图 5-11）。基于城市公共信息共享平台与城市发展仿真模拟模型，针对城市各个空间的发展需求，针对政府内部用户、企业用户、市民用户，在各个相对应平台开发相应的操作应用系统。

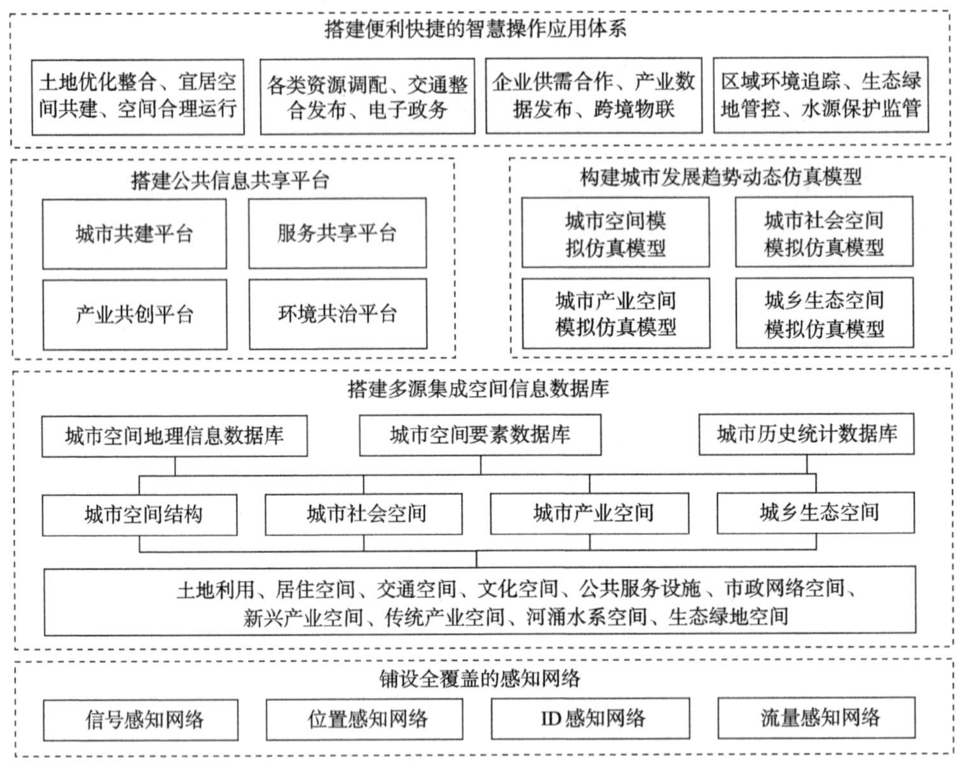

图 5-11 “智慧广州”空间战略顶层设计框架图

（1）铺设快速高效的信息设施，建立全面覆盖的感知网络。在城市公共空间铺设信息设施如视频检测、传感器等；建立城市全域信号感知网络、位置感知网络、ID 感知网络、流量感知网络；对城市空间要素信息进行收集汇总。

（2）搭建多源集成空间信息数据库。多源集成空间信息数据库包括城市空间地理信息数据库、城市空间要素数据库、城市历史统计数据库三大类，搭建数据库的基础是对城市空间要素进行分类和编码，这一环节直接影响到系统数据的组织、采集、存取、编辑和使用等方面，更影响到数据的共享和交换，因此可以称为空间数据库的“生命线”，必须标准、规范、合理。城市空间要素数据库包含城市空间结构、社会空间、产业空间、生态空间 4 个层面的多个要素，即土地利用、居住空间、交通空间、文化空间、公共服务设施、市政网络空间、新兴产业空间、传统产业空间、河涌水系空间、生态绿地空间。依据《基础地理信息要素分类与代码》（GB/T 13923—2006），结合城市的实际应用现状，建立起数据结构严谨、数据内容丰富、数据格式规范、要素表达准确的多源集成空间信息数据库。

（3）搭建公共信息共享平台。鼓励城市各职能部门、各行业数据的共享互通；并对城市数据进行分类管理，形成各功能要素子数据库，同时在城市数据共享平台中输入历史统计资料的数据、地理信息测绘数据，构建完备的、精细的城市数据共享平台，为城市发展可视化仿真模拟提供扎实的数据基础。

（4）构建城市发展趋势动态仿真模型。首先搭建城市各要素现状分析子模型，城市系统实际运行过程中出现的问题往往是多要素综合影响的结果，基于海量的城市数据，通过模型模拟与问题分析、专家决策等方式将城市问题拆解、梳理、量化分析、有机整合；从而为解决复杂的城市问题提供一条可行的工作路径。其次，搭建城市发展的仿真模拟模型。

（5）搭建便利快捷的智慧操作应用体系。基于城市公共信息共享平台与城市发展仿真模拟模型，针对城市空间结构、城市社会空间、城市产业空间、城乡生态空间等发展需求，针对政府内部用户、企业用户、市民用户，在各个相对应平台开发相应的操作应用系统。例如，包含土地优化整合、宜居空间共建、空间合理运行等的城市空间结构优化操作应用系统；包含各类资源调配、交通整合发布、电子政务等的城市公共服务共享操作应用系统；包含企业供需合作、产业数据发布、跨境物联等的城市产业共创操作应用系统；包含区域环境追踪、生态绿地管控、水源保护监管等的城市环境共治操作应用系统。

5.5　智慧广州的城市空间建设路径前瞻

科技的进步和全球化的力量变革了城市发展方式，重塑了城市内外部空间。从全球和区域层面来看，城市间的关系日益密切，呈现网络化和一体化的特征，世界城市网络的形成将重塑全球发展格局。从城市内部来看，圈层式结构开始向网络化结构演变，一些节点还可能发育为新的城市中心，形成多中心的城市形态，同时，城市在生态、社会、产业等方面均向更为智慧的方向发展，城市空间的虚拟化和功能的复合化推动城市空间的多元化发展。这些变化是信息时代的发展结果，并随着智慧城市的深入发展而更加显著。广州应凭借智慧的发展理念和技术手段，着力嵌入世界城市网络，将自身打造成为在全球经济、政治、文化和创新等方面具有重要控制力的关键节点，并促进区域发展合力的形成，解决城市空间发展的困境，塑造开放性强、流通能力高和内外部协调发展的城市空间结构。

5.5.1 推动区域协调发展

引领区域协同发展，积极探索区域智慧协作模式。区域化是全球化在区域层面的表现，目前大部分国家与地区都开展了区域部署，区域已成为世界竞争中的重要参与者。区域一体化体现了智慧的发展理念，有利于整合区域发展差异，突破阻碍经济要素自由流动的行政壁垒，以区域内部的错位发展，提高整体竞争力。充分利用信息技术，在区域层面建立跨时空供需调配体系，是助力一体化的重要方式，将更智能、快速、便捷地实现城市群的系统整合。广州作为区域核心城市，应积极发挥引领区域智慧化发展的作用，并在不同的层次有不同的侧重点。

（1）引领粤港澳一体化进程，助力智慧湾区建设。积极推动湾区协作框架构建，在深化经济和交通协作的基础上，拓展政务、社会服务和生态治理等领域的合作。发挥“智慧广州”的示范效应，倡导以智慧的技术手段，促进湾区一体化进程。积极推动智慧基础设施在湾区各城市配置，构建智能化信息技术平台，促进城市间数据的互通共享和精简优化，提供高效率跨城服务或资源调配，推动各类资源要素流动互补。推进政府沟通协作平台建设，提高湾区内各政府的政务处理效率，实现有效衔接和高度一体化。

（2）推动广佛肇庆云韶经济圈联动发展。以交通基础设施的共建共享为先导，逐步推进信息、市政和能源等基础设施的互联互通，夯实经济圈发展的基础。引导区域合作平台的建设，通过整合政府与社会数据，重点发挥各市在产业与劳动力方面的互补优势，实现产业链上的整合，促进共同发展。其次，从社会协调管理、公共服务资源整合和生态环境共治等多个领域，逐步推进区域协作的构建。

（3）深化广佛的同城化建设，扩大与东莞的协作。广佛同城化已进入转型发展阶段，各领域正走向深度融合，协调的难度将日益加大。与此同时，广州与东莞的空间关系和社会经济联系日益密切，逐步产生区域整合的内在需求。广州应发挥关键的桥梁作用，积极推进广佛莞同城化，依托智慧城市相关技术的应用，助力城市的无缝对接和全方位多层次的协作，引领湾区一体化发展，打造全国同城化发展的先行示范区。

5.5.2 积极建设生态文明

高质量发展是未来城市建设的主线，生态文明时代的到来要求城市在高质量发展时以生态优先为前提，实现高品质的生活与高水平的治理。生态文明吸取了农耕文明人与自然和谐共处、工业文明科技生产力高度发展的特点，着力构建可持续发展的城市。广州在城市建设中一直贯彻“生态优先”的理念，在未来亦需要坚持生态优先的绿色发展，积极建设生态文明。

（1）构建空间管理体系。落实与坚守城乡生态控制线，建立生态控制线统筹管理机制，分级、分类管理措施和管理维护机制、监督保障机制，并建立完整高效的管理体系。管理体系在不同层面提出不同要求，国家层面重在国土空间用途管制的顶层设计和分级授权，强调保护资源环境；省域层面重在区域的协调协同和平衡；地区层面重在落实上一级政府的管控要求并引导开发建设的行动。

（2）协调资源配置。统筹自然资源规划管控要求，维育广州“山水城田海”整体格局，打造广州“云山珠水”意向，在资源保护与资源开发之间寻求平衡点，构建和谐共生的生态系统。保护传承广州的自然禀赋、历史文脉，借助信息技术协调资源配置与经济发展，明确底线思维并创新用地管控方式。

（3）提升人居环境。构建健康发展的城市系统与自然系统，融合“生态”与“智慧”两方面前沿理论创造最优人居环境，借助新兴技术建立以智能互联、生态宜居、可持续发展为特色的宜居社区，切实提升人居环境，落实广州城市总体规划中统筹生态、农业、城镇三类空间，构建美丽国土与理想城市空间格局的要求。

5.5.3　打造智慧社会空间

空间规划强调以人为本，城市最终是为人所用，因此需要强调人类活动的社会空间的建设。《广州市国土空间总体规划（2018-2035 年）》草案中明确提出了建设“老城市·新活力”的总体目标，需要城市打造智慧的社会空间予以支撑，为市民提供宜居、有活力、健康、可持续的生活。

（1）倡导智慧公共行政与服务体系。通过互联网技术和移动通信工具的应用，为城市居民提供实时高效便捷的行政服务与公共服务。提高公共空间品质，利用新一代信息与通信技术，增强环境感知能力，从而提升市民在公共空间中的平等服务体验。优化智慧公共服务设施总体布局，形成与全球城市相匹配的安全、高效的智慧公共服务体系。

（2）提升社区营造能力，构建智慧型社区。通过促进技术与公共参与的高度融合，推进服务创新，坚持以人为本的原则，为城市居民提供服务，进一步增强社会公平性和社区市民幸福感。

（3）关注历史文化格局建构。以塑造具有时代特征的广州老城为目标，加强老旧住区智慧基础设施建设，改善生活条件，营造传统与科技相结合的特色氛围。合理利用城市空置厂房与历史建筑等潜力空间资源，通过新功能和新业态的植入，促进空间品质与活力的提升，满足创意阶层对情境消费的特殊需求，助力推动传统街区的复兴。

5.5.4 驱动产业创新发展

新时期，广州建设全球城市的机会与挑战并存。广州是我国南方的核心枢纽型城市，从经济实力、外向性和流通能力等方面来看，都处于全国前列，但面对日趋激烈的国际竞争，广州需积极争取发展的主动权，对标国际顶尖城市和联动，提升国际影响力，否则将面临被边缘化的危险。

（1）深化开放合作，主动与国际接轨。把扩大开放作为城市发展与创新的强大动力，通过搭建高水平国际交流交往平台，展现广州城市形象，促进国际性会议、展览和其他多边国际活动在广州举办，吸引国际性组织聚集，如《财富》国际头脑风暴科技大会将永久落户广州等。重点提高广州与世界一线城市的联系度，深度融入全球高层次经贸与创新网络，提升广州的国际话语权。

（2）提升高端要素配置能力，积极参与高层次国际竞争。加速建设枢纽型网络城市，提高城市发展环境的国际吸引力，促进跨国公司、世界 500 强企业入驻广州，重点鼓励外资企业在广州设立总部、地区总部或其他功能性机构，争取大型高端战略性项目落户，带动城市发展。同时，支持本土企业落实跨国发展战略，通过投资服务平台建设，为企业“走出去”提供全流程服务，打造一批具有国际竞争力的本土跨国公司，提高广州在国际分工中的地位。

（3）延续城市包容性，展现“第三世界首都”的魅力。发挥“21 世纪海上丝绸之路”等叠加政策优势，重点加强与亚、非第三世界国家的经贸往来，明确广州作为门户枢纽和国际商贸中心的角色，主动对接国外。建设外国人综合服务平台和数字化管理平台，方便外籍人士在广州活动，提升广州国际化大都市的形象。

5.5.5 优化城市内部结构

以信息技术的深度应用，促进城市内部空间结构优化。《广州市城市总体规划（2017-2035 年）》草案中提出构建枢纽型网络空间结构，优化提升主城区，引导非核心城市功能的疏解，扩容提质外围城区，提升综合承载能力和内生动力，逐步形成多点支撑的发展格局。广州应把握信息时代下城市空间的发展特征，借助“智慧广州”的建设，逐步向城市空间目标靠拢，重点包括以下几个方面。

（1）培育形态上相互分离、功能上相互协调的多中心城市结构。广州应依托智慧城市建设对产业升级的助推效应，探索城市内部网络结构和等级体系的优化。发挥通信与交通技术对城市中心人口与低效产业疏解的支撑作用，增强对南沙副中心和其他外围城区的辐射带动能力，推动城市中心区与外围城区的有序分工，促进多中心和组团式城市的形成。强化城市内部的网络结构，实现各类资源要素在城市中的高效配置。

（2）统筹信息基础设施建设，促进智慧流动优先。城市智慧大脑统筹，推进城市管理决策智慧化，完善城市信息网络体系，搭建公共信息平台，深入推进传统基础设施信息化与智能化。夯实交通大数据基础，优化城市交通出行服务，加强与区域交通对接，突破换乘、转运的时空障碍，促进扁平化的人、物流动。

（3）发挥虚拟空间的替代效应，提高空间的多元性。智慧城市推动智慧政务、电子商务、网上门诊、网上教育和远程办公等虚拟化空间的发展，一定程度上降低了市民对城市空间的需求。未来，广州应进一步拓展虚拟空间的应用范围，作为物质空间的有效补充或替代，促进城市空间资源的整合与节约使用，实现精明增长。

第 6 章　广州建设智慧城市的生态空间体系

本章从生态空间体系入手，分析广州生态空间规划发展历程与国土空间规划特征，总结广州智慧城市生态空间发展现状。广州在发展的道路上秉承“生态优先”理念，注重生态环境与城市空间的关系，广州国土空间规划从科学可持续发展的角度出发，引领城市绿色发展和高质量发展。通过对比广州现状与前期理论推演，总结智慧广州生态空间建设路径与发展方向。

6.1　广州智慧城市生态空间的发展现状

6.1.1　广州生态空间发展历程

广州在发展的道路上秉承自然山水与城市建设相互结合的城市建设理念，注重生态环境与城市空间的关系，寻求人与自然的关系中的和谐点，优化宜居和谐的城市空间。广州在建设智慧城乡环境空间时较好地将智慧的内涵与生态的内涵融合探讨，重视从生态发展视角去关注城市空间营造，可以说，一直坚持着“生态优先”的空间规划理念。

1984 年广州第一轮城市总体规划中提出中心城区组团隔离发展的思路，在各个城市单元之间保持足够的隔离绿带，避免城市的连片发展，同时增辟区域性公园，如黄埔公园、庄头公园、二沙岛体育公园等，从当时起，广州便开始提高生态在城市建设与发展中的地位[152]。

2000 年广州开展了城市总体发展战略规划工作，在工作上提出着重研究生态、空间布局、产业和综合交通 4 个重大问题，之后广州城市发展和建设确定了“南拓北优，东进西联”的战略，在“生态优先”理念指导下进行空间布局、产业和交通规划[153]。从“云山珠水”到“山城水田海”，广州突破了 300 平方千米的中心城区格局，放眼 7 000 平方千米的大区域，形成了新的生态与城市和谐共生的格局，建集“山、城、田、海”于一体的生态都市，构筑“区域生态环廊”“三纵四横”的生态主廊道，形成“山水中的城市，城市中的山水”，构建一体化城乡生态安全格局[154]。

2009 年，《番禺区四条快速路绿化廊道控制性详细规划》对概念规划的生态空间进行衔接补充，提出“三横三斑块一廊道”的网络形态结构，落实了廊道的控规控制。2006 年，广州战略规划及新一轮总规延续了概念规划纲要的战略构想并继续深化，为广州进一步深化生态廊道建设奠定坚实基础，提出建设宜居花园城市的总体目标，构筑“区域绿地-生态廊道”的基本格局，构建城乡绿色生态网络[152]。

2010 年开始，广州在城市总体规划修编及“三规合一”的工作过程中，整合重要生态用地，提出生态控制线，尝试明确城市生态空间的边界管控。2014 年开始，根据国家、广东省关于生态空间划定的有关要求，市属相关部门陆续开展了多项划线工作，包括城市生态控制线、生态保护红线、林业生态红线和生态廊道控制线等。

广州城市总体发展战略规划延续“生态优先”的理念，提出“从拓展到优化提升”的发展思路，明确生态保护的建设目标、生态格局等概念方案，在《广州市城市总体规划（2017-2035 年）》草案中，也提及保护传承广州的自然禀赋、历史文脉，维育“山水城田海”整体格局，统筹生态、农业、城镇三类空间，划定生态控制线、永久基本农田保护线、城镇开发边界，强化土地用途管制和空间开发管制，构建美丽国土与理想城市空间格局[147]。

6.1.2　广州“生态优先”空间政策与实施

2000 年的《广州城市建设总体战略概念规划纲要》真正让生态问题进入了公众的视野，该纲要中提出以山、城、田、海的自然特征为基础，构筑“区域生态环廊”、建立“三纵四横”的“生态廊道”，建构多层次、多功能、立体化、网络式的生态结构体系。

在这一战略规划的基础上，广州在 2001~2010 年的城市总体规划中形成新一轮的土地利用规划方案，该方案充分体现了战略规划中提出的生态格局。

城市总体规划对片区规划与控制性详细规划做出了指导，使该纲要中的生态格局得以落实到地方。但是，总体规划中由于没有对生态保护提出更加具体的要求和措施，因此，实施中城市组团间的生态廊道正在不同程度地遭受蚕食，城市中的绿地建设不容乐观，美好的愿望还不能解决实际存在的问题。于是，新一轮总体规划开始尝试以新的方法来解决上述问题。

从 2006 年开始编制的《广州市城市总体规划（2010 年-2020 年）》，通过协调广州土地利用总体规划、生态保护规划等各项规划的要求，综合考虑广州城市增长特征以及各种生态因子的限制因素，基于最简单的元胞自动机（CA）模型挖掘出广州城市增长机制，从生态环境、工程地质、资源保护等角度建立了生态限建指数模型，综合城市发展动力与阻力两方面因素，预测自然增长、项目带动及生态管制三种发展模式下不同规模的城市空间增长特征，结合现状用地、重点项目及已有规划衔接，划定中心城区的四区——禁建区、限建区、适建区和已建区，确定中心城区空间增长边界，同时城市空间增长边界分为弹性与刚性两种，弹性边界可根据规划期内具体用地的需求来确定，预留了发展的空间，而刚性边界则是城市发展的基本生态底线，由此保障了对生态空间的保护，将“生态优先”的理念落到实处。

在编制这一轮城市总体规划的同时，广州同步开展了《广州市城市绿地系统规划（2001-2020 年）》修编，这一专项规划对城市的绿地建设与生态环境保护起到了指导作用，它对广州市的绿地建设现状进行了分析，对上一轮绿地系统规划实施进行评价与反思，同时借助遥感、GIS 技术等对广州绿地现状进行数字化建库与定量分析，在公众参与方面，规划方采用问卷调查的方式收集城市居民对广州绿地的建议与看法。之后结合各种分析明确本次修编规划的重点内容，从市域绿地、城市建设区绿地两个层面制定城市绿地系统规划，并从生物多样性保护、古树名木保护和树种选择三个方面提出广州市绿地系统建设的支撑性规划。这一规划进一步落实了 2000 年战略规划中提出的生态廊道，将市域的绿地总体格局规划为“六核八片、二环七廊”，同时落实了各类公关、生态斑块和生态廊道的控制边界。

2009 年的《广州城市总体发展战略规划——从“拓展”到“优化与提升”》将上述规划的控制边界作为空间布局的依据。为防止城市蔓延发展，实现城乡统筹、有机增长，充分考虑绿色空间隔离（区域性生态廊道）及交通廊道的隔离作用，将市域城乡建设用地，按照“生态隔离、功能明确、相对独立、职住平衡、有机联系、紧凑发展”的原则，并结合行政区划范围，划分为生活居住、公共服务和混合使用、文化教育、工业仓储、交通市政、生态休憩、农村农业等 7 大类 48 个功能组团，各个组团的发展边界不可跨越生态斑块和生态廊道的边界，从而达到生态隔离与功能分区的目的。

这一战略规划还在实施策略中提出“基本生态控制线立法”的设想。在法律保障下基本生态控制线将成为城市生态保护的有力工具，“生态优先”的理念将得到真正的落地，生态与城市的和谐关系亦将得到保障。与此同时，广州尝试了城市总体发展战略规划统筹下的“三规合一”机制。以“生态优先、宜居为重”

为总要求，以城市总体发展战略规划统筹“三规”，发挥城市发展战略规划和城乡总体规划在引导城市建设和发展中的纲领性作用。

此外，广州还在推进绿地系统相关的控制性详细规划指引工作。基于中国现行的规划管理体制，控制性详细规划才是城市规划部分进行行政许可的直接依据，生态保护和限制建设也需要通过控制性详细规划落实。由此，生态保护和绿地建设被直接纳入规划管理中，大大提高了生态保护的规划实施性[153]。

6.1.3　广州国土空间治理新尝试

2019 年 5 月 23 日，中共中央、国务院印发《关于建立国土空间规划体系并监督实施的若干意见》，该意见提出，到 2020 年，基本建立国土空间规划体系，逐步建立“多规合一”的规划编制审批体系、实施监督体系、法规政策体系和技术标准体系；基本完成市县以上各级国土空间总体规划编制，初步形成全国国土空间开发保护“一张图”。到 2025 年，健全国土空间规划法规政策和技术标准体系；全面实施国土空间监测预警和绩效考核机制；形成以国土空间规划为基础，以统一用途管制为手段的国土空间开发保护制度。到 2035 年，全面提升国土空间治理体系和治理能力现代化水平，基本形成生产空间集约高效、生活空间宜居适度、生态空间山清水秀，安全和谐、富有竞争力和可持续发展的国土空间格局[5]。

建立国土空间规划体系是党中央、国务院做出的重大部署，是推进生态文明建设、构建美丽国土的关键举措，是促进国家治理体系和治理能力现代化的重要举措。2017 年底，广州开展了新一轮土地利用总体规划和城市总体规划试点。2018 年国务院机构改革，从全国到各地方围绕国土空间规划编制实施开展了广泛研讨和深入探索。2018 年 9 月，广州依托多规合一的基础，较早地开展了国土空间规划的编制工作，探索新时代国土空间规划编制技术方法和成果体例。

广州市国土空间规划是广州面向 2035 年的总体性、纲领性的空间战略谋划，通过这一规划落实国家和省空间发展战略意图，以实现老城市新活力、在四个方面出新出彩为统领，引领城市绿色发展和高质量发展，建设美好城市人居环境。规划具有以下特征。

1. 摸清土地资源现状，形成统一的规划编制底数底图

国土空间规划的前提是土地与资源协调统一的底数底图，通过“四个面向”，结合“三调”，摸清现状，是形成编制底图的基础工作。面向资源统筹，结合“三调”核实自然资源状况，厘清山林湖海、湿地等资源的分布状况；面向用地精细化管理，细化优化建设用地的内部调查，在“三调”工作分类的基础

上，结合下层次国土空间规划和详细规划编制的实施需要，细化各类用地调查，优化用地类别，调查精度实现最小上图面积由200平方米提高至80平方米；面向资源精确配置，摸查人口、用地、房屋、道路和设施现状，科学评估人口需求与空间资源配置、设施承载能力等匹配程度与变化规律；面向城市发展，摸清经济社会和城市运行相关数据，通过经济普查、交通调查、手机信令、POI 等社会经济数据，评估分析城市社会经济、交通、公共服务、职住关系等情况。

2. 落实国家和区域战略，建立战略–定位–目标–指标传导路径

贯彻党中央、国务院精神，同时从全球化背景出发，考虑国家责任与广州特色，承接和传导“一带一路”倡议、粤港澳大湾区建设等，对标国际国内先进城市，科学制定广州城市定位、目标愿景和分阶段发展目标，彰显广州作用，切实体现广州担当，做出广州贡献。通过制定国土空间规划指标体系，建立战略–定位–目标–指标传导路径。制定空间规划核心指标和城市发展体征监测指标两类指标体系，并建立与之匹配的实施管理机制，用以合理科学管控空间和资源等空间要素和各类经济社会要素，对国土空间规划实施情况以及城市发展运行情况进行监控。

3. 统筹资源保护与治理，构建广州美丽国土空间格局

统筹自然资源规划管控要求，强化山水林田湖海“生命共同体”的意识，统筹森林、河涌、湖库、湿地、农田等自然资源系统保护，明确生态修复和环境治理目标任务，强调生态保护与修复的系统性思维，综合开展山水林田湖海治理。在合理评估国土空间自然本底的基础上，识别城市发展短板，明确资源调控方向。目前广州正根据自然资源部国土空间规划局的相关要求，积极配合开展广州市试评价后续相关工作，支撑“双评价”技术指南的优化完善。

构建广州国土空间格局应注重突出底线思维并创新用地管控方式。底线思维要求统筹划定三条控制底线，要求优先划定生态保护红线，严格保护永久基本农田，按照规模刚性、布局微弹、集中集约、形态规整的要求，合理划定城镇开发边界；创新用地管控方式要求建立“功能分区+用地分类”的分级管控机制，在市域层面划分主导功能分区，将主导功能划分为 13 类（城镇类 8 类，生态类 1 类，农业农村类 3 类，海洋类 1 类），并根据城市发展战略和国土空间结构引导要求，制定主导功能分区管控规则，明确功能引导方向和相关管控要求。

4. 科学配置空间资源，推动城市高质量健康发展

深化土地供给侧改革，引导土地利用方式转变，制定“锁定总量、盘活存

量、精准调控、提质增效”的土地利用策略，将适度增量定向用于粤港澳大湾区基础设施、重大项目平台和民生发展，促进土地利用方式向存量发展转变。加大低效存量用地盘活，拓展发展新空间，结合产业结构调整、环境综合治理、土地综合整治等措施，整合低效分散存量用地资源；加强存量用地改造功能分区引导，推进重点地区改造，完善城市功能和提升空间品质，以“三旧”（旧城镇、旧厂房、旧村庄）用地、传统批发市场、低效物流园、村级工业园等为重点，分类盘活存量用地，释放存量用地资源，拓展发展新空间。

同时注重以人为本，关注城市居民的健康生活环境。建设宜居宜业优质生活圈，合理布局生态、生活、生产空间，落实老城市新活力，四个出新出彩的要求，注重人居环境改善，高度重视历史文化保护，优化居住空间布局和住房供应，塑造对人才具有吸引力的就业创业环境，完善全覆盖与均衡发展的公共服务体系，完善城乡公园体系建设，建设宜游特色游憩空间。建设绿色智慧交通体系，升级轨道都市，完善道路网络，引导交通、市政、安全等基础设施合理配置。

5. 建立规划纵横向传导体系，保障实施

建立“市域—片区—单元”三级规划体系，落实国家空间规划体系要求，从总体要求、底线约束、用地布局、专项设施四大板块明确市级国土空间总体规划对下层次国土空间规划和详细规划管控引导要求；建立“一年一体检，五年一评估”的定期评估制度，通过“一年一体检”对城市发展运行和规划实施总体情况进行全面体检监测，及时预警，通过“五年一评估”对规划阶段性实施情况进行综合评估，作为规划调整的重要依据；建立上下贯通、横向连通的信息平台，通过完善规划全流程的平台功能，汇集各类空间性规划数据，与全市各类系统平台建立广泛深入的互联互通和业务协同，实现对规划实施的定期监测和动态监管。

6.2　智慧广州的生态空间战略展望

党的十九大中将建设生态文明提升为“千年大计”，将“美丽”纳入国家现代化目标之中，将提供更多“优质生态产品”纳入民生范畴。“优质生态产品”这个新鲜的概念开始进入人们的视野，习近平同志说，“环境就是民生”，因此，从民生角度看，建设智慧城市，不仅需要我们创造更多高效服务城市居民的物质和精神产品，而且需要提供更多的优质生态产品，来满足人民日益增长的对美好生活，特别是对美丽环境的需求[155]。

万物互联互通的数字化生态催生了新的生态文明。智慧城市是城市化发展的重要标志，也是生态文明建设的重要载体。我国空间规划正在进入以智慧生态为基础的生态文明新时代，智慧广州需要积极有效的生态策略予以支持，生态策略直接作用于广州的生态空间，旨在营造人与自然和谐共处的城乡空间，以下将提出构建智慧广州生态空间对应的策略。

6.2.1 实行强力有效的生态控制

生态控制线的主要目的有两个，一是保护重点生态要素，二是控制城市开发建设的无序蔓延。在2018年3月的十三届全国人大一次会议第四次全体会议上，《国务院关于提请审议国务院机构改革方案》提出组建自然资源部，将几个部委的规划职能整合到一起，对各类规划进行统筹，为城市发展绘制一张综合考虑的蓝图。这张蓝图背后的实际操作，其实也可归结为生态控制线。其一是在地图上肉眼可见的“生态红线”。各类国家公园、自然保护区、饮用水源地，重要森林、湖泊、海岛、湿地等，都要被划入生态红线，禁止或限制开发[95]。其二则是“资源开发利用上限”。相较于前者，这更像是一条隐形的控制红线，如水资源开发利用率、矿产资源开采总量控制指标等。对于生态控制，广州一直十分重视，从2000年以来开展了大量的城市生态空间规划工作，并且始终坚持生态保护与城市发展的互动，使得城市生态结构不断延续，重要生态要素得到长期保护，并逐步推动生态空间边界的细化、落地和保护。

建设智慧广州生态空间，应对生态控制线进行落实与坚守。十九大报告中首次明确“控制线”和制度规范，强力推进生态文明建设。这无疑为生态控制线的立法奠定了基础，广州应当落实生态控制线的立法与管控。另外，应当加强对生态控制线的教育宣传，城市的主人不仅仅是政府，也包括开发商和居民，应当认识到这条线的重要性。未来广州应当建立一套生态控制线统筹管理机制，借助新兴技术，如遥感技术、GIS 和大数据的应用，提出相应的分级、分类管理措施和管理维护机制、监督保障机制等，为落实与坚守生态控制线提供保障。

6.2.2 构建和谐共生的生态网络

当前，广州已基本实现以生态廊道网络构建生态骨架、以公园游憩体系网络促进社会和谐、以河涌水系网络梳理城市血脉的和谐共生生态网络。广州整体生态空间结构从 2000 年战略规划以来不断延续与深化，确定了“山、城、田、海”格局和“三纵四横”的生态廊道体系后，进行了市域层面构建“区域绿地—生态廊道”的生态格局、都会区层面构建生态廊道网络的实践[156]，在《广州市城市总体规划（2017-2035 年）》草案中，提出构建联通山水、贯穿城区、蓝绿相融、功能复合的生态空间网络，保护市域生态资源集中分布的九大重要生态片区，构建“三纵五横多廊”的生态廊道网络。其中同样对公园游憩系统网络做出指引，这一网络符合生态的要求，同时是提供给城市居民的生态产品，是一张体现人与自然和谐共处的网络。同时不能忽视的是河涌水系网络。广州市拥有 1 300 多条河流水涌，形成了“北树南网”的水网格局，如何梳理河涌水系这张网络，是当前与未来需要重视的。

未来广州在建设中应当积极回应生态网络的建设。生态廊道网络是整个城市的生态骨架，是构建和谐共生生态网络的基础，通过借助生态控制线与监管系统，实现对生态廊道的实时管控，保障廊道生态与健康。在从大格局上构建生态廊道网络的同时，也要注意搭建公园与游憩体系网络，未来智慧广州的建设，需要努力提高公园绿地和开敞空间 500 米服务半径覆盖率，优化城市公园布局，完善绿道网络，加强南粤古驿道的保护修复与活化利用，构建城乡休闲游憩系统以串联生态公园和城市公园。在构建公园游憩系统网络的时候，同样可以借助对最新科技与信息技术的运用，对城市公园进行监控与统筹管理，同时为城市居民在公园中的游憩提供服务。在河涌水系方面，未来在城市建设中需要加强河涌的整治与生态修复，借助科技手段对水质进行监测，利用科学方法对河涌进行整治，形成可蓄、可引、可排、清洁的城市水网，同时拓宽沿岸绿化景观带，建设多层次、立体的风景观赏河道。

6.2.3　完善智慧生态的城市系统

建设智慧广州城市生态空间，需要在生态与智慧的理念下部署城市支撑系统，包括交通系统、社区空间、市政设施系统、自然文化遗产等多方面的配合。当前广州在城市建设中已意识到生态理念的重要性并逐步推进城市系统与生态的和谐共处，如提倡绿色环保的低碳出行与规划绿色交通、引导生态社区的建设、推行绿色市政设施、保护自然文化遗产的生态环境等。但目前对于智慧的理念暂缺回应，未来或可结合智慧技术，进一步完善与推进智慧生态城市系统的建设。

智慧城市要求城市系统与自然系统和谐共享，城市应当通过利用物联数据驱动等技术手段，整合交通系统、市政设施系统、园林绿化、能源供应、环境保护等功能，减少对自然系统的输入，减少对资源与能源的需求与消耗；通过信息技术手段，优化城市各个核心功能系统，贯彻绿色理念，使其更高效、便捷地为市民服务；通过智慧管理、控制输出、监管到位，减少废弃物输出，避免废弃物破坏自然生态环境，做到能源与资源的高效循环利用以及废弃物循环利用处理；通过运用智慧技术与生态技术进行生态建设，建立以智能互联、生态宜居、可持续发展为特色的社区空间；通过实时监控系统与数据平台的构建，对自然文化遗产采取相应的环境治理与保护措施。

6.2.4 构建实时高效的管理平台

20世纪90年代，广州市的环境监测工作便应用先进技术，建立起快速准确的信息采集、传递、处理、决策系统。广州市环境监测中心站是全国最早建立的四大站之一。在监测管理方面广州有较为先进的意识，在未来需要继续在这方面着力，并且借助新一代的科技与信息平台，实现实时监控与数据资源信息共享。

智慧城市所带来的科技与信息技术，结合当下大数据的运用，可以建立起完整高效的生态控制监管系统，对智慧生态空间有一个更好的建设。一来可以实现生态环境综合决策科学化，将大数据作为支撑生态环境管理科学决策的重要手段，实现"用数据决策"，提高生态环境综合治理科学化水平，提升环境保护参与经济发展与宏观调控的能力。二来可以实现生态环境监管精准化，充分运用信息平台提高环境监管能力，实现"用数据管理"，提高生态环境监管的主动性、准确性和有效性。三来可以实现生态环境公共服务便民化，运用网络信息平台创新政府服务理念和服务方式，实现"用数据服务"，追求生态环境信息公开、网上一体化办事和综合信息服务，建立公平普惠、便捷高效的生态环境公共服务体系[93]。

6.2.5 共建湾区共享的生态空间

21 世纪以来，广佛两地合作领域不断扩大。在广佛同城的发展中，提出区域生态资源共同保护、统筹布局交通基础设施、两地产业互补、共建区域市政设施等战略。早在 2009 年《广佛同城化发展规划（2009-2020 年）》中就提出，在生态方面应着眼于实现区域生态资源的共同保护机制，以珠江水系为主要骨架，以各项自然要素为基本要素，实现广佛都市圈区域绿地一体化，形成广佛都市圈生态环境安全保障体系。同时提出建设广佛都市圈水源一体化保护及补偿机制，推进广佛两地在水源保护、污水治理方面的共同建设，实现区域给水水源选择和区域输水管道共享共建，充分提高设施的整体服务水平。并规划建设对广佛具有重要影响的区域生态绿地，构筑生态安全屏障，重点协调广佛交界地段生态系统的衔接与分工，结合水源保护共建江高-和顺-里水区域绿地、芳村-盐步-平洲区域绿地、钟村-平洲-陈村区域绿地、沙湾-陈村-大良区域绿地，保障广佛交界带的生态完整性。城市与城市之间的生态空间是两个城市共同的财产，这一区域生态绿地需要城市共创，共同构筑生态安全屏障。区域生态绿地亦包括区域生态廊道，它们都需要城市之间重点协调城市交界地段生态系统的衔接与分工，保障城市交界带的生态完整性[149]。“生态优先”的理念一直贯穿于广佛同城建设的各阶段，两者积极探索生态同城。随着城市之间合作互动的增多，广佛同城已然外扩到了粤港澳大湾区城市群之间的合作互动，合作层次也不断提升。

在这一背景下，未来智慧广州的建设与发展，需要考虑与周边城市的联动，需要考虑它在粤港澳大湾区之中的地位与作用，需要广州与其他城市共建共享健康和谐的生态空间。这就要求城市之间围绕保护生态环境，坚持“资源共享、环境共治”的原则，充分认识到相互之间的职责，共同构建管理平台，利用大数据技术共享数据，在平台上相互交流建设管制办法，统一整治标准，联合建设环境基础设施，共同加强环境综合整治、环保信息交流、跨界环境违法行为联合查处，改善区域整体生态环境质量[142]。同时粤港澳大湾区依江傍海，饮用水源保护和河涌整治是每个城市都应面临的问题。因此需要严格保护珠江水系上游，重点保护水源保护区，加强水库管理，保障饮水安全[157]，可联合开展饮用水源的保护和监测，借助技术手段实现实时监测，促进各河涌的联动整治。另外，未来随着城市之间联系的加强，共享的区域生态绿地将成为城市间共同的财富，借助信息平台，可以实现城市之间统一建设标准，共同管理与监控区域生态绿地，让它成为城市群的财产，推动生态文明建设。

第 7 章　广州建设智慧城市的社会空间体系

本章首先对广州智慧社会的发展现状进行介绍，主要涵盖智慧公共行政能力、智慧公共服务发展、智慧社会治理及智慧社区发展等四方面的综合评价。在此基础上提出智慧广州的社会空间发展战略，包括打造文化枢纽、智慧公服互惠和协同基层治理等基本内容。

7.1　广州智慧城市社会空间的发展现状

7.1.1　广州智慧公共行政能力评价

广州智慧公共行政能力大幅提高，行政水平持续提升。2019 年广州市政府工作报告中指出过去一年来广州营商环境持续优化，行政审批和服务效率稳步提高，政务环境排名居全国前列。具体工作包括推进“数字政府”建设、构建热线标准化体系、创建珠三角法治政府示范区，共计解答市民问题达 129.6 万件，并荣获中国法治政府奖。此外，《2018 中国地方政府效率研究报告》通过大量数据的实证测度，指出广东省政府效率位居全国第四，仅次于上海、北京和浙江。该报告围绕政府数据开放情况展开了评估，广州市政府以 48.96 分位居“中国开放数林指数”排行榜第 7 位。这主要得益于广州在全国率先推行“互联网+政务服务”，通过实施市政府相关部门定期举行新闻发布会制度、开展基层政务公开考核测评以及审批服务等事项一窗办理等智慧公共行政活动，来实现网上事项的全城一体化办理。

政府门户网站现已成为政府发布行政信息、提供行政服务、开展与民互动的重要服务平台，代表了所在城市或地区的公共行政智慧化水平发展程度。通过政府网站进行科学合理的公平考量，有利于完善各网站运行管理体系，加强政府网站信息建设的总体部署。为进一步加强广州市政府网站群的管理建设能力，强化网上政府服务平台作用，广州市人民政府办公厅依照《广东省人民政府办公厅关于印发广东省政府网站考评办法的通知》《广州市人民政府办公厅关于印发广州市政府网站考评实施细则的通知》等相关规定以市、区、街道办事处及相关部门直属机构网站为考评对象，制定一系列包括网站栏目设置情况、内容更新情况、保障落实情况以及特定的特色加分项如数据共享等在内的基本考评内容与细则，并全网通报和公开考评结果。通过对 2017 年度广州市政府网站考评结果（表 7-1）进行分析，可以对广州市政府部门网站建设现状做基本了解并提出优化建议。

表 7-1　2017 年度广州市政府网站考评结果

政府网站分类	优秀	良好
区政府门户网站	番禺区、增城区、白云区、越秀区、天河区、黄埔区、海珠区、荔湾区、南沙区、从化区、花都区	
市直部门网站	市工商局、市交委、市食品药品监管局、市文化广电新闻出版局、市农业局、市工业和信息化委、市商务委、市财政局、市法制办、市司法局、市发展改革委、市公安局、市教育局、市旅游局、市人力资源和社会保障局、市政务办、市民政局、广州港务局、市林业和园林局、市质监局、市监察局、市安全监管局、市统计局、市卫生计生委、市城市更新局、市水务局、市住房城乡建设委、市国土规划委、市审计局、市民防办、市档案局、市地税局、市国资委、市科技创新委、市协作办、市城管委、市民族宗教局、市侨办、市来穗人员服务管理局、广州住房公积金管理中心、市知识产权局、广州空港经济区管委会、市环保局、市地方志办、市金融局	市供销总社、市体育局、市信访局、市外办、市府研究室、广州仲裁委

资料来源：http://www.gz.gov.cn/gzgov/gsgg/201804/0930af39312a4b7d827ae8f24cd4803c.shtml

广州市政府网站运行管理制度化、工作部署集约化水平持续提升，但仍然存在热点问题反馈滞后、内容更新公开不及时等问题。本次考评涵盖日常检测、自我评价、现场访谈、年终测评和结果复查等多项环节，因此结果具有真实性和可靠性。综合考察情况对广州市各主要参与考评的政府网站进行分级打分，评价结果共分为优秀、良好、合格和不合格等四个层级。最终被评定为优秀的区级门户网站共有 11 个，广州各区均有上榜。在参与考评的市直部门网站中，经评定为优秀的有 45 个，分别为市环保局、市住房城乡建设委等；良好的有 6 个，分别为市供销总社、市体育局等。可见整体发展情况较好，侧面反映了广州智慧公共行政能力的优化提升。但也要认识到个别网站信息公开内容不完整、作用发挥不足的服务缺口。未来政府网站不仅要弥补自身建设不足，还需与时俱进、积极探索全新的服务模式来加强各部门信息整合，促进政府与社会的互动交流。毕竟只有网络问政的能力得到提升，政府的智慧公共行政能力才能随之迈向更高的层级[158]。

7.1.2 广州智慧公共服务发展情况

1. 公共服务中心总体布局

早期呈现出由单中心向双中心演变的空间布局变化形势。以公共服务商业集聚空间为例，有学者通过对2013年广州市辖区166个街道（镇区）的商业与公共服务兴趣点数据进行检索（图7-1、图7-2、表7-2），并将已识别的13个商业中心核密度值与各大行政区零售总额进行相关性分析指出：整体具有中心城区集聚而外围城区零散分布的不均匀布局特征，同时逐步呈现出由单核心向双核心转变的趋势。这主要是由于在市场竞争环境下，一些竞争能力强的业态空间如百货商场和大型购物商场等位于中心地段，而超市等传统零售业则相对竞争力较低，位于城区边缘处[159]。

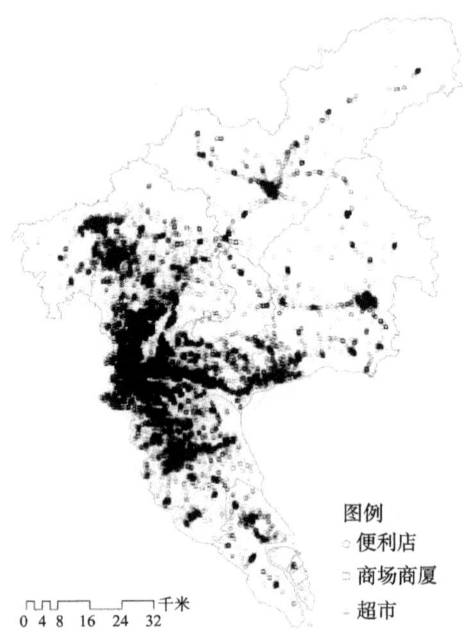

图7-1 广州市商业机构POI点空间分布

资料来源：《基于POI数据的广州零售商业中心热点识别与业态集聚特征分析》

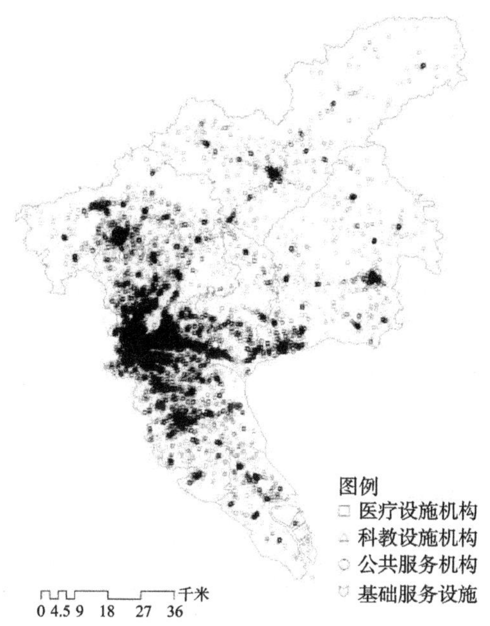

图 7-2　广州市公共服务 POI 点空间分布

资料来源：《基于 POI 数据的广州零售商业中心热点识别与业态集聚特征分析》

表 7-2　广州市面积、人口和零售商店分布概况

行政区	总面积/平方千米	常住人口/万人	街道办事处或镇/个	兴趣点（零售商业）数量/个		
				商场商厦	超市	便利店
越秀区	33.80	114.09	18	327	141	199
海珠区	90.40	158.34	18	410	316	383
荔湾区	59.10	88.92	22	238	108	149
天河区	96.33	148.43	21	442	360	339
白云区	795.79	226.57	18	459	1 063	997
黄埔区	484.17	86.28	15	192	164	150
花都区	970.04	96.48	10	216	288	535
番禺区	529.94	144.86	16	575	392	734
南沙区	783.86	62.51	9	66	24	62
从化区	1 974.5	61.02	8	69	67	94
增城区	1 616.47	105.18	11	267	174	208

资料来源：广州市统计数据和 2013 年广州市 POI 数据

中期呈现出双中心、多层级圈层结构的空间格局，并向四周进行服务扩散。根据《广州市城市总体规划（2017-2035 年）》草案，广州将重点优化居住空间布局、引导人口合理分布和构建四级公共服务中心体系。其中城市级公共服务中心共2处，包括老城区和珠江新城；城市级次公共服务中心共12处，包括白云新城、白鹅潭、天河北部、广州第二中央商务区、广州南站、番禺市桥、南沙蕉门河、增城荔城、从化街口、中新知识城、花都新华、空港经济区等；地区级公共服务中心共23处，组团级公共服务中心有80多处。上述公共服务中心均不同程度地涉及智慧公共服务方面，如中新知识城要通过建设“数字化”的综合管沟来强化信息基础设施的运作能力，重点涵盖智慧交通、智慧医疗、智慧安防、智慧教育、智能电网及资源管理等面向市民的公共服务事业，为打造可持续发展城市和构建智慧环保型生活而不断努力[160]。南沙新区则计划建设以精明增长为规划理念的智慧城市，主要通过制定信息与通信技术基础设施建设规划来实现智慧化的管理，在此基础上建设信息化数据平台、智能化交通控制系统等设施来综合提升南沙新区的城市智能化水平[161]。

后期受到新技术的影响，将由圈层式转向互相联系的网络式发展布局（图7-3）。传统的公共服务中心服务模式受交通区位等条件的影响较大，城市公共服务中心的服务半径受到一定限制的同时不利于居住区之间的互动交往。但在新一代信息技术的影响下，城市居住区之间、居住区与城市公共中心之间的联系将会日益紧密，智慧公共服务中心的服务半径受信息传递的影响而有效扩大，居民生活也会随之更为舒适便利。

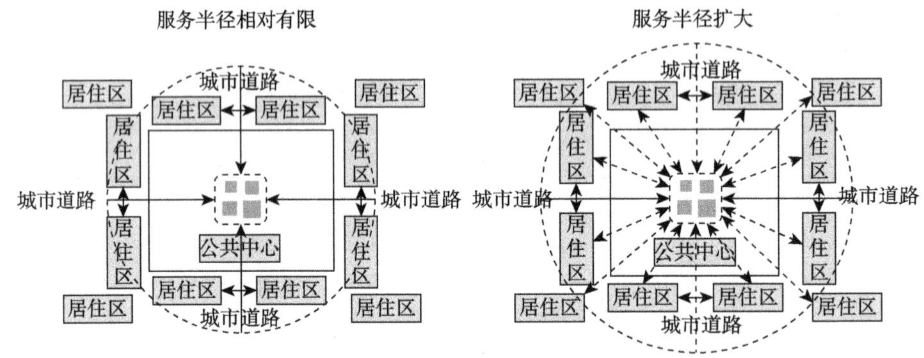

图7-3　传统公共中心服务模式的变化

2. 公共服务整体发展态势

智慧公共服务整体发展稳中向好，发展动能转换成效明显。《广州市人口发展和基本公共服务体系建设第十三个五年规划（2016—2020年）》等相关文件表明：经过“十二五”时期的加速发展，广州市已形成与超大城市人口和功能相匹配的基本公共服务体系。“十三五”时期作为完善广州市公共服务的重要战略机遇期，面临着经济社会发展、人口规模及结构变化、城市空间布局优化和政府推动公共服务领域改革等诸多问题与挑战。与此同时，随着新一代信息革命发展浪潮袭来，物联网、云计算、大数据和人工智能等信息与通信技术迅猛发展，也势必会推动公共服务模式和供给方式的不断优化和持续创新。因此，未来在健全基本公共服务体系的过程中，将着力关注新技术方面的应用。具体如下所示。

（1）基本公共教育服务领域：将重点实施教育信息化建设工程，包括“互联网+”教育信息化基础能力提升、数字教育资源建设与共享、教育管理信息化、智慧教育应用和教育信息化可持续发展等五大重点工程。

（2）基本医疗和公共卫生服务领域：将推进“智慧医疗”体系信息化和广州健康医疗大数据中心建设。

（3）基本社会服务领域：将构建全方位共享的社会救助综合管理信息平台。

（4）残疾人基本公共服务领域：强调推进“互联网+”残疾人服务平台建设，实现各类平台数据的互通共享等。

（5）智慧公共服务领域：将着力推进数字化建设工程，包括利用互联网来整合商业开发资源，鼓励相关手机应用、微博、微信等公众号产品的开发推广，等等。

以上都重视信息化水平的提高，希望积极运用大数据和云计算等先进技术手段来动态追踪公众需求，提高公共服务水平和实施效率（表 7-3）。

表 7-3　信息化影响下公共中心服务模式

基本公共服务领域	涉及智慧公共服务领域的保障工程建设内容
基本公共教育服务	教育信息化建设工程。实施“互联网＋”教育信息化基础能力提升工程、智慧教育应用能力提升工程、优质数字教育资源建设与共享工程、教育管理信息化能力提升工程、教育信息化可持续发展能力建设工程等五大重点工程。到 2020 年，50%以上的各级各类学校建成生态型智慧校园，形成基于个性化学习的信息化执行体系，100%的师生均能有效利用网络学习空间开展学与教活动，建成全面覆盖、功能齐全、安全高效的教育管理信息系统和教育决策支持系统，以及基于数字教育公共服务平台的“信息惠民中心”
基本医疗和公共卫生服务	建设广州健康医疗大数据中心。推进国家、省、市和区四级人口健康信息综合平台和公共卫生、计划生育、医疗服务、医疗保障、药品管理、综合管理等六大业务应用系统建设，推动人口信息、电子健康档案和电子病历三大数据库资源整合，推进人口健康信息标准体系和信息安全防护体系建设，完善公共卫生信息系统，实现信息互联互通共享。全面实施“互联网＋医疗”行动计划，推进广州市社会保障（市民）卡在医疗卫生服务管理领域的应用，完善预约挂号、双向转诊、分级诊疗、费用支付、远程医疗等业务
基本社会服务	建成全方位共享的社会救助综合管理信息平台。建立具有广州特色的全方位服务的居民家庭经济状况核对系统，探索构建农村家庭收入核对体系，建立社会救助申请人诚信数据库，加强社会救助监管。数字化建设工程。（一）推进公共文化服务与科技融合，加强公共文化服务数字化建设。制订重点实施文化共享工程、图书馆推广工程和公共电子阅览室建设计划，加强统筹，协调发展，提升三大公共数字文化惠民工程的整体效能。出台扶持政策，促进文化企业和文化事业单位数字化进程。加强网上文化阵地建设，加快文化媒体数字化建设，打造一批新型主流媒体。牢牢把握正确舆论导向，健全社会舆情引导机制，传播公共文化正能量。实施网络内容建设工程，发展积极向上的网络文化，净化网络环境。创新文化传播、文化交流方式，推动健全公共文化服务发展。（二）鼓励体育服务利用互联网整合开发资源，开展商业模式创新。提高体育场馆的信息化、智能化、网络化管理和服务水平。鼓励手机应用程序 APP、微博公众号、微信公众号等产品的开发应用。支持政府企业借助大数据及互联网交易模式拓展业务，构建线上线下相结合的服务模式，依托互联网建设省级体育资源交流平台

续表

基本公共服务领域	涉及智慧公共服务领域的保障工程建设内容
残疾人基本公共服务	“互联网＋”残疾人服务平台建设。完善残疾人人口基础信息和残疾人基本服务需求信息数据管理系统。推广残疾人生命周期全过程服务系统的应用，实现社区网络化服务管理系统数据与市残联电子政务平台数据的互通共享，实现残疾人业务工作台账入网率达 100%
智慧公共服务	提高信息化水平。加强公共教育与互联网结合应用，整合线上线下教育资源，探索互联网教育新模式。提供在线预约挂号、诊疗报告、药品配送等服务，提高重大疾病和突发公共卫生事件信息化防控能力。开展网上社保办理、个人社保权益查询、跨地区医保结算等互联网应用。搭建养老信息网络服务平台，鼓励应用便携式体检、紧急呼叫监控等设备。提高服务办理便利化程度，逐步构建网上办事大厅、移动客户端、自主终端等多种形式相结合的公共服务平台，加快推进具备条件的服务事项实行网上“一站式”服务。加快推进基本公共服务资源开放共享，推进跨部门、跨区域、跨行业信息互联互通和资讯交换共用

资料来源：根据 http://www.gz.gov.cn/zwgk/fggw/sfbgtwj/content/post_4759263.html 整理

3. 虚拟公共空间网络化

随着广州信息化发展水平的不断提高，各项数字建设促进了城市行政办公、文化教育、医疗服务等公共事业的信息化发展。传统发展模式下，城市公共服务设施的规模和辐射影响力受到交通区位、空间可达性等因素限制。但在市场机制和信息技术的双重影响下，广州城市公共服务设施的空间分布形态逐步趋向于虚拟化网络式发展。在信息网络终端的影响下，电子政务、数字文化、远程教育、网络银行和远程医疗等公共服务虚拟化发展，在一定程度上弥补了城市公共设施实体空间服务能力不足的问题（表 7-4）。信息化产生的虚拟空间因其具有强渗透、高效流动和时空区位影响较低等性能优势，还有利于缓解区域差距包括服务半径限制和空间分布不公等问题，因此它对城市物质功能空间产生了补充和部分替代效应。在信息与通信技术飞速发展的今天，广州城市公共服务空间出现的数字虚拟化内容为推动城市服务便捷化、高效化、扁平化提供了技术途径。

表 7-4　公共服务中涉及数字虚拟化内容

公共服务	数字虚拟化内容
电子政务	政府机关应用信息化手段履行职能，网上办事服务事项包括网上工商税务、社保就业、统计数据库、灾害监控、市政管网、交通监控、数字法庭、远程视频审理案件等；网上政务一站式系统，业务应用系统，覆盖政府管理和公共服务业务，实现面向企业和市民的服务事项全流程网上办理
数字文化	广州数字移动图书馆提供电子图书、全文文献及电子期刊等海量资源； 中小学校实现校校通，数字文化馆、数字博物馆、数字科技馆等得到应用
远程教育	广州远程教育中心提供社会各类远程教育服务，支持互联网教育建设； 开展数字教育城，中小学远程协作教育、高等学校数字化校园等建设工程
公共信息平台	数字广州地理信息公共服务平台运行，实现部门数据共享； 为市民提供住房保障、房屋租赁、周边医疗机构、公交站点、银行支行、公共设施、体育场馆、公园绿道景点、残疾人设施等分布信息
网络银行	银行、证券、保险等机构实现金融数字化； 电子认证数字证书发放量达标，用户可不受时间、地域限制，方便快捷通过信息网络获取各种业务服务
远程医疗	远程医疗试点，各大医院初步实现远程医疗的相关应用

7.1.3　广州智慧社会治理水平

1. 移动政务整体发展良好

根据《2016 年中国城市电子政务发展水平调查报告》，广州在全国 36 个主要城市移动政务方面的排名为第 7 位，移动政务指数为 80，远高于全国平均移动政务指数 55.97。其中，在微信政务公众号运营方面，广州表现尤其优异，是市民了解政情和参与管理的随身助手。"广州政府网"作为广州政务微信的窗口与门户，集信息发布、网络问政和公共服务三大功能于一体，兼具重视政民互动、网办大厅和政务公开的三大基本特点，标志着广州市电子政务进入了数字办公、资源整合的崭新阶段。据相关统计，至 2012 年底，已实现 1 483 件网上行政服务事项，其中有 1 286 件对接省网上办事大厅，571 件直接面向市民和相关企业，网上办理行政许可率高达 90%。累计减少上门办公 4 162 万次，相当于 1.2 亿小时，节约成本达 1.6 亿元。应用于税务、社保等 28 个行政机构的数字证书已成网上重要身份凭据，覆盖多个私人和企业用户。此外，广州市还推出个性化、实名制的市民网页，供市民查阅和办理网上业务，包括交通、社保和水电费等 8 大类信息服务，以及 15 个政府部门的进度和结果查询服务[162]。

2. 智慧服务水平明显提升

截至 2012 年，广州市民的智能手机、便携电脑、一卡通和邮箱的普及率较高，市民邮箱和数字证书使用量分别超过 314.8 万个和 15 万个。并且市民网购率超过 40%，网上购物消费额为 150 亿元，这高于全国平均水平 9 个百分点，位居全国城市前五位。截至 2020 年 8 月，广州固定电话用户为 354.1 万户，移动电话用户为 3 011.4 万户①。在城市智能交通方面，广州发行的智能交通卡成为国内规模最大的智能交通应用系统以及最成功的小额支付公交一卡通系列之一，截至 2020 年 10 月，广州二代社保卡持卡数已超 1 380 万②。

3. 数据平台建设力度增强

在智慧医疗方面，2009 年广州市启动了全民健康信息平台建设，通过平台互联全市各级医疗卫生机构，实现部门间、机构间以"电子健康档案"为核心的数据共享与交换。截至 2019 年，广州市全民健康信息平台已联通全市 11 个区、25

---

① 广东省通信管理局. 2020 年 8 月广东省通信发展情况[EB/OL]. https://gdca.miit.gov.cn/zwgk/txfz/art/2020/art_4a657d2e59f5471da811d28753ea3914.html，2020-09-29.

②广州日报. 整合 11 种功能，广州二代社保卡持卡数已超 1 380 万[EB/OL]. https://huacheng.gz-cmc.com/pages/2020/10/13/71ab0fcf9d8e43588faf10dfd6f9555c.html，2020-10-13.

家省部属医院、全部市属医院、公卫机构及 36 家区属医院，167 家社区卫生服务中心等共 273 家机构。10 年间，智慧平台产生了丰富的健康医疗数据资源，在库实名电子健康档案 2 335 万份，共存有超过 20 亿条数据，容量约 10.5T，广州市医疗健康大数据中心初步形成并初具规模①。在智慧社保方面，相关部门整合了广州市区社保信息，以此为基础建立了立体化的社保服务网络，完善了社保统筹信息系统和集中管理机制。截至 2020 年 9 月，全市社保服务网点超 1 700 个，申领补换“立等可取”，且“一卡通办”更加方便市民办事②。此外，在智慧人才引进方面，广州市“智慧人才”项目构建了人才“智慧云”平台，实现了区域性规模化应用。基于统一标准和统一平台，全市 119 个应用 450 项人事人才业务实现了全流程网上办理，服务范围涵盖了公务员、高校毕业生和专家等各类个人对象，法人单位、市直主管单位、各级专业机构等多个服务权限层级。网上业务受理量每年达 644 多万件，日达 6.13 万人次登录系统办理业务，系统年业务处理量 3 788 多万人次。截至 2017 年，广州人社网共建立了 8 个服务对象频道和 14 个业务专题频道，有 1 230 多个栏目，同时开通了人才智慧家园、公务员慕课堂、“优才计划”事业单位公开招聘等移动 APP 应用③。

7.1.4 广州智慧社区发展现状

社区作为智慧型公共服务的基层单位，其发展水平对智慧型社区建设具有直接影响，应力争提升基层网格化和精细化的服务管理水平。2018 年广州市政府工作报告显示，广州全面推行城乡社区协商自治取得初步成效：总共开展协商议事计 1.2 万次，办事完成率高达 94.25%；并创新推进“社工+”战略，服务群众突破 300 万人次。2019 年广州市政府工作报告则更为关注创新社会治理：已开展创新城乡社区治理试点，助力村居议事厅全覆盖；出台社会工作服务条例，新登记社会组织 637 个；完善社会治安立体化信息化防控体系，有效降低了刑事立案率。

广州智慧社区建设有所加强，社区自组织能力、服务和治理水平持续提升。根据《广州市国土空间总体规划（2018-2035 年）》草案，现阶段将着力打造活力与包容并重的社区生活圈。即按照 15 分钟步行可达的空间范围（可大致分

---

① 广州市卫生健康委员会. 广州市卫生健康委关于广州市十五届人大四次会议第20192235号代表建议答复的函[EB/OL]. http://wjw.gz.gov.cn/xxgk/jytablgz/srdjybljggk/content/post_2428680.html，2019-06-25.

②广州日报. 整合 11 种功能，广州二代社保卡持卡数已超 1 380 万[EB/OL]. https://huacheng.gz-cmc.com/pages/2020/10/13/71ab0fcf9d8e43588faf10dfd6f9555c.html，2020-10-13.

③ 人力资源和社会保障部信息中心. 广州智慧人才[EB/OL]. http://www.mohrss.gov.cn/SYrlzyhshbzb/rdzt/xxhz/h5/%E5%B8%82%E5%9C%BA%E5%A4%84/3.3.1%E5%B9%BF%E5%B7%9E%E6%99%BA%E6%85%A7%E4%BA%BA%E6%89%8D/%E5%B9%BF%E5%B7%9E%E6%99%BA%E6%85%A7%E4%BA%BA%E6%89%8D.html，2017-06-20.

为 15 分钟步行可达覆盖率 90%的城区范围、15 分钟慢行可达覆盖率 90%的新型城镇）、3 万~10 万人的服务人口规模打造社区生活圈，并培育社区中心；为满足居民周末高品质服务的要求，以 3~5 个社区生活圈打造服务人口 20 万~30 万人的组团中心。社区生活圈基础设施配置情况具体如表 7-5 所示。

表 7-5 社区生活圈基础设施配置情况

设施种类	设施名称	说明
基础教育、医疗养老	基础教育设施	基础教育设施覆盖每个社区生活圈
	医疗卫生设施	每个社区生活圈配置 1 处社区卫生服务中心
	养老设施	社区养老设施覆盖每个社区生活圈
文体公共空间	文化设施	每个社区生活圈至少配置 1 处社区文化活动中心和自助图书馆
	体育健身设施	每个社区生活圈配置 1 处街道级公共体育设施
	公共空间	每 500 米服务半径布局 1 处社区公园或广场
市政公用、便民商业	市政公用设施	根据专业规划的要求合理设置
	便民商业设施	重点提高菜市场、零售商业、物流配送等设施社区生活圈服务覆盖率
行政管理	行政管理服务设施	配置 1 处社区居委会、1 处社区议事厅、1 处社区服务站以及 1 处派出所

资料来源：《广州市国土空间总体规划（2018-2035 年）》草案

7.2 智慧广州的社会空间战略展望

7.2.1 打造文化枢纽

广州作为国家历史文化名城，其城市遗产保护与历史资源活化利用理应具备相应的国际视野。自秦朝设立南海郡的两千多年以来，广州一直是华南地区的经济、政治和文化中心，现已被推选为海上丝绸之路申遗的牵头城市。在以粤语、粤菜、粤剧为代表的粤文化共建共享基础上，未来可借力十三行文献遗产为代表的“世界记忆工程”，开启代表粤文化的“世界遗产城市”申请准备。

（1）突出广州历史文化展示类功能，构建“博物馆之城”。广府文化中的拼搏、冒险、创新精神文化是进行智慧广州社会空间建设的理论文化基础。广府文化以广州为核心据点，以珠三角地区为主要传播范围，具有深厚的文化影响力。其主要历史文化表现形式包括粤语、粤剧、粤菜、广府民居、广式手工艺品等。发展至明代后期，广州已经成为岭南地区最有商业活力和反封建精神的主要城市，广府文化中的务实、乐观和包容精神也已形成体系。正是这种文化精神，造就了广府人民踏实肯干、兼收并蓄、开放拼搏的性格品质。中华人民共和国成立以来，广州依靠优越的区位政策和探索创新的文化传统，逐步发展成为中国乃至世界的一线城市。

（2）吸纳世界创新人才和企业，建设“城市客厅”。受这一历史文化传统的影响，广州成为智慧城市首批试点城市，并力争达到全国领先水平。广州的智能家居、智能建筑、智慧社区建设等方面得到大力推进，社会空间的智慧正渗透到人们的日常生活交往方式中。智慧社会空间成为反映和体现城市文明的重要标志，同时也代表了一种先进历史文化及先进交往行为的智慧化发展。

（3）继承历史文化中的优秀品质，以智慧社会形式展现广府魅力。智慧广州社会展示了广州传统文化的核心价值，因此在进行智慧社会空间的建设过程中，除发展技术应用以外，还应不遗余力地继承广州传统历史文化中的优秀精神品质，并在新的建设背景下将广府文化发扬光大。从而加速广州社会的智慧化渗透，使人民群众切身体验到广府文化的魅力和智慧社会的优越性。

7.2.2 智慧公服互惠

智慧广州城市社会空间应积极耦合新技术，推进公共服务的智慧重构。随着当今社会空间的智慧化渗透程度日益加深，各类公共服务产品如电子支付、无人汽车、共享单车、无线物流运输等新型公共服务产品层出不穷。这类情况的出现重塑了传统的社会空间形象感知，空间公共性明显大幅增强，社会公共服务内涵和相应机制也随之变化。因此，为更好地满足人民日益增长的美好生活需要，我们认为智慧广州城市社会空间应从以下三个方面进行公共服务的智慧重构。

（1）建立“大广州市民”概念，建立统一的智慧化市民身份管理，提供无差异公共服务。城市公共空间是市民进行交往的主要场所，其环境友好度、可达性等品质直接影响市民的生活体验。随着互联网技术和移动通信工具的广泛应用，公共空间的品质不再局限于市民的步行体验等传统感知方式，逐步向网络搜索、情景模拟、应用点评等进行转型升级。因此，可以通过利用新一代信息与通信技术，拓展时空适用范围，增强环境感知能力，从而提升市民在公共空间中的平等服务体验。

（2）建设湾区生活云，建设城市生活云和智慧生活信息智能化的统一数据管理平台。新型信息技术的应用促进了新型平台的产生，在城市社会空间中具有公共平台的特性。传统的被动公开机制已不再适用，转而向自下而上的公共平台转变升级。新一代社交媒体信息技术激发了网络民主力量，并反映至现实社会中用以解决公共问题。我们应该正面引导新型公共平台的智慧化建设，培育健康、积极、向上的平台使用主体，来促使智慧社会空间良性运作。

（3）优化智慧公共服务设施总体布局，形成与全球城市相匹配的安全、高效智慧的公共服务体系。无论是对公共空间进行感知还是搭建新型公共平台，都需要对巨量数据进行感知、收集、处理和运用。由于存在数据安全和隐私保护的问题，相对安全可靠的数据保障机制有待确立。未来应促成重点类型数据共享共建共赢，摸清数据应用底线，实施强而有效的数据安全管控体系建设，为智慧社会空间公共服务重构做好安全支撑工作。

7.2.3　协同基层治理

基于智慧社会基层治理体系创新，全面提升广州社区的自组织能力和精细化管理水平。十九大报告明确提出要推动“社会治理重心向基层下移”和“发挥社会组织作用”。社会基层管理的主体包括基层国家政权机关与群众自治组织，是当今社会治理体系的重要基础。针对当前基层管理中的多部门协调能力弱、办公服务效率低、公众参与度低等问题，需要应用新型信息技术增强社会基层治理的智慧化水平。目前广州市已实现了市、区、街道、社区电子政务信息网络的全覆盖，各大社区还开发了数据应用平台，并制定了系列标准规范。只有积极推动社会基层治理体系的创新升级，才能促成政府与社会的良性互动，实现智慧广州社会空间的可持续发展。未来可在如下方面重塑智慧社会基层治理体系。

（1）优化政府门户网站形象，继续提升电子政务水平。通过开发政务云平台等系列信息共享软件，为政府部门减轻行政压力，提高政府办公效率和能力。在建立公平、公开和公正的管理机制前提下，充分利用新兴媒体技术来面向市民提供各类公共政策信息。形成有效反馈机制，使市民充分参与基层治理过程。从而促进智慧项目实施，最终推动智慧城市社会空间建设。

（2）创新活动形式，发挥新兴媒体平台和各志愿组织的作用。在智慧广州社会治理体系框架下，充分利用政务云平台，依托信息化技术方便公众参与，形成共建、共享、共治的合理工作路径。共建指平台的智慧建设，包括行动计划、发展目标、组织分工等内容；共享指建设实施后群众意见的智慧收集，包括项目实施情况反馈等内容；共治指数据收集后的智慧治理，包括统筹线上线下平台建设、调整项目运行机制等。

（3）提升社区营造能力，构建智慧型社区。技术推进服务创新是智慧社会空间建设过程中的重点内容。需要在充分主动了解市场需求的前提下，改善技术应用情况，促进技术与公共参与的高度融合。这一过程涉及政府简政放权、体系优化和人才建设等方面，智慧社区建设是必不可少的重要环节。通过采取上述措施，促进技术普及和推陈出新，从而进一步增强社会公平性和社区居民的获得感。

第 8 章　广州建设智慧城市的产业空间体系

本章首先从三个方面对广州智慧产业的发展现状进行深入剖析：一是广州智慧产业的发展背景，包括广州产业发展的总体特征与空间格局；二是广州智慧产业的发展特征；三是广州创新能力评价。其次，从构筑智慧产业体系、推动湾区智慧产业协作、打造创新发展高地三个方面，提出智慧广州的产业空间发展策略。

8.1　广州智慧城市产业空间的发展现状

8.1.1　广州产业发展的总体特征

1. 总体经济地位略有下滑

广州经济总量大、增速较快，但受新生产总值核算方式的影响，国内经济实力排名有所下降。联合国人居署和中国社会科学院（财经院）在全球城市竞争力论坛上合作发布 2017~2018 年《全球城市竞争力报告》，该报告根据经济密度和经济增量等指标，测算了全球 1 007 个城市的经济竞争力指数，其中广州评价等级为“B+”，位列第十五名，落后于国内深圳（第六名）、香港（第十二名）和上海（第十四名）。从 2016 年国内主要城市生产总值来看（图 8-1），广州和深圳整体经济实力相当，但明显低于上海、北京和香港，其中广州生产总值略高于深圳，而深圳经济增速更快。随着新国民经济核算国际标准的推行，R&D 支出将纳入各地生产总值核算中，既强调了“智慧型”生产要素对经济的带动作用，也引发了新一轮城市排名调整。由于深圳 R&D 投入明显高于广州，如 2016 年深圳 R&D 投入（843 亿元）占生产总值比重为 4.32%，广州 R&D 投入（457 亿元）比重仅为 2.34%，因此使用新标准后，深圳 2016 年的 GDP 突破两万亿元，达 20 078.58 亿元，而广州为 19 547.44 亿元，深圳实现了对广州的反超。未来的城市竞争中，广州应顺应经济发展“信息化”“智慧化”的趋势，重视知识与技术在生产中的重要性，寻找新的经济突破点。

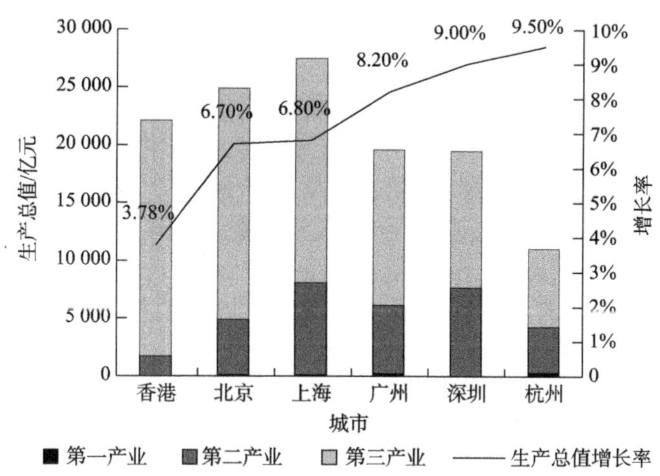

图 8-1　2016 年国内主要城市生产总值和增长率

资料来源：各市 2016 年《国民经济和社会发展统计公报》、香港特区政府统计处

广州经济发展质量不高和可持续性不足，需寻找更加智慧的发展模式。从 2016 年国内主要城市经济发展质量来看（表 8-1），广州人均生产总值水平处于中等水平，为 13.96 亿元/万人，仅次于香港和深圳，同时，广州土地经济效益不高，香港、深圳和上海的经济密度分别是广州的 7.6 倍、3.7 倍和 1.6 倍。2017~2018 年《全球城市竞争力报告》综合人力资本潜力、经济活力、科技创新、社会包容、生态环境、营商环境、基础设施和全球联系等多个指标，对全球 1 035 个城市的可持续竞争力进行评价，其中广州位列第三十六名，紧随北京（第十一名）、香港（第十三名）、上海（第二十七名）和深圳（第三十五名）四个城市之后。广州目前的经济发展模式集约程度和可持续性不足，应加快转变经济发展方式，寻找智慧发展道路。

表 8-1　2016 年国内主要城市经济发展质量

城市	2016 年生产总值/亿元	人口/万人	人均生产总值/（亿元/万人）	面积/平方千米	经济密度/（亿元/千米^2）
香港	22 125.7	737.71	29.99	1 104	20.04
北京	24 899.3	2 172.90	11.46	16 410	1.52
上海	27 466.1	2 419.70	11.35	6 340	4.33
广州	19 610.9	1 404.35	13.96	7 434	2.64
深圳	19 492.6	1 190.84	16.37	1 997	9.76

续表

城市	2016 年生产总值/亿元	人口/万人	人均生产总值/（亿元/万人）	面积/平方千米	经济密度/（亿元/千米^2）
杭州	11 050.5	918.80	12.03	16 854	0.66

资料来源：各市 2016 年《国民经济和社会发展统计公报》、香港特区政府统计处

2. 知识与技术产业发展潜力大

广州支柱产业多为传统产业，对构建智慧产业体系的支撑力度不足。目前，北京和深圳已形成高新技术产业集群，并逐渐成为主导产业，但广州高新技术产业不成熟，制造业的支柱产业仍为汽车制造业、电子产品制造业和石油化工制造业（表 8-2），2016 年工业经济下行，汽车制造业、电子产品制造业和石油化工制造业的总产值增速分别为 12.8%、−4.1%和−7.2%，产业增长乏力。三大支柱产业的科技创新能力也未达到相应的支柱地位，以产值最高的汽车制造业为例，2015 年广州汽车企业数和有效专利数分别为 38 个和 342 个，深圳仅为 13 个和 97 个，但广州高新企业科技创新的工业总产值和 R&D 经费投入分别为 283.64 亿元和 7.26 亿元，深圳为 445.20 亿元和 15.61 亿元[163]，广州的资本或劳动力密集型产业比重仍然占据主导地位。从第三产业来看，以批发与零售为主的传统商贸业占有明显优势（图 8-2）。2015 年广州商贸业增加值达 3 145.57 亿元，2016 年批发与零售业占第三产业比重达 21.8%，其次是金融业、房地产业、租赁和商务服务业，以及交通运输、仓储和邮政业，它们在第三产业中的比重都在 10%以上，但仅有金融业属于知识密集型产业。

表 8-2　2016 年国内主要城市支柱产业生产总值汇总　　单位：亿元

城市	支柱产业（生产总值）（3 798）					
北京	高新技术（5 647）	金融业（4 267）	文化创意（3 570）	信息产业（3 798）		
上海	电子信息制造（6 045）	汽车制造（5 781）	金融业（4 762）	批发与零售业（4 032）	成套设备制造（3 896）	石油化工制造（3 259）
广州	汽车制造（4 434）	批发与零售业（2 938）	电子产品制造（2 427）	石油化工制造（2 367）		
深圳	高新技术（6 560）	金融业（2 877）	现代物流业（1 985）	文化创意（1 101）		
杭州	信息经济（2 688）	文化创意（2 542）				

资料来源：各市 2016 年《国民经济和社会发展统计公报》

支柱产业的发展确立了城市功能与国际地位。北京、深圳和杭州通过发展以信息产业和文化创意为代表的新业态，丰富智慧产业门类，处于国内经济发展领先位置。广州支柱产业的知识与技术含量不高，经济驱动力出现下降趋势，在产业竞争中逐渐处于不利位置，应加快推进传统支柱产业的智慧化和培育新的支柱产业。

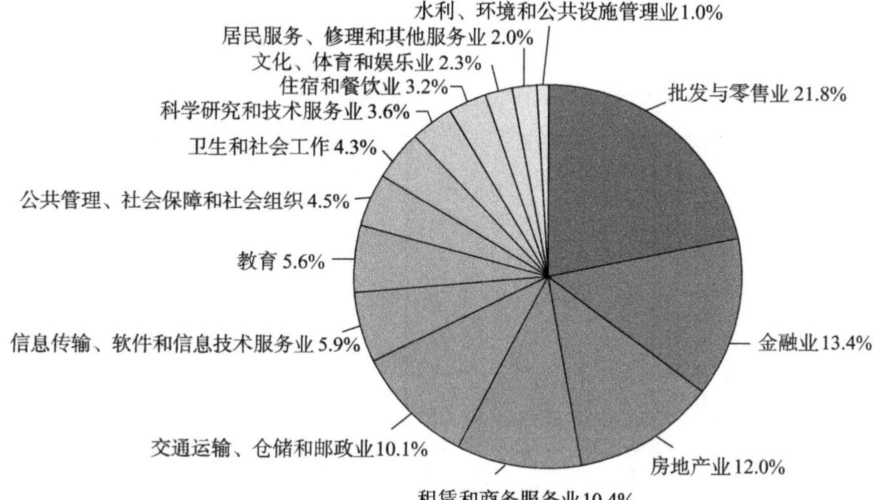

图 8-2　2016 年广州第三产业增加值构成

资料来源：《2017 广州统计年鉴》

3. 高新技术产业贡献率不高

广州高新技术产业增加值偏低，科技对经济的驱动力不足。2016 年，广州高新技术产业增加值为 2 347 亿元，对地区生产总值贡献率为 11.12%；北京和深圳的高新技术产业增加值分别为 5 646.70 亿元和 6 560.02 亿元，是广州的 2.4 倍和 2.8 倍，对地区生产总值贡献率分别达 22.70%和 33.65%；杭州高新技术产业（工业）增加值为 1 372.92 亿元，对地区生产总值贡献率为 12.42%，超过广州水平（图 8-3）。高新技术产业是智慧产业的极其重要的组成部分，也是城市产业竞争力的重要体现。目前，广州高新技术产业贡献率与国内其他重点城市存在明显差距，显示出智慧产业发展相对薄弱，这也是导致广州经济地位相对下滑的重要因素。

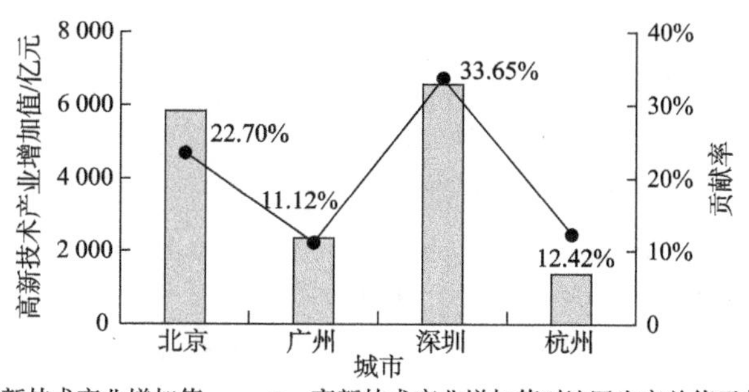

图 8-3　2016 年国内主要城市高新技术产业增加值情况

资料来源：各市 2016 年《国民经济和社会发展统计公报》（杭州高新技术产业产值只包括工业部分）、《2017 广州统计年鉴》

4. 产业结构持续优化调整

三次产业结构持续优化，经济保持平稳较快增长。2012~2016 年，广州三次产业结构由0.5：30.2：69.3调整至0：21.1：78.9，其中第三产业贡献率上涨9.6%（图 8-4），服务业正替代制造业成为城市发展的主要驱动力，广州现代都市型产业结构逐渐成熟。同时，广州生产总值总量持续上升，五年平均增速为 9.5%，经济发展势头良好。

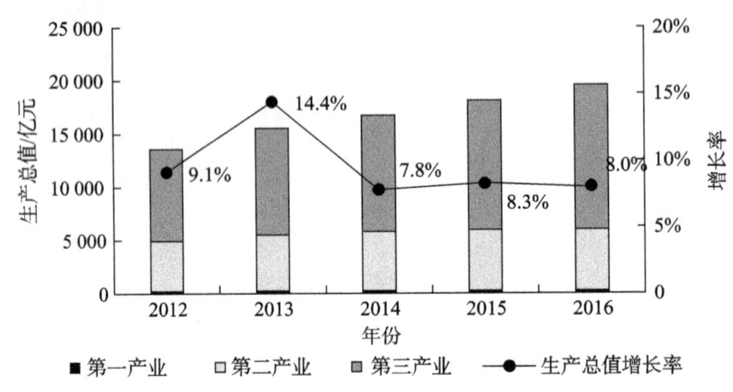

图 8-4　2012~2016 年广州生产总值构成及增长率

资料来源：2013~2017 年《广州统计年鉴》

高技术制造业平稳增长，工业结构逐步优化。2016 年，广州规模以上高技术制造业增加值达 664.55 亿元，占规模以上工业增加值的 13.62%，与 2014 年相比提升了 1.78%，连续三年保持较高增速，三年平均增长率达 12.20%，比规模以上工业增加值的三年平均增长率高 8.64%。2012~2016 年，工业高新技术产品产值占工业总产值的比重持续上升，2016 年达 46.10%，与 2012 年相比上升了 3.90%，高新技术企业由 1 253 增加到 4 700 多家。广州制造业科技创新水平稳步提升，推动工业增长。

第三产业整体发展态势良好，高级化趋势显现。2016 年，第三产业对广州生产总值贡献率达 78.9%，增速为 11.60%，其中以金融业，信息传输、软件和信息技术服务业，科学研究和技术服务业为代表的生产性服务业保持高速增长，三年平均增速达 15%以上，分别为 16.70%、16.43%和 15.57%，知识服务和信息技术应用服务在广州服务业中的地位越来越重要。此外，批发和零售业、房地产业等传统优势产业保持平稳增长，其他服务业，以教育，公共管理、社会保障和社会组织为代表的社会性服务业也呈现较好增长势头，第三产业总体发展活力高（表 8-3）。

表 8-3 2014~2016 年广州第三产业各行业增长速率

行业	2014 年	2015 年	2016 年	在第三产业中的比重（2016 年）
批发和零售业	10.70%	7.40%	8.90%	21.80%
金融业	24.50%	14.50%	11.10%	13.40%
房地产业	1.70%	11.60%	6.00%	12.00%
租赁和商务服务业	−8.90%	18.70%	1.80%	10.40%
交通运输、仓储和邮政业	12.40%	10.50%	8.70%	10.10%
信息传输、软件和信息技术服务业	−7.50%	16.90%	37.30%	5.90%
教育	18.80%	11.00%	24.00%	5.60%
公共管理、社会保障和社会组织	10.50%	12.90%	35.00%	4.50%
卫生和社会工作	18.20%	14.40%	19.60%	4.30%
住宿和餐饮业	6.90%	−9.60%	6.10%	3.20%
科学研究和技术服务业	35.30%	10.50%	3.50%	3.20%
文化、体育和娱乐业	3.10%	18.70%	4.90%	2.30%
居民服务、修理和其他服务业	18.90%	19.30%	23.70%	2.00%
水利、环境和公共设施管理业	30.40%	20.10%	13.30%	1.00%

资料来源：2015~2017 年《广州统计年鉴》

5. 战略性新兴产业快速提升

战略新兴产业增长速度高，产业集聚初步形成。广州立足于新一轮科技革命和产业革命的发展趋势，确立了新一代信息技术、生物与健康产业、新材料与高端装备产业为三大战略新兴产业集群，并加快培育新能源汽车、新能源和节能环保产业、时尚创意产业。2014~2016 年，战略新兴产业年增长率保持在 10%以上，实现快速增长。2015 年底，广州经认定战略性新兴产业基地共 35 个，黄埔、天河、海珠和荔湾四区集聚了 90%以上相关企业，产业集群初具规模。其中，高端装备产业通过技术改造和提升，在智能制造和轨道交通等领域明显增值[164]，2016 年，高端装备产业增加值达 955.56 亿元，占规模以上高新技术产品增加值的 43.9%，成为高新技术产业的主导力量；新一代信息技术规模提升显著，2016 年增加值达 443.32 亿元，比 2014 年增长 65.6%；新能源汽车产业依托广州三大汽车板块，在产业链上的分工逐渐成熟，包括整车与零件制造、科研开发、物流和贸易等环节，开始进入快速增长期。

战略新兴产业的培育与发展，为广州经济带来新的活力，也是广州智慧产业发展的关键。近几年，战略新兴产业发展迅猛，但在核心技术掌握、研发能力提升和创新机制发挥等方面仍存在较多问题。应加强科技投入和加快相关机制与政策完善，将战略新兴产业打造成为广州新的经济增长极。

8.1.2 广州产业空间的发展格局

1. 湾区加快产业布局一体化

粤港澳大湾区成为世界经济发展的重要增长极，但产业竞争力不足。2015年，粤港澳大湾区生产总值达 1.36 万亿美元，总体经济实力次于东京湾区（1.8万亿美元）和纽约湾区（1.4万亿美元），是世界经济版图的重要组成部分；2016年，生产总值增速在 7%以上，分别是纽约湾区、东京湾区和旧金山湾区的 2.26倍、2.19 倍和 2.93 倍，经济增长势头良好；从人均和地均生产总值来看，粤港澳大湾区、东京湾区、旧金山湾区和纽约湾区的人均生产总值分别为 2.04 亿美元/人、4.41 万亿美元/人、11.19 万亿美元/人和 5.98 亿美元/人，地均生产总值分别为 0.24 亿美元/千米^2、0.49 亿美元/千米^2、0.45 亿美元/千米^2 和 0.65 亿美元/千米^2，粤港澳大湾区的经济质量和集约度不高[165]。从产业构成来看，其他三大湾区的第三产业比重都在 80%以上，其中东京湾区是日本核心临港工业带，也是全球金融、商贸和交通中心；纽约湾区是全球金融和航运中心，并占据美国三分之一的制造业产值；旧金山湾区是世界著名科技研发中心和美国西海岸金融中心。粤港澳大湾区是世界重要的制造业基地和商贸中心，香港是国际金融、贸易和航运中心，但整体产业竞争力不足，第三产业比重不足 60%，未来需加快产业结构调整，提高城市群在全球城市体系中的位置。

推动湾区经济转型，需明确粤港澳各城市的产业分工关系，加快产业一体化布局。湾区经济发展通常出现由港口经济到工业经济，再到服务经济和创新经济的发展过程[166]。2015 年，粤港澳大湾区的港口集装箱吞吐量为 6 520 万 TEU（twenty-feet equivalent units，标准集装箱），第三产业比重不足 60%，目前仍处于港口和工业经济发展阶段。改革开放以来，湾区经济的繁荣离不开粤港澳三地紧密的协作，粤港澳的合作关系经历了由“前店后厂”的垂直分工，到以服务贸易自由化为核心的产业横向整合，再到当前湾区经济一体化的建设阶段。湾区经济的转型，要求粤港澳合作关系向纵深推进，不能局限于打破城市空间界限和促进生产要素流动，还应通过产业布局调整，发挥粤港澳三地优势互补的关系，形成有序、协调产业分工，实现区域良性互动发展。

粤港澳大湾区的产业分工格局初步形成。从制造业来看，湾区整体形成东岸以电子信息为主导的高新技术产业带、西岸以重型化为特征的装备制造产业带发展格局[167]，其中广州、深圳、佛山和东莞四个城市的第二产业产值占整个湾区的70%以上。服务业整体形成以香港、广州和深圳为核心的多点分布发展趋势，三个核心城市的第三产业产值占整个湾区的 75%以上，东岸集聚大量金融、科技研发和现代物流服务业，批发业集中在广州，西岸也有部分批发和生产性服务业分布。现代农业多分布于湾区西部和北部，肇庆、广州、江门、惠州和佛山五个城市的第一产业产值占整个湾区的 85%以上（图 8-5）。粤港澳大湾区三次产业和各行业之间的分工初步形成，但由于缺乏统筹规划，湾区的产业发展问题仍然突出，包括产业协同效应不足，“诸侯经济”现象仍然存在；产业布局缺乏整合，集聚效应不强；制造业多处于产业链中的低附加值部分，产业同构度高，竞争激烈；现代服务业发育不成熟，整体竞争力不足；科技创新对经济发展驱动力不强；等等。因此，推动湾区经济转型和一体化进程，对提升湾区竞争力具有重要意义。

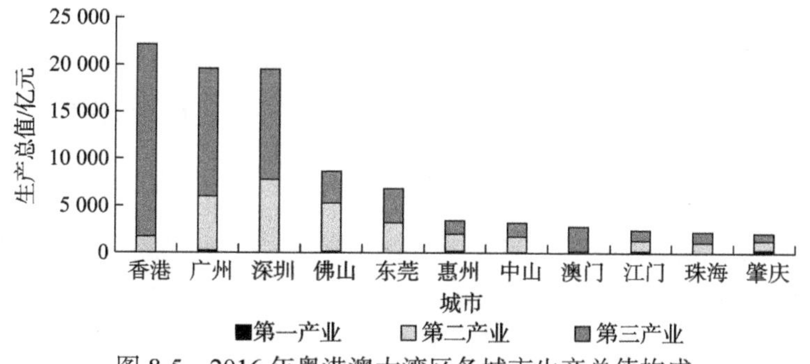

图 8-5 2016 年粤港澳大湾区各城市生产总值构成

资料来源：《2017 广东统计年鉴》、香港特区政府统计处、澳门统计暨普查局

广州是引领湾区经济发展、助力湾区产业优化提升的核心力量。粤港澳大湾区的经济发展具有明显非均衡性，广佛和深港都市圈是湾区经济发展中的两大核心增长极，其中广州是广佛都市圈中的关键力量。广州正着力打造区域现代服务中心和科技创新集聚区，一方面，广州服务业发育相对较好，并具有枢纽城市的特征，不断吸引信息、技术和人才等高端要素的集聚，成为湾区现代服务经济重要载体；另一方面，广州拥有众多高校和各类科研机构，随着思科智慧城、GE（General Electric，通用电气）生物科技园、腾讯和阿里巴巴等世界级科技企业的落户，广州创新集聚效应和枢纽地位不断增强，成为湾区创新发展的重要驱动力。同时，广州应充分发挥经济和产业上的引领作用，主动与湾区城市构建协作关系，如加快落实位于南沙的粤港产业深度合作园以及交通等基础设施对接，助力湾区一体化进程。

2. 广佛同城化推动产业空间整合

市场和政府的双重力量，推动广佛同城化进程。广佛同城化始于 20 世纪 90

年代，两市经济发展加速、产业合作增多，使得经济产业空间逐渐超越行政边界。另外，珠三角在20世纪90年代末，逐渐出现普遍繁荣、均衡发展、全面竞争、多点博弈的区域格局，其根源是贯穿于改革开放的“分权”与“竞争”[168]。因此进入 2000 年后，广佛内部分别进行了一轮自上而下的区划调整，但由于没有触及城市增长方式，实际效果一般。在城市层面，也迫切需要一种全新的治理模式来打破行政边界的局限，解决都市区内部的协调问题。广佛都市圈的概念在20世纪90年代末已经出现，由于广佛经济联系密切，在地理和历史文化等方面相似度较高，成为珠三角一体化的先行试点。人们开始意识到当今世界各国的竞争实质上是区域间的竞争，单个城市在区域协同中参与国际分工，是未来发展的趋势。广佛经济关系开始进入竞合阶段，协同发展成为广佛同城的目标。2008 年，国家在《珠江三角洲地区改革发展规划纲要（2008-2020 年）》中正式提出“广佛同城化”，实现制度上的创新，并提出以交通基础设施一体化作为广佛同城切入点。2009 年《广佛同城化发展规划（2009-2020 年）》和 2016 年《广佛同城化“十三五”发展规划（2016-2020 年）》，基本围绕基础设施、产业结构、创新能力、生态治理和公共服务五大方面，构建广佛同城化发展格局。

广佛产业结构具有互补特征，成为协作的良好基础。2016 年，广佛产业结构分别为 0：21.1：78.9 和 1.7：59.2：39.1，广州第三产业比例显著高于佛山，进入后工业化阶段；而佛山第二产业比重高，处于工业化成熟期。从制造业内部来看（表 8-4），广州产业呈现重型化特征，大中型企业比重高并以先进制造和基础工业为主，包括汽车、能源供应和石化等产业；佛山则以轻型、民用工业为主导，包括电气机械、金属制品和非金属矿物制品制造等。中国石化集团广州石油化工总厂和广州钢铁企业集团有限公司等企业可以为佛山家电和陶瓷等产业直接提供原料[169]，佛山可以参与广州产业链上部分环节分工，承接广州产业或生产研发技术的外溢，其中“广州整车、佛山汽配”模式是两市产业分工的经典案例。从第三产业来看，广州商业贸易发达，总部经济和金融保险等知识密集型服务业初具规模，是省内重要现代服务中心，可以满足佛山制造业对高端生产性服务的需求，同时随着“广佛生活圈”逐渐成熟，两地在就业、居住和休闲购物方面的联系密切，广州优质多元的生活服务具有较强吸引力。

表 8-4　2016 年广州和佛山主要制造业总产值排名

位次	广州			佛山		
	产业	规上工业总产值/亿元	区位熵	产业	规上工业总产值/亿元	区位熵
1	汽车制造业	4 433.72	2.61	电气机械及器材制造业	4 726.75	3.20

续表

位次	广州			佛山		
	产业	规上工业总产值/亿元	区位熵	产业	规上工业总产值/亿元	区位熵
2	通信设备、计算机及其他电子设备制造业	2 310.02	0.64	金属制品业	1 700.31	2.52
3	化学原料及化学制品制造业	1 934.98	1.23	非金属矿物制品业	1 394.37	2.44
4	电力、热力的生产和供应业	1 924.72	1.19	通信设备、计算机及其他电子设备制造业	1 234.55	0.34
5	电气机械及器材制造业	1 147.13	0.34	有色金属冶炼及压延加工业	1 217.33	3.26

注：区位熵采用（本地区某行业产值/该地区生产总值）/（全省该行业产值/全省生产总值）计算

资料来源：《2017 广州统计年鉴》、《2017 佛山统计年鉴》

产业互补优势未完全释放，广佛正加快产业空间整合，构建产业对接的合作载体。两地政府在推动广佛同城化进程中取得不少阶段性成果，如以交通设施为代表的基础设施建设、环境共同治理和公共服务共建共享等，但从产业来看，两市产业合作层次较低，缺乏产业链上的分工，错位发展的一体化格局尚未形成。2009 年以来，两地政府不断推进产业空间整合，重点深化荔湾–南海、花都–三水、番禺–顺德三大同城化合作示范区的产业合作，其中荔湾和南海位于广佛都市圈核心区，分别提出打造白鹅潭 CBD（central business district，中央商务区）和广佛 RBD（recreational business district，休闲商务区）的概念，近期共同建设三山–东沙粤港澳高端服务产业合作区，深化金融、商业贸易、汽车和机械装备制造等领域协作；花都和三水构建广佛北部先进制造基地，重点加强花都汽车产业基地和三水汽车零部件产业基地联动，促进汽车产业链延伸，同时依托白云机场综合保税区，协同现代物流业发展；番禺和顺德完善产业园区和项目布局，重点深化装备制造、汽车及零配件和智能家居领域合作，以及联合打造“番顺”旅游品牌[170]。此外，广佛智慧创新产业集聚区和“禅南顺”创新集聚区等合作载体发展进程加快，共同形成广佛产业协作的多点支撑。

3. 广州城市产业空间重组与提升

广州产业结构的调整，推动城市产业空间的重组与提升（图 8-6）。从 2014 年广州市企业数量分布来看，中心城区仍是广州主要的产业空间。工业发展呈现重型化特征，2004 年，广州重工业总产值的比重首次超过轻工业，汽车、钢铁、造船和石油化工等重型工业陆续在黄埔、花都和南沙等布局，带动工业空间的扩散。与此同时，广州服务业的增长推动中心城区工业空间的置换和改造，中心城区工业空间逐渐萎缩。目前，广州工业空间呈现多组团分布的特征，其中东部的黄埔和增城是最大的工业集聚区，其次是南沙和花都，分别是广州南部和北部的重要工业空间载体。然而广州有限的工业用地供给，与广州高新技术产业和先进制造业发展的空间需求矛盾日渐突出。2016 年，广州工业用地面积为 186.37 平方千米，占城市建设用地的 27.9%，与 2010 年相比，工业用地面积下降 27.11 平方千米，占城市建设用地的比重下降 4.56%，工业空间规模减小。但从整体来看，广州工业用地开发强度较低，全市超过一半的产业区块工业用地综合容积率不足 2.0[171]，加强工业用地管理、挖掘产业发展空间迫在眉睫。从服务业来看，广州第三产业的比重持续上升，服务业空间规模不断扩大，天河和越秀发展成为服务业高度集聚区，然后是白云和海珠，其次是番禺、荔湾和黄埔，呈现围绕主城区逐渐递减的圈层结构。可见，产业的发展带动城市产业空间的调整，从而成为改变城市空间结构的重要力量。

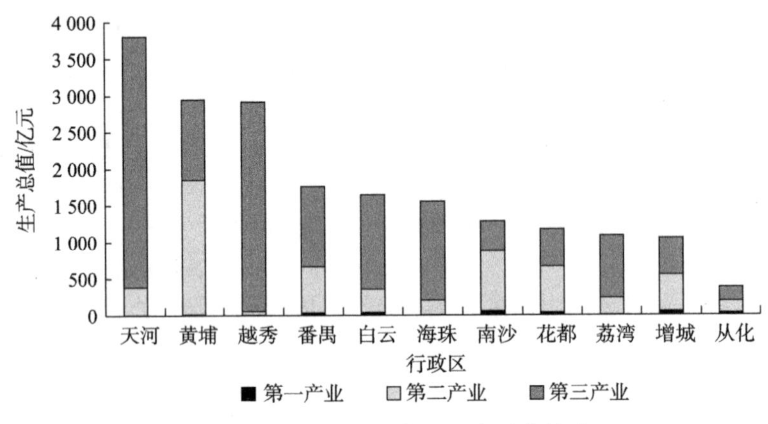

图 8-6　2016 年广州各区生产总值构成

资料来源：《2017 广州统计年鉴》

以先进制造业为引领，推动制造业空间不断优化。《广州市国土空间总体规划（2018-2035 年）》草案提出促进广州先进制造业集聚集群发展，重点建设东翼、南翼和北翼三大产业集聚带，划定工业产业区块，约占全市规划建设用地面积的 25%，为广州制造业的转型升级提供了有力的空间支撑（图 8-7）。

知识密集型服务业成为服务业发展的重点。广州新一轮空间规划草案要求发展以国际贸易会展、金融与总部经济为核心的现代服务业，提出建设“国际会展之都”和“一主一副多区”的金融与总部经济功能集聚区。这符合广州“千年商都”的传统优势，以及广州作为国家中心城市的发展定位（图 8-8）。

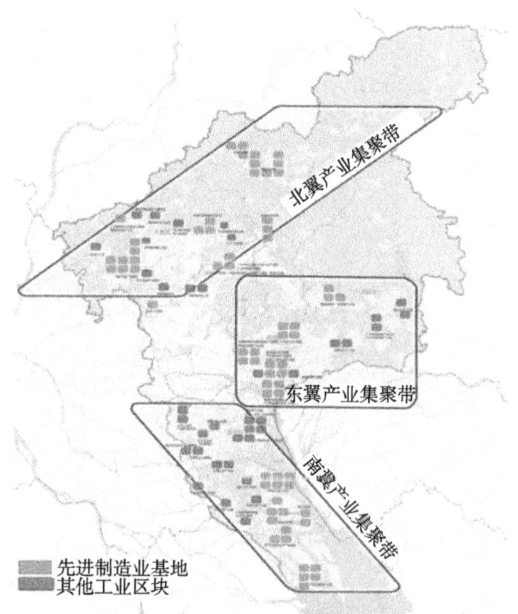

图 8-7　先进制造业空间布局示意图

资料来源：《广州市国土空间总体规划（2018-2035 年）》草案

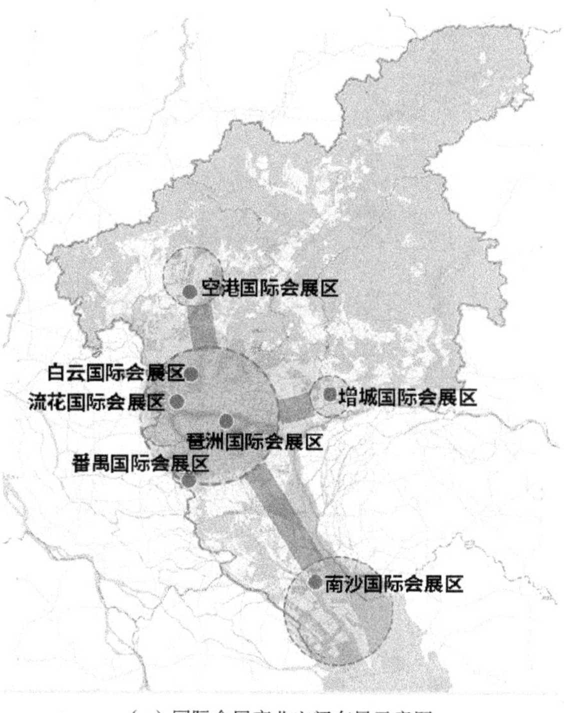

（a）国际会展产业空间布局示意图

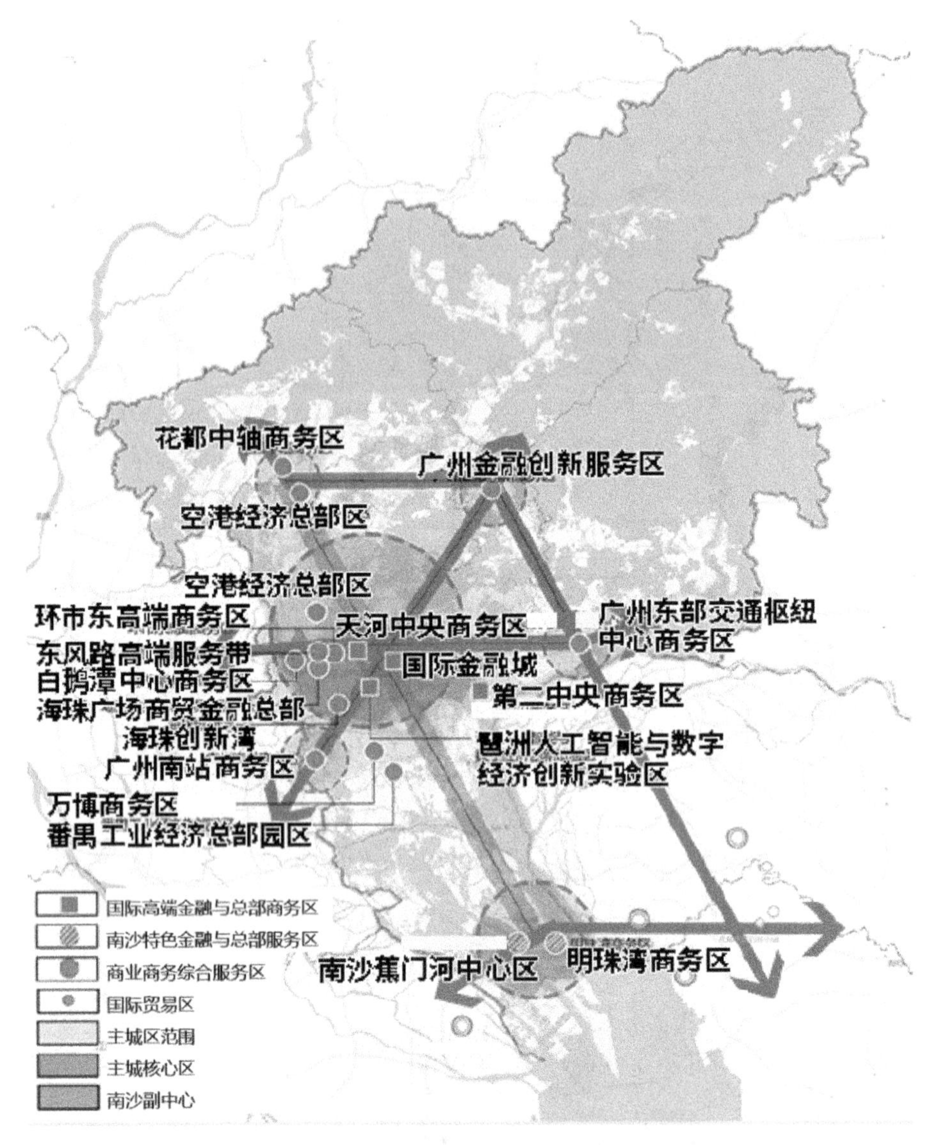

（b）金融与总部经济集聚区空间布局示意图

图 8-8　国际会展产业、金融与总部经济集聚区空间布局示意图

资料来源：《广州市国土空间总体规划（2018-2035 年）》草案

8.1.3　广州智慧产业的发展特征

1. 智慧产业的发展基础好

广州智慧产业的发展历程大体可以分为三个阶段：第一阶段是 2010 年以前，

智慧城市的概念尚未提出，广州处于信息化建设期；第二阶段是 2010~2015 年，陆续提出建设智慧城市的发展目标，并把发展智慧产业作为重要举措；第三阶段是 2016 年至今，多项发展计划和战略把智慧产业的发展提升到前所未有的高度。

2010 年以前：广州信息化建设为智慧产业的发展奠定了基础。广州信息化建设起步于 20 世纪 80 年代，于 90 年代进入快速发展期，2000 年 9 月，广州进入国家首批信息化试点城市的名单，广州整体信息化建设水平处于国内领先地位[172]。信息产业作为广州信息化建设的核心取得了一定成就，电子信息技术与设备制造技术迅速成长，并逐渐成为广州支柱产业，软件业和光电子通信业也具备一定规模。这一阶段中，广州没有明确提出发展智慧产业，但信息产业发展态势良好，信息化基础设施建设已逐渐深入各行各业和人民生活，为智慧产业的发展提供了有力支撑。

2010~2015 年：广州推进智慧城市建设，带动智慧产业发展。2011 年 12 月，广州在第十次党代会中首次提出建设“智慧广州”的理念，成为国内建设智慧城市的先行者，其中智慧产业是广州智慧城市建设的重要抓手。“智慧广州”强调以“智慧”推动经济产业的发展和转型，突出技术和知识引领作用，加快创新驱动和知识经济的发展进程，推动广州经济向价值链的高端演进。广州政府陆续发布相关计划和文件，推进智慧产业发展，如 2011 年 4 月制订的“天云计划”，明确了广州云计算产业的发展目标；2011 年 8 月，《广州国家创新型城市建设总体规划（2011-2015 年）的通知》提出以智慧城市建设支撑城市创新发展，以信息化推动现代产业体系建设；2012 年 9 月，《广州市委 市人民政府关于建设智慧广州的实施意见》中提出发展一批以电子信息产品制造、软件和信息服务为代表的智慧型产业。在这一阶段中，广州智慧城市的建设已全面开展，2012 年广州信息化发展指数达 0.946，处于中等发达国家水平，信息技术渗透到经济和社会的各个领域[173]。智慧产业的发展进入起步阶段并取得一定成就：2015 年，电子信息产业的支柱产业地位不断加强，产值达 2 532.49 亿元；75 家信息技术企业在新三板上市，占广州市全年新三板挂牌企业的三分之二；智能装备和机器人产业规模达 400 亿元；电子商务交易额达 1.5 万亿元，居全国前列[174]。

2016 年至今：创新驱动战略下，广州智慧产业进入加速发展时期。2015 年 12 月，中共广州市委正式提出建设国际科技创新枢纽。2016 年 2 月，广州发布《广州制造 2025 战略规划》，推动新一代信息技术与制造业深度融合，加快制造业的智能化、绿色化和服务化发展，提出构建“智能制造+智能服务”全产业链，重点推动智能装备及机器人、新一代信息技术、节能与新能源汽车、新材料与精细化工、生物医药与健康医疗等十大领域的产业发展。2017 年 1 月，《广州市信息化发展第十三个五年发展规划（2016-2020 年）》强调提高信息技术产业规模和质量，重点包括电子信息制造、软件和信息服务、云技术、互联网等领域。2017 年 10 月，《广州市建设“中国制造 2025”试点示范城市实施方案》提出重点布局 IAB（artificial intelligence biopharmaceutical，新一代信息技术、人工智能、生物医药）三大战略新兴产业，聚焦八大重点领域，并落实到广州各区共 72 个主要产业区块中，推动产业结构向价值链高端演化，打造广州产业发展新引擎。与此同时，NEM（new energy materials，新能源、新材料）计划也受到广州市委和市政府的高度重视，与广州的 IAB 计划并列，共同作为广州市智慧产业的重点发展方向。此外，《关于进一步加快广州市新一代信息技术产业发展研究报告》、《广州市加快 IAB 产业发展五年行动计划（2018-2022 年）》和《广州市人工智能产业发展研究报告》等政策已陆续开展编制工作。在这一阶段中，广州智慧产业的发展方向逐步明晰，IAB 和 NEM 产业成为广州新产业培育的关键。

2. 新的增长点开始浮现

高新技术产业发展加速，但竞争力不足，部分领域有收缩趋势。2012~2016 年，广州高新技术产业增加值占地区生产总值的比重持续上升，由 2012 年的 42.2%增长至 2016 年的 46.1%，制造业的科技含量不断增加。但与深圳相比，广州高新技术产业的发展基础和科技水平都存在明显差距（表 8-5）。2015 年广州规模以上高新企业的总产值为 3 830.4 亿元，仅为深圳的 29.6%，企业总数为 665 家，占深圳的 39.8%，广州高新技术产业的整体实力不高；从科技的投入和产出来看，2015 年广州规模以上高新技术产业的 R&D 经费内部支出为 129.5 亿元，占全省的 12.3%，有效发明专利数仅占全省的 6.8%，反映出广州高新技术企业的科技含量不突出。同时，电子与信息技术、生物技术领域在 2016 年出现下降趋势，规模以上工业企业高新技术产品增加值按年分别下降 21.9%和 22.6%。高新技术产业不仅是智慧产业的重要组成部分，也是广州建设创新型城市和国际科技创新枢纽的关键，广州应加快推进高新技术产业发展。

表 8-5　2015 年广州、深圳规模以上高新技术企业主要指标对比

指标	全省	广州		深圳		广州/深圳
		数量	占全省比例	数量	占全省比例	
企业总数/个	4 564	665	14.6%	1 669	36.6%	39.8%
总产值/亿元	29 933.6	3 830.4	12.8%	12 944.4	43.2%	29.6%
企业办研发机构数/个	3 639	557	15.3%	970	26.7%	57.4%
R&D 人员折合全时当量/万人年	27.9	4.1	14.7%	13.5	48.4%	30.4%
R&D 经费内部支出/亿元	1 054	129.5	12.3%	632.8	60.0%	20.5%
有效发明专利数/万项	14.7	1	6.8%	11.5	78.2%	8.7%
新产品产值/亿元	13 663.5	1 584.7	11.6%	6 764.7	49.5%	23.4%
拥有注册商标数/件	61 868	9 221	14.9%	15 932	25.8%	57.9%

资料来源：《广州蓝皮书广州创新型城市发展报告（2017）》

“两化”融合深度发展，信息化对工业化的带动效应初步显现。2016 年，广州“两化”融合发展指数超过 90，居全国前列。随着“工业 4.0”战略的不断推进，智能制造成为广州推进“两化”融合的关键领域，广汽、海尔和新松机器人等企业都开始了相关项目布局，抢占智能制造高点。《广州市建设“中国制造2025”试点示范城市实施方案》把智能装备及机器人产业作为广州智能制造发展的重点，打造智能装备及机器人产业集群，同时加快构建以高世代面板和新型显示为核心的新一代显示技术研发体系和产业链，打造“世界显示之都”。“两化”融合逐渐成为推动智慧产业发展的重要力量。

以 IAB 为代表的科技项目和企业的不断涌现，助力广州智慧产业加速发展。起源于美国硅谷的“德勤高科技、高成长 50 强”企业评选活动公布了 2017 年中国企业榜单，粤港澳大湾区中广州共 21 家企业上榜（表 8-6），位居全国城市之首。在 IAB 计划引领下，广州的创新能力和相关产业集聚效应逐渐增强。2016 年，中国最佳创新公司五十强（由美国商业杂志《快公司》评选）中，广州共有 9 家企业入选，居全国第三。2017 年，广州先进制造业增加值占制造业比重达 64%左右[175]，具备产业升级和创新发展的基础，IAB 产值预计达 5 200 亿元[176]，集聚效应进一步显现。思科智慧城、亚信数据全球总部、广汽智联新能源汽车产业园和中国电科华南电子信息产业园等多个世界 500 强企业项目落户广州，以及亿航智能、安达基因、极飞科技和巨杉数据等一批创新型企业的成长，未来都将成为广州建设 IAB 和 NEM 产业集聚区和智慧产业发展的重要支撑。

表 8-6　2017 年广州主要科技企业投资项目统计

企业	进驻时间	项目	地点	投资额	主要领域
富士康	2017.03	10.5 代显示屏全生态产业园项目	增城	610 亿元	电子信息
亚信	2017.03	亚信数据全球总部、亚信华南总部、人工智能高级研究院	南沙	30 亿元	新一代信息技术、人工智能
微软、香江	2017.03	微软广州云暨移动应用孵化平台	南沙		人工智能
百济神州	2017.03	生物制药	黄埔	22 亿元	生物医药与健康
思科	2017.04	思科智慧城，美国以外最大的物联网研发平台和智能制造平台	番禺	450 亿元	新一代信息技术、智能制造
广汽	2017.04	广汽智联新能源汽车产业园	番禺	450 亿元	新能源汽车、智能制造
科大讯飞	2017.05	人工智能与城市大数据研发和运营中心	南沙		人工智能
GE	2017.06	亚洲首个 GE 生物科技园	黄埔	8 亿美元	生物医药与健康
滴滴出行	2017.09	华南运营中心	黄埔		新一代信息技术
宝洁	2017.09	中国数字创新中心	黄埔	1 亿美元	新一代信息技术
华为	2017.09	云技术创新展示中心（正在筹划云技术数据中心、云产业运营中心和云产业发展平台）	白云		新一代信息技术、人工智能

续表

企业	进驻时间	项目	地点	投资额	主要领域
航天云网科技	2017.10	工业大数据应用技术国家工程实验室、国家工业互联网平台	黄埔		新一代信息技术、人工智能
海尔	2017.11	海尔华南区域总部、海尔金控华南总部、COSMOPlat产业示范中心、智能制造及智慧物流中心、双创中心以及海尔云谷	南沙	首期200亿元	智能制造
中电数据	2017.11	国家健康医疗大数据中心与产业园试点	南沙		新一代信息技术生物医药与健康
LG	2017.12	8.5代OLED项目	黄埔	305亿元	电子信息
中国电科	2017.12	华南电子信息产业园（广州产业总部）	花都	100亿元	新一代信息技术
正威集团	2017.12	华南产业总部	南沙		智能制造、医疗
新松机器人	2017.12	南方总部	黄埔		智能制造
赛默飞	2017.12	精准医疗客户体验中心	生物岛		生物医药与健康
百度风投	2017.12	AI创业生态链	黄埔	20亿元	人工智能
阿里云	2017.12	工业互联网全国总部	黄埔		人工智能

资料来源：根据广州工业和信息化委员会网站的公开信息整理

知识密集型服务业的发展亮点突出，仍存在一定提升空间。广州服务业整体有序升级，2017年，第三产业贡献率预计达68%，其中现代服务业比重为65%，比上年上涨1.5%。生产性服务业开始成为广州经济增长的重要引擎，其中金融业发展迅猛，2017年金融业增加值预计翻一番，同时在“全球金融中心指数”报告（英国智库 Z/Yen 集团）中，广州评级由“国际性竞争者”上调为“国际专业型金融中心”，排名上升到第32位，仍落后于上海（第6位）、北京（第10位）和深圳（第20位）；跨境电商领先全国、电子商务发育良好，2017年广州跨境电商进出口总值超过210亿元，增长33.5%，在阿里研究院发布的2016年中国“电商百佳城市”排名中，广州位列第三，仅次于杭州和深圳；工业设计、文化创意、融资租赁等新业态发展迅速。知识密集型服务业是智慧产业的重要代表，但数据显示，2015年广州知识密集型服务业增加值占生产总值比重为27.42%，与北京（49.49%）、上海（34.20%）和深圳（28.32%）存在差距[165]，因此，需加快提升广州知识密集型服务业的实力，深化智慧产业发展。

3. 新经济空间格局初步成型

一直以来，高新区是广州智慧产业的重要载体。广州高新技术开发区是1991年首批国家级高新区，由广州科学城、天河科技园、黄花岗科技园、民营科技园和南沙资讯园构成“一城四区”和生物岛的发展格局。其中，广州科学城是核心园区，规划总面积达37.34平方千米，是广州高新技术产业发展的核心基地，科技企业和科研机构分别达3 000家和500家以上，2016年总产值达2 428.57

亿元，形成了新一代信息技术和平板显示两大产业集群，新材料、生物与健康等产业初具规模，并认定为国家区域双创示范基地；天河科技园是国家级软件产业基地，拥有 1 800 多家软件和信息服务业企业，高新技术企业达 600 家以上，逐步形成以新一代信息技术为核心，大数据和生物医药协同发展的产业体系；黄花岗科技园是国家信息服务业示范园，重点发展现代信息服务业；民营科技园为首批国家小型微型企业创新创业示范基地，目前园区共有"四上"企业 133 家，已形成装备制造、居家用品、新材料新能源等产业集群，并以"总部经济聚集区 + 先进制造业基地"为发展定位；南沙资讯园主要进行各种科技专案的研发、创新与孵化，并为培训、教育、会议、讨论等提供理想场所。2008 年，广州国际生物岛成为国家战略的重要载体，成为广州国家生物产业基地的核心区，现有项目 156 个。广州高新区 IAB 和 NEM 产业的培育逐步加快，成为广州智慧产业发展的重要引擎。

进入 2010 年，随着中新知识城、天河智慧城、国际创新城和琶洲互联网创新集聚区等的建设和发展，广州构建了智慧产业发展的新支点。中新知识城位于黄埔区北部，是我国广东和新加坡合作的示范项目与国家唯一的"知识产权改革试验田"，启动于 2010 年，规划面积为 123 平方千米，初步集聚了新一代信息技术、智能装备与新材料、科教服务、生物与健康和文化创意等知识密集型产业。天河智慧城位于天河区东北部，规划面积 63 平方千米，依托天河软件园和天河区高校，重点发展新一代信息技术，加快培育互联网、数字内容创意、大数据、电子商务和生命健康等优势领域。国际创新城，规划面积 73 平方千米，是广州大学城的延伸区和国际科技产业交流基地，加快科技创新与现代服务业深度融合，重点关注互联网、智能制造云产业、生物医药与健康、科技服务、高教研发和创新产业的发展。琶洲互联网创新集聚区吸引了一批互联网企业总部进驻，包括阿里巴巴、复星、唯品会、腾讯和国美等，涉及互联网服务及新媒体、信息技术服务、量子通信、电子商务、新兴金融和人工智能六个领域[177]。同时，南沙新区、空港经济区和增城开发区等进入快速建设阶段，加快构建高质量的现代产业体系，促进创新型产业的集聚、集约发展。

新一轮产业规划陆续启动，黄埔、南沙和番禺成为制造业发展的重点。《广州制造 2025 战略规划》确定了十个重点发展的制造业领域，并对各领域的核心区进行布局，黄埔、南沙和番禺成为规划的焦点；《广州市建设"中国制造 2025"试点示范城市实施方案》在新一轮制造业布局中确定了 72 个广州主要产业区块，并逐一进行产业引导，其中番禺区有 14 个、南沙区和白云区各 11 个、花都区 9 个、黄埔区和增城区各 8 个、荔湾区 6 个、从化区 2 个，而天河区、海珠区和越秀区各 1 个。《广州市信息化发展第十三个五年发展规划（2016-2020 年）》统筹了信息产业布局，以广州开发区、天河软件园为核心，番禺区、南沙区、花都区、增城区和从化区形成多点辐射。

8.1.4 广州创新能力评价

1. 创新竞争力有待提升

广州创新能力持续提升，成果输出更加丰富。2012~2016 年，广州专利申请量和授权量呈明显上升趋势，五年平均增长率分别达15%和10%以上（图8-9）。截至2016年底，全市专利申请量达99 044件，同比增长56.3%，其中发明专利申请量为31 892件，同比增长58.8%，两项增速指标均领先其他副省级以上城市；PCT（patent cooperation treaty，专利合作条约）国际专利申请量达1 642件，年增长率达163.6%；每万人拥有发明专利达22.4件，较2012年增加12.66件，广州科技创新能力不断加强。同时，科技转移体系逐渐成熟，2016年，全市技术合同成交金额达289.58亿元，年增长率达8.86%，占广东省成交总额的36.67%，其中涉及境外的技术合同成交额达126.34亿元，接近全市技术合同成交额的一半，对外技术输出渐成规模。

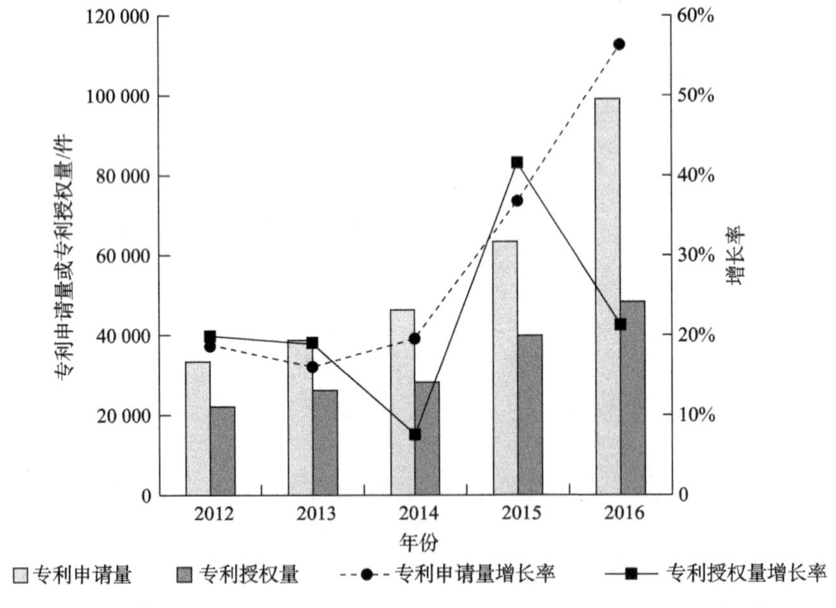

图8-9　2012~2016年广州专利申请量和专利授权量及增长率

资料来源：2013~2017年《广州统计年鉴》

与国内主要城市相比，广州的创新能力有待进一步突破。2016 年，北京、深圳、上海和天津的万人拥有发明专利数量分别是广州的3.43倍、3.58倍、1.57倍和

0.66 倍；四个城市的专利申请总量都在 10 万件以上，发明专利占比都高于 35%，其中北京和上海分别达 55%和 45%以上，而广州专利申请总量不足 10 万件，发明专利占比仅为 32.15%；专利授权方面，北京具有绝对优势，总量达 10 万件以上，广州专利授权总量为 48 313 件，低于深圳（75 043 件）和上海（64 230 件），创新成果输出较弱（表 8-7）。同期，北京、上海、天津和深圳的技术合同成交金额分别为 3 940.80 亿元、822.90 亿元、602.32 亿元和 468.74 亿元，广州仅 289.58 亿元，技术资源配置能力不足。此外，在广东省社会科学院发布的《中国区域孵化能力评价研究报告 2016》中，广州黄埔区和天河区进入前二十强，位列第十名和第十九名，落后于深圳（南山区、福田区和宝安区）、北京（海淀区）、上海（浦东区和徐汇区）、苏州（工业园区）、天津（滨海新区）和杭州（滨江区）等，反映出广州整体区域孵化能力处于中等偏低水平。总体来说，广州创新发展水平一般，创新竞争力的提高显得十分迫切。

表 8-7　2016 年我国主要城市专利申请和授权数量对比　　单位：件

城市	专利申请		专利授权		每万人拥有发明专利
	总量	发明专利	总量	发明专利	
北京	189 129	104 643	100 578	40 602	76.80
上海	119 937	54 339	64 230	20 086	35.20
深圳	145 294	56 336	75 043	17 666	80.10
广州	99 070	31 850	48 313	7 668	22.40
天津	106 514	38 153	39 734	5 185	14.70

资料来源：《2017 广州统计年鉴》、《2016 年上海市知识产权白皮书》、《深圳市 2016 年知识产权发展状况白皮书》、《2017 中国科技统计年鉴》

2. 创新发展条件持续改善

创新人才优势不断加强。广州积极参与国内人才竞争，出台产业人才“1+4”政策、高层次人才支持政策、“红棉计划”和“岭南英杰工程”等，强化创新人才队伍建设。截至 2016 年底，广州共发放人才绿卡 1 180 张；新入选国家“千人计划”和“万人技术”的专家分别为 46 人和 52 人，占广东省的 47.9%和 74.3%；新入选“广东特支计划”249 人，占广东省的 75.2%，其中“南粤百杰”为 16 人，占广东省的 94.1%[178]。可见，广州是全省人才的重要流入地。目前，广州初步集聚了一批创新人才队伍，其中，38 人获评“国家百千万人才工程”国家级人选；3 849 人获得国家特殊津贴；280 人通过市级高层次人才认定[165]；158.40 万人被评选为专业技术人才等。同期，广州在校大学生（普通高等院校本专科生）数量达 105.73 万人，居全国首位，具备良好的人才基础。

科技创新载体加快集聚。广州落实创新驱动发展战略，制定了《广州国家自主创新示范区空间发展规划（2016-2025 年）》、《关于促进科技企业孵化器发展的实施意见》和《广州市支持众创空间建设发展的若干办法》等政策，推动城市创新系统提升，并取得了一定成效。2016 年，广州市高新技术企业高速增长，年增量为 2 823 家，总量达 4 742 家，是 2015 年总量的 2.5 倍；全年新增重点实验室 10 家，累计达 357 家，其中国家级为 19 家，是省内科研机构和高校最密集的地区；新增科技企业孵化器和众创空间 73 家和 80 家，累计达 192 家和 115 家，增长率达 61%和 229%，孵化器总面积达 840 万平方米；广州科学城成为全国第一批区域双创示范基地，同时，在广东省科技企业孵化器和众创空间运营评价中，广州共有 16 家孵化器和 14 家众创空间被评为优秀，分别占全省优秀总数的 31.4% 和 30.4%，居全省首位。但科技创新建设与国内主要城市仍存在一定差距，2016 年，北京、深圳和上海经认定的高新技术企业数分别是广州的 2.84 倍、1.69 倍和 1.43 倍，企业创新能力有待进一步突破（表 8-8），此外，广州孵化平台数量与其他一线城市相当，但高水平的国家级孵化平台偏少，需重视科技创新质量。

表 8-8　2016 年我国主要城市高新技术企业和科技孵化平台发展情况　单位：家

载体类型 城市	经认定的高新技术企业数	科技企业孵化器		众创空间	
		总量	国家级孵化器	总量	国家级众创空间
北京	13 476	101	49	133	111
上海	6 758	156	43	111	46
天津	3 205	108	37	143	73
深圳	8 037	90	12	123	
广州	4 742	192	21	115	45

资料来源：根据国家科学技术部火炬高技术产业开发中心、广州市科技创新委员会、深圳市科技创新委员会公布数据整理

科研经费投入持续增加，但仍有不足。2012~2016 年，广州 R&D 经费投入持续上升，五年间增加了 194 亿元，R&D 经费投入占 GDP 比重也由 1.94%上升到 2.34%，显示出广州日益重视科技的发展。但从全国来看，广州 R&D 经费投入仅处于中上水平，与其他一线城市存在明显差距（表 8-9）。2016 年，广州市 R&D 投入强度未达到广东省平均水平（2.34%），明显低于北京（5.94%）、深圳（4.32%）、上海（3.80%）和天津（3.00%）等主要城市。R&D 经费投入的不足，成为制约广州创新能力提高的重要因素。

表 8-9　2012~2016 年我国主要城市 R&D 投入强度对比

城市 年度	北京		深圳		上海		天津		广州		省强度	全国强度
	R&D 经费投入/亿元	强度	R&D 经费投入/亿元	强度	R&D 经费投入/亿元	强度	R&D 经费投入/亿元	强度	R&D 经费投入/亿元	强度		
2012	1 031	5.79%	488	3.77%	679	3.37%	360	2.80%	263	1.94%	2.17%	1.98%
2013	1 201	6.16%	585	4.00%	777	3.56%	428	2.98%	292	1.90%	2.32%	2.08%
2014	1 286	6.03%	640	4.00%	862	3.66%	465	2.96%	334	2.00%	2.37%	2.05%
2015	1 368	5.95%	732	4.16%	925	3.70%	510	3.08%	380	2.10%	2.47%	2.07%
2016	1 450	5.94%	843	4.32%	1030	3.80%	537	3.00%	457	2.34%	2.56%	2.11%

资料来源：各市 2012~2016 年《国民经济和社会发展统计公报》、2012~2016 年《全国科技经费投入统计公报》

3. 创新发展格局逐渐成熟

广州东部地区和中心城区是广州创新要素集聚区。2017 年，《广深科技创新走廊规划》利用大数据分析手段，对广州、深圳和东莞三市的综合创新能力和潜力进行评估，研究发现：三个城市的创新要素呈现沿广深复合型交通通道（高速和铁路）分布的特征，初步形成与美国波士顿 128 公路相似的科技创新走廊，并规划构建“一廊十核多节点”的空间格局[179]。广州创新空间集中分布在广州东部和中心城区，并呈现连续的带状分布特征；南北部的创新发展水平不均衡，南部地区整体创新能力优于北部，但北部有少量创新集聚点分布。

以四大核心创新平台引领广州创新发展。广深科技创新走廊规划打造十个核心创新平台，其中四个位于广州：广州大学城——国际创新城是省内高校密集区，并有思科国际创新中心总部在此落户；广州中新知识城是广东与新加坡共建的知识经济集聚区，已有 GE 国际生物园和百济神州等进驻；广州科学城是广州高新技术企业高度集聚区，集聚了达安基因、亿航智能、极飞科技等企业；广州琶洲互联网创新集聚区是互联网产业高地，拥有微信、阿里和唯品会等。四个核心创新平台各具特点，并在各自的领域上推动城市创新，成为广州建设国际创新枢纽的重要抓手。

统筹十三个创新节点，构建多点支撑的创新发展格局。其中包括五个创新服务类节点：空港经济区、增城经济技术开发区核心区、黄埔临港经济区、白鹅潭现代服务业集聚区和广州南站商务区；五个研发类创新节点：国际生物岛园区、天河智慧城、中大国际创新谷和南中轴创新带园区、国际健康城和天河 · 公园智谷片区；三个创新制造类节点集中在广州东部地区：增城 · 太平洋夏埔片区、增城 · 珠江国际智能科技产业园片区和黄埔 · 云埔片区。在核心创新平台的引领下，广州各类创新节点形成了差异化的分工格局，以优势互补的协作模式，提升广州科技创新水平。另外，广州要积极发挥广深科技创新走廊在交通和政策方面的优势，与东莞和深圳构建更加紧密的科技创新合作和产业协作关系，共同推动粤港澳大湾区创新经济的发展。

《广州市国土空间总体规划（2018-2035 年）》草案明确提出“增强国际科技创新功能与网络”的战略目标，重点提出以下两点要求：一是建设穗深港、穗珠澳科技创新走廊，重点打造“三城一区多节点”的创新空间格局（图 8-10）；二是携手港澳，共建国家级科学装置，谋划共建一流高校，聚集全球创新资源。可以看到，广州致力于构建和融入区域创新网络，形成等级有序、相互协同的“城市智力中枢”。2019 年 5 月，广州与中国科学院签署合作协议，南沙科学城的规划构想正式提出，并写入了新的空间规划草案。协议提出整合中国科学院在广州的研究资源，聚焦信息、生命和海洋等重点前沿科学领域，并将南沙科学城打造为综合性国家科学中心的重要组成部分，促进创新要素的集聚，最终建设成为湾区创新研究和创新应用的高地。

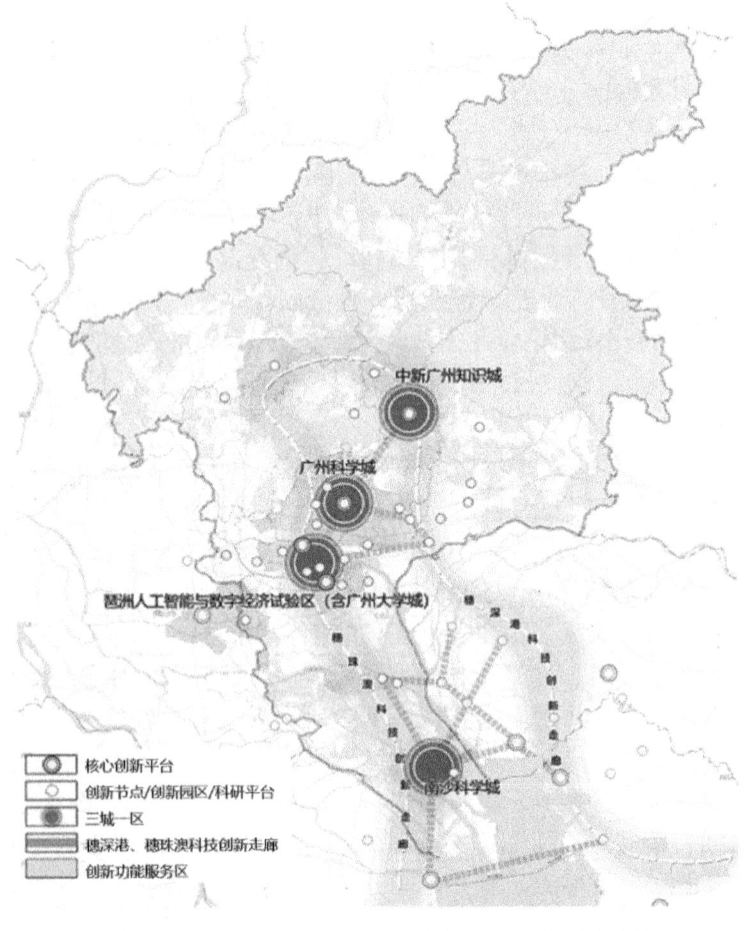

图 8-10　国际科技创新中心（广州）空间布局示意图

资料来源：《广州市国土空间总体规划（2018-2035 年）》草案

8.2　智慧广州的产业空间战略展望

随着新一轮科技革命和产业革命的兴起，“国家创新中心城市”、“广州制造 2025”和“智慧广州”等发展目标，都强调了智慧产业在城市智慧发展和创新驱动中的引领作用。特别是知识与技术在城市经济发展中的主导地位日益突出，逐渐成为激发城市增长活力和区域竞争力的关键力量，促使许多发达国家与地区把智慧产业置于核心战略位置。然而，广州在上一阶段的产业竞争中略显疲态，经济发展的主动性和战略性下降，主要体现在产业结构转型升级缓慢、区域产业协作深度不足和创新能力不突出等方面。智慧广州产业空间，将落实“创新驱动、质量优先、协同发展、绿色低碳”的发展理念，并以智慧产业体系为支撑、以区域协作为手段、以城市创新为动力，打造新老业态相互促进、区域资源高效配置的创新型产业发展格局。

8.2.1　构筑智慧产业体系

（1）聚焦 IAB 和 NEM 计划，引领广州战略新兴产业发展。加快推进 IAB 和 NEM 产业的跨越式发展，集中打造影响全球、领先全国的六大千亿产业集群，重点包括加强政策优惠力度，吸引平台型企业和高精尖项目入驻广州；支持产学研协同创新，助推产业链上下游协同发展；完善科研、孵化和数据云等服务平台的建设；等等。同时，关注新能源汽车、大数据、可穿戴设备和增材制造（3D 打印）等前沿产业的提升，丰富广州智慧产业的内涵。战略新兴产业应深度融入城市布局，引导各类产业有序、有重点地集聚，并通过协调科研、生态、生产和生活空间，完善城市服务配套，形成“产城一体”的发展模式。

（2）培育以创新、体验、时尚和品质为导向的新经济。根植广州历史文化特色，塑造国际一流的文商环境，依托大数据、互联网、移动支付和虚拟现实等现代信息技术，重点关注文化与时尚创意、创客空间、科技金融、新媒体和情境消费等新业态和新商业模式的培育，积极探索创意经济、体验经济、共享经济和互联网经济等新经济形态的发展模式，着力推动广州老城复兴和激发城市的多元经济活力。

（3）加快发展服务型制造和生产性服务业。积极引导制造企业向价值链两端延伸，推动“生产型制造”向“服务型制造”转变，鼓励企业创建智能服务平台，提供定制化生产、系统解决方案、异地协同研制、供应链管理和产品全生命周期管理等高端制造服务，形成产业竞争新优势。加快智慧金融和智慧物流体系构建，强化跨境贸易、电子商务、检验检测和信息技术服务等公共服务平台的建设，打造全国生产性服务高地。

（4）深化传统产业与互联网融合，疏解产能落后产业。推广都市农业信息化建设，加快农产品电子商务发展，以农业云平台建设为核心，促进农业管理与服务的智慧化。提高信息化与工业化融合深度，推进智慧工厂和物联网建设，重点推进电子信息产品、先进装备制造和都市消费工业等领域的智能化改造，加速迈进“广州智造”时代。以信息化建设促进传统服务业提升，积极探索“互联网+生活服务”和“线上线下一体化”的商贸会展等新服务模式。同时，及时淘汰落后产能和高污染企业，逐步形成知识与技术密集、功能结构合理和兼顾经济环境效益的智慧产业体系。

8.2.2 推动湾区智慧产业协作

（1）推动湾区产业云平台和智慧产业运行系统建设。充分发挥广州的纽带作用，促进湾区产业协作，通过推动湾区产业云建设，实现区域上下游产业关系和各类生产要素供需关系的快速甄别与主动匹配，加快区域产业链的整合、产业集群的形成和配套服务的完善，深化粤港澳的分工与协作关系。同时，通过推动智慧产业运行系统建设，深度挖掘企业运营、市场运行和商品流通等信息，优化产业的服务与管理水平，指引区域产业的改造与升级。

（2）共建共享科研信息发布平台。广州应积极引领区域科研信息发布平台的共同建设，重点包括实现粤港澳科技企业和科研院校的信息共享，发挥港澳地区产学研接轨国际的优势，引进高端科研资源，以及整合珠三角地区研发制造和科技成果产业化的经验；完善科技成果交易与转让的网络应用，促进科研资源的高效流动与转化；推动各地基础性、战略性和前沿性科技研发与高层次人才培养等多领域的科研合作，着力构建粤港澳科研圈。通过促进区域共赢，实现广州自身科技与产业的发展。

（3）构建粤港澳跨境物联网与物流服务平台。把握南沙建设粤港澳三大合作平台的契机，深化湾区航运服务集聚区和门户枢纽的发展，依托智慧技术手段，开展物联网标识解析和产品认证服务，完善进出口产品全过程跟踪服务和实现粤港澳货物运输的实时调度，突破行政壁垒，提高物流供应链管理水平。

8.2.3 打造创新发展高地

（1）培育多元创新主体，提高自主创新能力。加强科技型企业的科创主体位置，重点为中小微企业创新提供技术、信息和资金等方面的支持，促进企业研发体系的形成；创设一批投资主体多元化、运营模式市场化和管理机制现代化等新型研发机构，推进传统科研院所转型，直接面向产业需求，激发创新活力；加快培育创新人才，通过完善人才激励机制和提升人才服务质量，实现“智汇广州”的发展目标。

（2）营造良好的创新创业环境，促进创新网络化。持续推进国家创新中心城市和科技创新枢纽的建设，增加科研经费投入，加速建设创新载体，健全科技创新体制和相关政策体系。加快整合线上线下创新资源和开放平台，发挥广州产业园区和孵化器优势，以科创大数据云平台服务建设为核心，实现科创信息的无缝对接和城市创新空间的互联互通。同时，关注研发服务、成果筛选与孵化和技术推广等平台的建设，完善创新链条，共同促进单一创新链向错综复杂的城市创新网络的进化。

（3）借鉴“硅巷模式”，建设无边界的城市科技园区。重视广州中心城区优势，加快完善信息化基础设施和其他配套设施建设，为科创企业入驻提供条件。鼓励通过更新改造和功能置换等模式，建立多功能创新综合体或创新楼宇，促进各类轻资产、高科技的创新活动嵌入城市中，充分调动和释放城市创新活力。提高空间混合度及设施共享水平，引导创新共享建筑建设，形成共享社区。

第9章　广州建设智慧城市的支撑体系

本章从广州信息化历程、信息基础设施建设和新技术应用情况方面对广州智慧城市技术的发展现状进行分析，并提出智慧广州支撑体系的发展策略，包括统筹信息基础设施建设、促进智慧流动优先和创造良好的新技术发展环境。

9.1　广州智慧城市支撑体系的发展现状

9.1.1　广州信息化建设的三个阶段

智慧广州的支撑体系建设与城市信息化发展的历程大致同步，起步于20世纪80年代，主要经历了三个阶段，包括启动发展期、“数字广州”建设期和“智慧广州”发展期，在各个发展阶段，呈现不同的发展重点（表9-1）。

表 9-1　广州信息化发展阶段总结

阶段划分	启动发展期	“数字广州”建设期	“智慧广州”发展期
时间	20世纪80~90年代	2000~2010年	2010年至今
发展目标	信息化水平全国领先	数字广州 国际信息港	智慧广州 枢纽型国际信息港
主要内容	信息化基础设施建设 规划和经济等领域信息化 信息技术产业化 ……	优化信息化基础设施体系 信息化与工业化融合 构建“亚太信息引擎” 全面推广信息技术应用 ……	基础设施智能化 信息化与工业化融合 建设无线城市 推进智慧广州新应用 布局云计算和物联网产业 ……

资料来源：根据《信息时代的广州城市空间结构演进研究》重新整理

启动发展期涵盖20世纪80~90年代，也是广州信息化发展的基础建设时期，信息化速度不断加快，但质量不足。在 1985~1990 年，广州信息化发展指数以年均 17.2%速度递增，并于 1987 年和 1989 年，分别开启了城市规划信息化和经济信息系统建设。1990~1995 年，信息化发展指数年均增长速度达 29.5%，1996 年，成立广州信息化工作领导小组，推进信息产业发展。

"数字广州"建设期主要指 2000~2010 年，以数字城市为建设目标，是信息化建设的巩固阶段。2000 年，广州被列为国家首批信息化试点城市；2002 年，信息化被列入广州城市发展战略，提出数字城市和国际信息港的建设发展愿景，初步形成以信息化引领工业化、促进城市化和提高现代化的发展思路；2005 年，广州信息化发展指数已达 83.9%，信息化水平处于全国前列。随后，广州重视信息化对社会经济转型的基础性作用，着力提升信息产业竞争力。至 2010 年，《广州市"十二五"信息化发展规划（2011-2015 年）》显示：广州信息化发展指数达 92.7%，处于世界中高发展水平，宽带和信息高速的基础设施基本建成，国内外信息枢纽的地位初步显现。

"智慧广州"发展期主要指 2010 年至今，以智慧城市为发展目标，进入城市信息化和智慧化的深入提升阶段。以云计算和物联网为代表的新一代信息技术为广州信息化的升级提供了契机。2010 年，广州市明确了"智慧广州"的发展目标，并相继提出建设"无线城市"、"天云技术"和《广州市委 市人民政府关于建设智慧广州的实施意见》等政策，引导广州由信息城市、数字城市迈向智慧城市。《广州市信息化发展第十三个五年发展规划（2016-2020 年）》提出建设国家新型智慧城市先行区的战略定位，重视城市精细化管理、"产城融合"和公共服务层面的智慧化发展。智慧城市试点示范工作逐步推进，其中，广州获评中国智慧城市发展应用评估创新奖和信息惠民国家试点城市；天河区作为"智慧广州先行区"，在智慧产业、智慧社区和智慧家居等领域做出先行探索，"以产建城、以城兴产"的模式形成了智慧城建设的蓝本；番禺区和黄埔区列入住房和城乡建设部首批九十个国家智慧城市试点；南沙区成为工业和信息化部中欧绿色智慧城市合作试点。可见，广州信息化已基本实现全覆盖，目前重点推进城市智能化与无线化建设，不断完善智慧城市的支撑体系。

广州的信息化和智慧化的发展仍面临许多挑战。一是与欧美等发达国家相比，广州信息化发展的深度和广度明显不足，信息化创新应用与服务能力也和北上深等城市有不少差距，未来的竞争将日益激烈；二是广州正处于产业转型阶段，广州的信息或智慧产业在上一轮的产业竞争中并不突出，表现为新业态集聚程度不高，未成为广州产业体系中的主导力量，迫切需要深化现代信息技术在产业中的应用；三是城市治理的压力加大，社会服务的供需关系失衡、治理成本的提高和公共管理的滞后等，成为下一阶段广州社会发展首先需要解决的问题，而以信息化创新社会服务与管理，将成为重要的解决思路。可见，智慧广州的支撑体系建设任务仍相当艰巨。

9.1.2 信息基础设施建设稳步推进

1. 信息基础设施建设水平居于全国前列

信息基础设施是智慧城市建设的物质基础，与信息资源的获取和现代信息技术的应用直接相关。目前，广州信息基础设施建设初具规模，2016 年，获评第五届“中国城市信息化五十强”第二名，仅次于上海；在腾讯发布的中国“互联网+”十大城市榜单，位列第三，“互联网+”指数（由基础设施、产业、创业创新和智慧城市四个板块构成）为 5.980，紧跟北京（10.191）和深圳（6.809）之后；积极贯彻工业化与信息化融合发展策略，全市两化融合发展指数上升至 90.77。

网络基础设施建设达国内领先水平。2015 年底，广州固定宽带普及率达 70.4%，光纤入户率超过 62.3%（2016 年达 80%），互联网国际出口带宽超 2 000G，占全国比重的 58%，成为内地最大的互联网出口和“宽带中国”示范市。在移动通信网络建设方面，多项指标居国内首位，“无线城市”逐步建立，2015 年，投入使用的 4G 基站达 6.7 万座，年增长率为 45.7%，城区 4G 网络覆盖率约 97%；4G 用户达 915.8 万个，较上年增长 2.32 倍；全市建成 WLAN 和 AP 热点数分别为 1.5 万个和 11.5 万个。接下来，规划加快布局下一代互联网，充分发挥物联网和云计算等新一代信息技术对信息化的驱动作用，积极探索 5G 网络的研发，以及深入省内三网融合建设。

公共信息平台建设速度持续加快，在公共信息的存储、分析和应用等方面均有一定突破。首先，城市多领域数据库逐步建立，促进城市信息高效整合，包括城市基础地理信息库、城市管理网络数据库和地理信息资源数据库等。数据分析与处理能力明显增强，以“天河二号”为核心的国家超级计算机广州中心共为 600 余个用户和上百个国家级课题提供服务，还有广州云谷南沙数据中心、广州电信沙溪云计算数据中心和广州亚太信息引擎数据中心等相继投入使用。在应用层面，广州公共信息应用服务平台的发展位于全国前列，2015 年，广州率先建立多部门数据联网核查，电子政务指数位列全国主要城市第三位，仅次于北京和上海；广州无线城市 APP 平台，为市民提供交通和医疗等多领域信息服务；还有广州物流公共信息平台、科技创新资源共享服务平台，以及涵盖管理、执法、监督和公共参与功能的城市综合管理平台等。目前，公共信息平台在产业发展、创业创新和医疗教育等多领域的建设不断加快，推动城市智慧水平的提升。

2. 基础设施信息化深度有待提高

广州交通信息化系统基本覆盖全市公交、出租、公路客货运、危险品运输和停车场运营等主要交通运输和管理层面，在此基础上，成立广州市交通信息指挥中心，构建了具备指挥调度、信号控制和信息发布等功能的智能交通平台；还以大数据为导向，借助交通信息服务平台（与高德地图合作）挖掘海量交通信息，对市内交通事故黑点和异常拥堵点等进行排查等。智能港区方面，港航基础业务支撑平台和港航综合信息管理平台推动港区业务信息化，在互联网上实现信息发布、业务申报、作业监督和舱单处理等综合功能；集装箱智能视频理货系统在广州港推广，完成了集装箱的智能识别和自动理货；此外，部分试点港区正启动物联网全覆盖，提高货物集散的运作效率。智能空港方面，白云机场的信息化和智能化走在国内前列，运行监测系统和机场协同决策系统（airport-collaborative decision-making，A-CDM）等项目，实现机场的动态监测、运行趋势预测、延误调控和数据整合等，机场物流系统也依托南方现代物流公共信息平台，基本完成智能化运作，提高空港流通效率。

信息化加快渗透社会服务类基础设施。城市智能化监测管理日益广泛，如依托物联网和无线射频等技术，实时监控井盖和环卫车辆等设施，以及汽车尾气和水质等环境指标，提高城市管理能力与效率；智慧教育方面，以"数字教育城云平台"为载体，初步搭建起广州教育的信息化发展框架，提供学习培训、教学研究、交流活动及资源管理等服务，并落实中小学智慧校园示范项目。广州着力创新移动医疗，打造诊疗全过程信息化服务，主要有"电子病历"统筹，网上预约、结算和医疗信息查询，以及医疗资源调配等。其中，市妇幼儿中心还表示：一些患者未来甚至可以在家中就诊，药物快递到家，提高医院服务效率。智慧社区建设逐渐深入与普及，家居远程操控以及社区智能安防、垃圾分类回收、"社区 O2O"（online to offline，线上到线下）和其他智慧服务，开始成为居住区一般配置；社区云将业主和物管无缝对接，提高社区管理质量；越秀区已基本完成社区居民电子信息档案的建设。广州社保的信息化建设有效整合了社会保险信息，并进行统一管理和广佛互联互通等。可以说，信息化不同程度地渗透到各类社会服务领域，变革了社会服务的供给方式，使人们的日常生活更加便捷舒适。

水网、电网和供气等公用基础设施初步实现信息化。广州智慧水务基础设施的信息化进程良好，设立以用户用水和管网设施为核心的数据库，增强营抄、管网定位和客服等功能，初步实现了"数字供水"目标，同时，智能水网感知系统开始覆盖中心区。智能电网的推广和试验步伐加快，广州推进"四网融合"和智能电表的全覆盖；黄埔区完成首个配电房智能化改造，有效地替代人工巡检；广州供电局有限公司电力试验研究院正尝试利用屋顶太阳能发电，电能供建筑使用或送进电网；为探究无线配电网络在超高密度地区运行的可行性，国内首个试点落户越秀区；此外，成立智能电网示范区，以稳定全市电网供应。智能安全供气工程快速推进，建立监控调度和应急系统，确保燃气供应与安全，还引入供气物联网智能燃气表，避免人工抄表的烦琐。这些公用基础设施，广泛应用于城市生活和生产的多个方面，其信息化程度的逐步加深，是智慧城市发展的重要基础。

在新一代信息技术推动下，广州基础设施的信息化水平有了显著突破，但还存在一定的提升空间。以城市交通应急调度为例，2014 年 9 月 10 日，广州北环高速公路因桥墩出现突发险情而对部分车道实行了全封闭抢修。虽然交管部门早已获取抢修计划和提供了绕行方案，但由于媒体发布具有滞后性，最终还是造成了后续来车的严重拥堵。从百度搜索“广州交通”的指数来看（图 9-1），用户在节假日等时段才会主动关注实时路况，对交通应急调度的信息获取不及时，还需交通部门进一步优化信息发布的机制与渠道。除此以外，广州信息化发展还存在数据开放利用水平偏低、信息化与工业化融合的深度和广度有待提高、区域发展不平衡和信息安全保障能力不足等问题，这些都需要在信息基础设施的建设中予以高度重视。

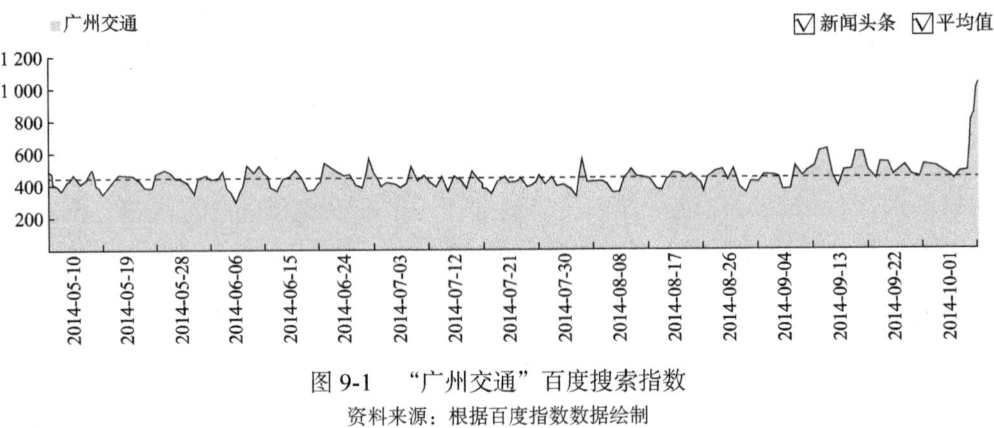

图 9-1 “广州交通”百度搜索指数

资料来源：根据百度指数数据绘制

9.1.3 新技术的应用亮点纷呈

广州积极把握科技发展趋势，在多个领域中探索新技术的应用，积累了不少实践经验，未来有望大规模地在城市中推广，助力智慧广州的建设。通过梳理 2017 年以来广州新技术的应用实践可以发现，新技术的应用焦点集中在无人驾驶、无人机监测与运输，以及智能工厂三个领域，在一定程度上代表了智慧广州未来的发展方向。另外，随着思科、亚信和阿里巴巴等巨头企业的进驻，一批人工智能、云计算、新能源汽车、生物医药和智能制造项目也陆续进入了建设阶段，加快了新技术的产业化进程，革新了城市的发展方式。可以说，新技术是打造智慧广州的关键力量。2017 年至今广州新技术应用实践见表 9-2。

表 9-2　2017 年至今广州新技术应用实践

应用	主要内容
人工智能	2017 年 3 月，白云机场推出服务型机器人，为旅客提供咨询和值机引导，并与驭势科技合作引进无人摆渡车 2017 年 7 月，人工智能“眼科医生”在基础社区服务 2017 年 9 月，人工智能发展大会展出一款可自主导航与避障且能动态更新路线规划的无人车，还有智能钢琴及其智能学习系统 2018 年 2 月，小马智行无人驾驶车队在南沙特定路线中正式运营
无人机	2017 年 3 月，南沙利用无人机开展检验检疫工作，如收集水尺数据；极飞科技推出首款地理智能测绘无人机与物联智能农田监测站；番禺利用无人机进行建筑废物运输管理 2017 年 11 月，全国机场首个“无人机防御系统”在广州白云机场投入试运行 2018 年 2 月，广州亿航智能的无人机首次载人飞行
智慧药房	2018 年 1 月，康美药业首创智慧药房，可完成药品的审方、调剂、中药煎煮、个性化定制以及物流配送
智慧工厂	2017 年 3 月，“司米橱柜”智能工厂在智能仓储、原料自动分拣和板材智能切割等方面有序运行 2017 年 11 月，智能化中央洗涤工厂投产，对衣物的洗护流程进行实时跟踪，实现洗衣流程的透明化、智能化和可视化 2017 年 12 月，中船文冲船厂完成了国内首次应用便携式焊接机器人代替人工进行智能化焊接工作 2018 年 1 月，广汽丰田成为国内首家采用两吨级搬运机器人的生产车间，可提高生产线灵活性
虚拟现实	2018 年 1 月，广州动物园的 VR 动物园投入运营

资料来源：根据广州工业和信息化委员会网站的公开信息整理

9.2　智慧广州的支撑体系战略展望

加快智慧城市支撑体系的搭建，重视城市内外的互联互通和新技术的创新应用。智慧城市的发展理念伴随着新一代信息技术的广泛应用而出现，通过实现人与人、人与物、物与物之间跨时空的广泛联系，促进新技术在多领域的应用，支撑城市的优化与创新发展。当前，广州应以落实信息基础设施的建设框架为基本目标，优先推进交通出行系统高效运转，并为新技术的创新应用提供更好的条件，有计划、有重点地推进智慧广州支撑体系的成熟。

9.2.1　统筹信息基础设施建设

广州信息基础设施建设可从智慧大脑、信息化基础设施和传统基础设施信息化三个层次进行全面统筹，实现信息流的高效运转和支撑城市的智慧化管理与服务。

（1）城市智慧大脑统筹，推进城市管理决策智慧化。借鉴杭州成立国家首个大数据资源管理局，对不同政府部门的数据进行统一管理与整合共享，打造可靠的基础数据服务平台，实现各种政务流程的网络办理与服务，并充分调用企业数据库，接入统一数据平台，实现社会与政府的数据共享，对城市管理决策提供支持。还可参考杭州人工智能中枢——杭州城市数据大脑，在智能化城市治理领域进行积极探索，实现城市全局实时分析和自动调配公共资源等（图 9-2）。

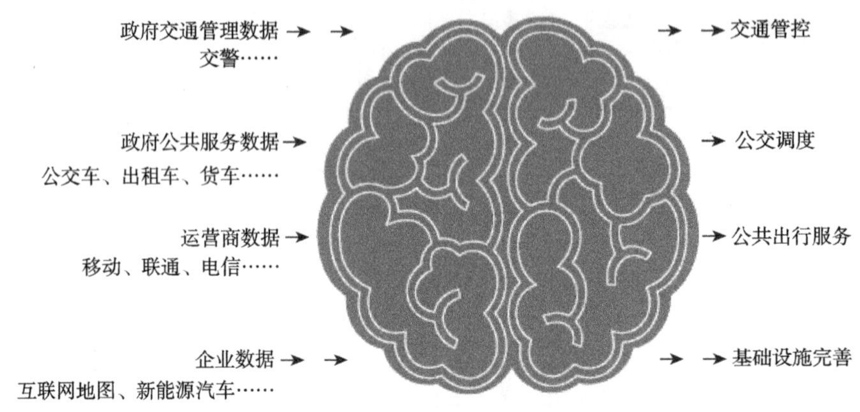

图 9-2　杭州城市数据大脑示意图

资料来源：《中国新型智慧城市·蚂蚁模式白皮书》

（2）完善城市信息网络体系，搭建公共信息平台。加快促进新一代高速光纤网络的扩容升级、4G 网络的深度覆盖、WLAN 的布局优化、三网融合试点城市建设等，积极推进下一代互联网 IPv6（Internet Protocol version 6，互联网协议第 6 版）、5G 网络和超宽带等关键技术研究，构建起以高效、泛在和融合为特征的信息网络体系。同时，加快建立集成信息存储、分析、应用功能的公共信息平台，在交通管理、生产制造、公共安全、医疗卫生、能源管理、教育培训等领域提供智能化服务支撑。

（3）深入推进传统基础设施信息化与智能化。重点完善物联网感知、智能传输、信息处理等核心要素在传统基础设施中的集成应用，并通过与公共信息平台对接，实现基础设施的全面感知、精细管控和协调运作，促进城市运行向信息化、精细化和智能化转变。

9.2.2　促进智慧流动优先

以交通网络的智慧升级为先导，强化广州的区域枢纽性地位。随着周边城市相继崛起，广州在全省的枢纽地位略有下降，同时，中心城区交通拥堵、综合联运能力不足、与周边城市衔接不畅等问题也有待解决。通过智慧的技术手段，构建高效智慧的交通体系，是广州提升资源配置能力的重要手段。

（1）夯实交通大数据基础，优化城市交通出行服务。构建城市交通智慧感知平台，对中心城区、主次干道、出入口等主要区域的路面情况进行精细化监控与分析，为交通疏导提供决策支持。完善交通信息动态服务系统，通过手机和诱导屏等多种途径，及时发布实时路况、公共交通运行和停车信息等，引导和方便市民出行，缓解交通压力。

（2）加强与区域交通对接，突破换乘、转运的时空障碍，促进扁平化的人、物流动。推动区域数据共享与交换，以智慧大脑实时掌握各大交通设施、港口、机场的运作，实时灵活调度、转运，避免局部设施资源的过度使用，也可充分利用闲置设施。完善既有的跨市、跨区轨道交通衔接联运体系，以中运量的智慧公交、定制公交，补充轨道交通的服务能力，实现点对点的跨市、跨区的便捷出行。

9.2.3　创造良好的新技术发展环境

随着技术更替周期的不断缩短，新技术对城市的重塑能力日渐增强，通过为新技术提供良好的发展环境和积极应对新技术带来的变化，助力智慧城市发展战略的落实。

（1）鼓励和扶持新技术发展，划定新技术试点区域。建议在南沙区设立新技术城市运营试点，如南沙现有的无人驾驶测试区，为新技术在城市中的正式应用提供支持，提升广州城市的“科技形象”，助力科技创新枢纽的建设。

（2）增强城市管理的弹性，不妨碍新技术和新业态的发展。根植于城市发展和市民日常需要，提高城市管理对新技术和新业态的应变能力，通过加快完善相关制度设计，引导新技术和新业态的有序、高效运作，更好地服务于城市。

第 10 章　迈向智慧城市的中国城市空间发展

城市已是人类经济社会活动最主要的场所。预计 2030 年，地球上将有三分之二的人生活在城市之中。工程科技进步是城市发展的主要动力，推动着城市从无到有、从小到大、从粗劣到完美，一步步向前发展。21 世纪新技术正在塑造 21 世纪的新型城市，为应对新技术给城市带来的剧变，国内外都在开始探索新型城市建设发展的各方面政策措施。与此同时，城市发展更注重生态性，坚守资源保护底线、坚持资源开发的可持续、注重资源配置的效率与公平的三大价值观日益成为各地推动城市发展的普遍原则。

10.1　国内外空间发展战略趋势

10.1.1　跨国区域层面：多领域的智慧协同

欧盟从区域整体角度考虑各国的发展特点，制定面向各成员国的政策指导框架。2017 年欧盟生产总值为 17.27 万亿美元，占世界生产总值的比重为 21.41%[①]，是全球最大的经济政治共同体。它通过协调各成员国的发展政策和部门政策，制定社会、经济和环境三方面的政策指导框架，促使一种更紧密的空间发展关系在成员国间、地区间和城市间形成，各成员国可根据实际情况进行相应的政策选择。其中，在社会层面，欧盟从培养公众信息素养和推进电子政务发展两方面加强社会基础设施的建设；在空间层面，利用信息与通信技术来解决城市的交通和电网问题，解决成员国交通拥堵问题和能源利用率问题；在技术层面，对关键领

① 资料来源：《国际统计年鉴 2017》.

域进行重点支持，攻克技术难关，成立合作企业，推动高技术的发展。

10.1.2　国家层面：融合国家战略协同发展

国家层面的空间发展战略依据地域大小不同而有所差异。国土广阔的国家，由于各地发展差异较大，一般先将国家划定为若干个城市发展区域，制定各个发展区域的空间发展战略，并加强不同区域之间的基础设施建设，促进国家的整体发展；而国土狭小的国家，空间发展重点在于对土地的合理布局和高效利用，建设多中心体系以激发各个地区的发展活力，制定合理的产业结构布局，发挥土地的最大利用效益，并为市民创造高质量的人居环境。

美国制定“美国 2050”空间战略规划是政府为了应对 21 世纪国内人口急剧增长、基础设施需求、经济发展和环境等问题的挑战，制定未来美国国土发展框架而采取的国家行动，以期在交通、经济及可持续发展等方面发挥领导作用。2017 年美国 GDP 为 19.39 万亿美元，占世界 GDP 的比重为 24.03%①。美国计划加大智慧型基础建设，如智慧医疗等，降低美国失业率，并提升长期竞争优势；空间层面，启动联邦智能交通系统，使公众用智能手机就能实时了解交通状况；建设现代化城市电网国家；技术层面，把新一代 IT 技术运用到各行各业，通过互联网形成物联网，推动能源、宽带和医疗的发展。

英国推出“Digital Britain”计划，改善基础设施，推广全民数字应用，提供更好的数字保护，打造世界的“数字之都”。2017 年英国 GDP 为 2.62 万亿美元，占世界 GDP 的比重为 3.25%①。在社会层面，发展应对世界气候变化的各种智能和环境友好型技术方案，推广可再生能源应用；在空间层面，打造泛在网和培养公民的数字素养，使其参与到数字经济和数字社会当中，同时推进智能交通系统的建设；在技术层面，整合世界级水准的学术和研究资源，支持政府和企业合作开发智能项目，如酷比科技开发的虚拟伦敦。

日本制定“智慧日本战略 2015”，聚焦电子政务、医疗健康和人才培育等，2015 年实现对社区的智能管理。2017 年日本 GDP 为 4.87 万亿美元，占世界 GDP 的比重为 6.03%①。开展多种智慧化应用服务于高密度人群和节约资源方面，提高可再生能源利用率；推出智能交通系统，缓解道路拥堵状况；利用电子标签，追踪货物去向，提高物流效率；推广网络技术，开拓支持日本的新产业发展；成立野村综合研究所，为提高智能化运行提供有力帮助。

新加坡空间发展战略以建设“智慧国家”和“花园中的城市”为发展目标。新加坡政府公布的“智慧国家 2025”计划基于“以人为本”的连接、收集和理解

① 资料来源：《国际统计年鉴 2017》.

的三大理念，强调通过数据共享等方式，将新加坡建设成为智慧国家，为公民提供更好的公共服务。2017 年新加坡 GDP 为 0.32 万亿美元，占世界 GDP 的比重为 0.40%①。建设覆盖全岛数据收集、连接和分析的基础设施与操作系统，根据所获数据预测公民需求，提供更好的公共服务；根据交通情况预测塞车路段、利用电眼来观察环境的清洁、使用无人驾驶车辆提供短程载送服务等；鼓励科技企业创新，并打造优越的营商环境与舒适的就业、创业和生活环境。

韩国制定“U-Korea”政策，通过四项基础建设和五大应用开发，把资源数字化、网络化、可视化、智能化。2017 年韩国 GDP 为 1.53 万亿美元，占世界 GDP 的比重约为 1.89%①。社会层面，建设视频监控中心、U-中心和 U-环境系统等，从各个方面给公众提供智能服务；空间层面，推进智能公共交通项目，实施一体化汽车站，实现对 IPTV（internet protocol television，网络电视）、交通信息等多方面服务的融合；技术层面，U-Korea 通过布建智能网络、推广信息技术应用等信息基础环境建设，强化产业优势与国家竞争力。

10.1.3 城市层面：构建宜居宜业生态的综合体系

城市层面的空间发展战略更加注重提升城市管理效率，创造宜居的生活环境，主要包括健全城市的基础设施系统，完善公共服务体系，并积极发展以创新为主导的信息技术产业，以促进城市的经济发展。

北京提出“4+4”总体发展思路，信息与通信技术已经成为继水、电、气、路之后的公共基础设施，把建设世界智慧城市作为发展目标。2017 年北京生产总值为 2.8 万亿元，占全国比重为 3.41%②。北京正处于社会加速转型的新阶段，不同社会群体的价值取向和利益诉求更趋多元；全市交通事业实现了跨越式发展，各项交通基础设施建设进展顺利；软件、光电显示、生物医药等附加值高的产业领域逐渐成为新的增长点。

上海资源丰富、商务环境规范、城市开放度较高以及世博后续效应释放，为上海未来发展提供了坚实基础。2017 年上海生产总值为 3.06 万亿元，占全国比重为 3.73%②。上海教育资源的公平性和均衡性进一步加强，城乡整体医疗服务水平继续提升；轨道交通运营里程超过 440 千米，绿化覆盖率达 38%以上，环境空气质量不断改善；“云海计划”正在全面实施中，让云计算实现自主可控的关键技术正在全力研发。

深圳从科技、人文、生态三方面打造，并以此作为建设国家创新城市的突破

① 资料来源：《国际统计年鉴 2017》.

② 资料来源：国家统计局网站.

口，充分发挥深圳信息化高和沿海城市的特点，建设智慧城市。2017 年深圳生产总值为2.25万亿元，占全国比重为2.74%[①]。深圳社会保障体系日益健全，社会福利、社会救助和优抚安置三大体系基本建立；基本形成“一横八纵”城市高快速公路网，油、电、水、气保障能力显著提升；并在关键产业领域核心技术创新取得突破性进展。

南京到2015年基本建成宽带、泛在、融合、安全的信息化基础设施，实现各领域比较广泛的智慧应用，打造一批智慧产业基地。2017 年南京生产总值为 1.17 万亿元，占全国比重为1.43%[①]。南京的卫生服务体系逐渐完善，全民健身工作迈向长效化，新型农村社会养老保险基本实现全面覆盖；全市推进公交优先的城市交通系统建设和城市环境整治；并实施城市光网工程，对海量信息进行高速传输和高效处理，提高无线网络的覆盖率。

武汉构建基于“中国云”和“智慧城市”基础设施及智能处理的基础平台，推进以数字化、网络化、智能化为特征的智慧武汉建设；2017 年武汉生产总值为1.34万亿元，占全国比重为1.63%[①]。武汉在科技、教育、文化、卫生、体育等方面的社会事业蓬勃发展，公共服务逐步趋向均等化；同时推进全市多种运输方式高效连接，构筑一体化综合交通体系；2016 年武汉的电子信息产业规模达到1 780.2亿元，在中部地区排名第一[①]。

10.2　中国智慧城市的空间发展前瞻

生态文明是城市发展转型的导向，智慧城市是未来城市的发展趋势，也将是我国和平崛起的世界样本。新技术、新经济对城乡空间的影响不断加深，包括空间结构的复杂化、功能的混合化和信息的平台化。展望未来，从梯度的顶层战略选择、特定城市空间构建原则、战略构建的方法论等三方面，对我国智慧城市空间发展战略的制定提出以下建议。

10.2.1　因地制宜形成梯度的顶层战略

智慧城市空间应首要体现城市自身发展诉求，而不局限于与周边区域的职能规模等级关系。因为对地理区域层级的过分关注容易使人目光受限，忽视了本城市与不同地理区位的城市之间的多重联系，从而丧失发展机遇，所以智慧城市空间战略的拟定需要跳出传统规划思维，以动态、发展的眼光看待城市间的相互联

① 资料来源：国家统计局网站.

系和发展潜力。同时，在明确城市空间发展质量和问题的前提下进行，才可以充分体现城市前进方向和发展特色。除此之外，还要结合城市政府、居民、企业以及相关组织团体的诉求，科学把握城市发展规律，综合确定城市空间发展战略，为后期城市规模预测和空间布局奠定良好基调。

对于发达地区的城乡区域，利用新技术、新经济实现生活品质的提升。发达地区已慢慢从工业化过渡到后工业化阶段，知识经济、高端服务、体验经济等高级经济形态相继涌现，并与世界城市网络的联系日益增加；同时，该类地区也面临诸如外来人口众多、交通拥堵、生态空间缩减、社会治理任务繁复等挑战。这些城市处于城镇化发展的中后期，空间结构基本稳定。未来的发展重点是在存量空间中优化各类空间结构，提升空间品质，优化高新技术产业的生存环境，以智慧的“软手段”来调配各类空间资源的供给，最终实现生活品质的再次提升。

对于工业化中期的城乡区域，利用新技术、新经济实现产业的集约高效发展。工业化中期的地区，将面临城市空间的结构性扩张，也正在或将要面临产业发展与生态保护的激烈矛盾。该类地区的主要任务，首先是保障生态空间的发展底线，再根据当地的产业资源禀赋与联系，在集约用地的基础上进行产业选择与空间布局，利用智慧化的基础设施辅助新型产业集群的构建。

对于工业化相对落后的区域，利用新技术实现非工业产业的繁荣与大生态环境的基础保障。该类地区在传统工业化时期，可能因区位劣势而错失了工业化的机会。但在新技术、新经济的背景下，不受工业化影响的地区，将会呈现出生态优势、文化优势、农业优势。利用新技术，进行生态修复、文化传承、农产品销售，提供大城市所缺失的差异化休闲体验，将是该类地区在新时代的发展机会。

10.2.2 智慧城市空间战略的构建原则

城市空间战略为智慧城市提供了空间发展框架，有利于统筹城市内外部条件，做出更好的空间安排。通过分析信息时代下智慧城市空间发展的特征与机制，我们认为智慧高效的城市空间战略构建原则可以从以下四个方面入手。

1. 尊重城市发展规律，遵循可持续发展理念

城市的智慧、可持续发展是通过对城市系统空间结构、社会结构、经济结构及生态结构等各要素功能的调整、重组与优化，使城市在各方面达到协调统一及可持续利用。城市在自身发展的同时不可忽视生态环境对其的作用，智慧城市空间战略的构建需要尊重城市与自然的发展规律，协调城市与生态的关系，遵循可持续发展理念，以人为本地进行战略制定。

2. 明晰城市发展现状，优化社会空间布局

立足当前的城市空间发展特征，解析城市空间发展阶段及存在的问题，对智慧城市的空间战略决策具有基础性作用，既能防止制定过高或过低的发展目标，脱离城市实际和错失发展时机，还有利于挖掘影响城市空间发展的关键力量，辅助空间决策和解决城市空间发展问题。构建智慧城市空间发展战略的核心目的是解决城市发展过程中出现的城市问题，并对城市未来空间发展进行优化布局以及资源配置的智能调控。因此，构建智慧城市空间发展战略应遵守以解决城市问题、优化空间布局、合理调配资源为核心的构建原则。

3. 顺应区域发展趋势，构建合理梯度发展模式

在信息时代，科学技术的进步颠覆了传统城市的发展格局与发展关系，在全球化和区域化的趋势下，需要把城市置于世界城市网络中考虑，明确城市在全球中的分工与地位，避免因孤立发展而被边缘化，关注区域发展的动态与特点，积极参与区域内部的协作，以多个城市的力量激发区域的进步，以区域的整体实力带动个体城市发展。因此，在空间战略选择时，需要保持开放与动态的规划视野，把握城市未来的方向与目标，在世界与区域尺度谋求更好的空间安排，体现城市发展的智慧。同时应当注意，不同发展阶段的城市所选择的战略应有所不同，只有在各类分析与功能定位的基础上，选择与城市相适应的空间发展结构、功能布局和发展方向，形成立足于长远发展、符合自身特点以及高效可行的空间发展模式，脚踏实地而不好高骛远，才能描绘出未来的发展蓝图。

4. 健全空间发展机制，保障各类要素支撑发展

在明确目标和构建城市空间发展模式后，通过组织和统筹城市内外部空间发展因素，建立或健全城市空间发展的动力机制，形成各类发展要素协同运作、相互促进，共同推动城市空间愿景实现的良好发展态势。城市系统的智慧发展关系到城市经济、社会、资源等各个方面的智慧协调发展，智慧城市空间战略构建需要统筹考虑城市各个子系统，有机结合城市各要素，共同支撑智慧城市建设。

10.2.3　战略构建五步骤方法论

传统空间发展战略脱胎于区域分析与区域规划理论，是智慧城市背景下空间发展战略研究的重要理论依据。其中，区域分析从区域发展的自然条件和社会经济背景出发，通过对区域发展的整体评价，明晰区域的发展优势与发展定位。区域规划则以区域分析为基础，是指在一定地域范围内对未来一定时期的

经济社会发展和建设以及土地利用的总体部署[180]。它结合区域发展理论和实践规律，确定区域发展战略并提出全面的区域发展指引，涵盖土地利用与区域管治、产业选择、基础设施、城镇体系及生态环境规划等多个领域。信息时代下，世界瞬息万变、日新月异，当今城市的发展路径与研究方法既与传统空间发展战略理论具有相似性，又呈现出显著的不同。智慧城市的空间发展战略应充分借鉴原有理论与方法，并结合现实情况加以修正与发展，提高理论研究的前瞻性、开放性和实效性。

本书综合资源保护、资源开发、资源配置三大价值观，战略思维、底线思维、协同思维、梯度思维四种思维方式，以及智慧城市、国土空间治理、城市发展战略三个领域的研究思路，推演出“智慧城市的空间发展战略研究”的五步骤方法论。

1. 精准摸查

通过大数据、新数据的平台整合，建立空间现状的精准数据库。通过卫星、无人机、地面无人车等遥感平台采集空间数据，建立精准数据库，囊括不同领域规划数据与新兴数据；通过平台整合，形成统一的规划编制底图，面向资源统筹与精细化管理，为后续规划研究提供基础。

2. 战略引领

基于三大价值观，以适度发展的思维明确空间发展战略目标，借力新技术、新经济，融入区域一体化发展。通过建立资源保护、资源开发、资源配置三大价值观，以及战略思维、底线思维、协同思维、梯度思维四种思维方式，尊重城乡发展规律，借鉴成功经验，明确空间发展目标；通过对新技术的应用与新经济的解读，实现区域协同发展，互惠互补，共谋发展，合理谋划城乡空间发展定位、发展方向与发展重点。

3. 多规合一

以新技术平台为依托，强调“多规合一”的科学方法，形成目标合一、政策法规合一、技术标准合一、成果合一的统一空间政策。通过建立信息联动与协同平台，综合不同规划决策，统一规划编制底图，建立“多规合一”基础；通过明确目标，统筹政策法规与技术标准，运用智慧管理，共同构建一张蓝图。

4. 底线管治

基于生态文明，对保护类空间制定严格管治政策，并利用新技术建立智慧预警机制。通过利用新技术，在空间资源本底调查、上位规划指引的基础上，划定生态、农业等保护类空间的结构底线；通过建立底线思维，明确城市空间与资源开发利用的原则，加强社会治理、城市管理和生态文明建设，改善城市风貌，实现可持续发展；通过构建实时监测管控平台，建立智慧预警机制，确保守住底线。

5. 多元协同

基于 PSS（planning supporting science，规划决策支持科学），协同各级政府、各部门，协调城乡区域的政治、市场、社会等主体，共同治理各种空间要素。通过搭建协同工作平台，构建政府主导、多方协同、多元参与、合作共治的城市治理格局；通过平台统筹不同领域数据，从政治、经济、社会等多维度考虑城市发展需求，实现多元素协同促进城市发展；通过构建规划支持体系集成专业模型、建立计算机支持系统，识别所建立的规划方案或决策的实施效果，分析城市未来发展，提高规划编制的效率以及规划成果的精确性和科学性[181]。

参 考 文 献

[1] 胡锦涛. 高举中国特色社会主义伟大旗帜 为夺取全面建设小康社会新胜利而奋斗——在中国共产党第十七次全国代表大会上的报告[M]. 北京：人民出版社，2007.

[2] 胡锦涛. 坚定不移沿着中国特色社会主义道路前进 为全面建成小康社会而奋斗——在中国共产党第十八次全国代表大会上的报告[M]. 北京：人民出版社，2012.

[3] 习近平. 决胜全面建成小康社会 夺取新时代中国特色社会主义伟大胜利——在中国共产党第十九次全国代表大会上的报告[M]. 北京：人民出版社，2017.

[4] 中共中央 国务院印发《生态文明体制改革总体方案》[EB/OL]. http://www.gov.cn/guowuyuan/2015-09/21/content_2936327.htm，2015-09-21.

[5] 中共中央 国务院关于建立国土空间规划体系并监督实施的若干意见[EB/OL]. http://www.gov.cn/zhengce/2019-05/23/content_5394187.htm，2019-12-07.

[6] Clarke R Y，Yates M C M. Worldwide Smart City 2013 Top 10 Predictions[EB/OL]. http://www.idc-gi.com/getdoc.jsp，2018-05-07.

[7] 工业和信息化部. 工业和信息化部关于电信服务质量的通告（2013 年第 1 号）[EB/OL]. https://www.miit.gov.cn/zwgk/zcwj/wjfb/tg/art/2020/art_86041acf2be34a938222f8e73045a904.html，2013-01-22.

[8] 李德仁，邵振峰，杨小敏. 从数字城市到智慧城市的理论与实践[J]. 地理空间信息，2011，9（6）：1-5，7.

[9] 张浩然，贾梦圆，袁大昌. 城乡规划与智慧城市理论研究评析[J]. 建筑与文化，2016，（7）：106-107.

[10] 昆兹曼 K R. 智慧城市发展中的城市挑战和负面影响[J]. 于睿智，唐燕译. 城市设计，2017，（6）：18-29.

[11] 顾朝林，武廷海，刘宛. 国土空间规划经典[M]. 北京：商务印书馆，2019.

[12] 万膑莲. 我国空间规划体系的内涵、发展与历史演变[C]//中国城市规划学会，沈阳市人民政府. 规划 60 年：成就与挑战——2016 中国城市规划年会论文集（03 城市规划历史与理论）. 沈阳：中国城市规划学会，2016.

[13] 许景权，沈迟，胡天新，等. 构建我国空间规划体系的总体思路和主要任务[J]. 规划师，

2017，33（2）：5-11.

[14] 中共中央印发《深化党和国家机构改革方案》[EB/OL]. http://www.gov.cn/zhengce/2018-03/21/content_5276191.htm#1，2019-05-07.

[15] 习近平出席全国生态环境保护大会并发表重要讲话[EB/OL]. http://www.gov.cn/xinwen/2018-05/19/content_5292116.htm，2019-05-07.

[16] Albrechts L，侯丽. 对空间战略规划的重新审视[J]. 国外城市规划，2003，18（6）：66-70.

[17] 田名川. 城市空间发展战略规划研究刍论[D]. 天津大学硕士学位论文，2009.

[18] 希利 P，王红扬，马璇. 欧洲新空间战略规划对“空间”和“地方”概念的处理[J]. 国际城市规划，2008，（3）：53-65.

[19] Bryson J M，Roering W D. Strategic planning options for the public sector[C]//Perry J L. Handbook of Public Administration. 2nd ed. San Francisco：Jossey-Bass，1996.

[20] Calvaresi C. Provenienze e possibilità della pianifi cazione strategica[Z]. Archivio di Studi Urbani e Regionali，1997.

[21] Healey P. An institutionalist approach to spatial planning[J]. Making Strategic Spatial Plans：Innovation in Europe，1997：21-36.

[22] Albrechts L. Strategic （spatial） planning reexamined[J]. Environment and Planning B：Planning and Design，2004，31（5）：743-758.

[23] Sartorio F. Strategic spatial planning：a history review of approaches，its recent revival，and an overview of the state of the art in Italy[J]. DISP，2005，162（3）：26-40.

[24] 罗震东，王兴平，张京祥. 1980 年代以来我国战略规划研究的总体进展[J]. 城市规划汇刊，2002，（3）：49-53.

[25] 华晨，曹康. 城市空间发展导论[M]. 北京：中国建筑工业出版社，2017.

[26] 广州市规划局，广州市城市规划编制研究中心，广州市总体发展概念规划工作组. 在快速发展中寻求均衡的城市结构——广州城市总体发展概念规划深化方案简析[J]. 城市规划，2001，（3）：33-37.

[27] 陈可石，杨瑞，钱云. 国内外比较视角下的我国城市中长期发展战略规划探索——以深圳 2030、香港 2030、纽约 2030、悉尼 2030 为例[J]. 城市发展研究，2013，（11）：32-40.

[28] 吕传廷，吴超，黄鼎曦. 从概念规划走向结构规划——广州战略规划的回顾与创新[J]. 城市规划，2010，（3）：17-24.

[29] 王旭，罗震东. 转型重构语境中的中国城市发展战略规划的演进[J]. 规划师，2011，（7）：84-88.

[30] 王伟，赵景华. 新世纪全球大城市发展战略关注重点与转型启示——基于 15 个城市发展战略文本梳理评析[J]. 城市发展研究，2013，（1）：1-8.

[31] 吕传廷，吴超，严明昆. 探索以实施为导向、以公共政策为引导手段的战略规划——以

《广州 2020：城市总体发展战略规划》为例[J]. 城市规划学刊，2010，（4）：5-14.
[32] 王磊，马赤宇，胡继元. 战略规划的认识与思考——基于不同发展形势下的战略规划取向[J]. 城市发展研究，2011，（6）：7-12.
[33] 张兵. 关于“概念规划”方法的初步研究——以“广州城市总体发展概念规划”实践为例[J]. 城市规划，2001，（3）：53-57.
[34] 赵燕菁. 探索新的范型：概念规划的理论与方法[J]. 城市规划，2001，（3）：38-52.
[35] 王蒙徽，段险峰，田莉，等. 广州城市总体发展概念规划的探索与实践[J]. 城市规划，2001，（3）：5-11.
[36] 吴未，曹荣林. 我看“概念规划”[J]. 城市规划，2001，（8）：72-76.
[37] 吴志强，于泓，姜楠. 论城市发展战略规划研究的整体方法——沈阳实例中的理性思维的导入[J]. 城市规划，2003，（1）：38-42，99.
[38] 邹德慈. 审时度势，统筹全局，图谋致远，开拓进取——谈战略规划的若干问题[J]. 城市规划，2003，（1）：17-18.
[39] 李晓江，杨保军. 战略规划[J]. 城市规划，2007，（1）：44-56.
[40] 朱力，潘哲，徐会夫，等. 从“一主、一副”到“双城、双港”——《天津市空间发展战略研究》的空间解答[J]. 城市规划，2009，（4）：36-40.
[41] 吴良镛，吴维佳. “北京 2049”空间发展战略研究[M]. 北京：清华大学出版社，2012.
[42] 林丹，罗彦. 从远景到愿景：空间战略规划的复兴与编制内容方法分析[J]. 国际城市规划，2015，（5）：31-40.
[43] 佟庆. 1990 年以来西北地区中心城市竞争力比较研究[D]. 西安建筑科技大学硕士学位论文，2004.
[44] 中国城市规划设计研究院学术信息中心. 欧洲空间发展战略 ESDP[EB/OL]. https://www.docin.com/p-1033890539.html，2005-07-10.
[45] Yoav H. Defining U.S. Megaregions，America 2050[EB/OL]. http://www.america 2050.org/，2019-11-03.
[46] 崔功豪，魏清泉，刘科伟，等. 区域分析与区域规划[M]. 3 版. 北京：高等教育出版社，2018.
[47] 葛岩，陶英胜，石崧. 区域空间发展战略研究探索——以长吉一体化区域发展规划为例[J]. 上海城市规划，2012，（4）：30-36.
[48] 李晓江. 关于“城市空间发展战略研究”的思考[J]. 城市规划，2003，（2）：28-34.
[49] 安筱鹏. 区域经济一体化进程中环境与资源管理的制度创新[J]. 环境保护科学，2003，（117）：36-40.
[50] 朱鹏宇，胡海波. 都市圈内部城市空间扩展机制研究——以南京都市圈中心城市为例[J]. 规划师，2003，（12）：87-95.
[51] 修春亮，祝翔凌. 地方性中心城市空间扩张的多元动力——基于葫芦岛市的调查和分析[J].

人文地理，2005，（2）：9-12.

[52] 王晓琦. 东北四大中心城市空间结构比较研究[D]. 东北师范大学硕士学位论文，2007.

[53] Taylor P J，Catalano G，Walker D R F. Measurement of the world city network[J]. Urban Studies，2002，39（13）：2367-2376.

[54] 郑伯红. 现代世界城市网络化模式研究[D]. 华东师范大学博士学位论文，2003.

[55] 龙祖坤. 数字化时代的城市网络[D]. 云南师范大学硕士学位论文，2001.

[56] Scott A J. Global City-Regions：Trends，Theory，Policy[M]. Oxford：Oxford University Press，2001.

[57] 方维慰. 区域信息化的空间差异与发展模式研究[D]. 西北大学博士学位论文，2007.

[58] 佛罗里达 C. 创意阶层的崛起[M]. 司徒爱勤译. 北京：中信出版社，2010.

[59] 中共中央关于全面深化改革若干重大问题的决定（全文）[EB/OL]. http://www.scio.gov.cn/zxbd/nd/2013/document/1374228/1374228_1.htm，2013-11-15.

[60] 赵雅娟，廖金凤，王萍，等. 资源开发利用与可持续发展的关系[J]. 资源开发与市场，2000，（3）：173-175.

[61] 何盼，陈蔚镇，程强，等. 国内外城市绿地空间正义研究进展[J]. 中国园林，2019，35（5）：28-33.

[62] 王兆进. 一体化平台构筑智慧城市[J]. 上海信息化，2012，（7）：81-83.

[63] 汪明峰. 中国城市首位度的省际差异研究[J]. 现代城市研究，2001，（3）：27-30.

[64] Giffinger R，Pichler-Milanović N. Smart Cities: Ranking of European Medium-sized Cities[M]. Vienna：Centre of Regional Science，Vienna University of Technology，2007.

[65] Regional Plan Association and Lincoln Institute of Land Policy. New Strategies for Regional Economic Development，Discussion Paper and Summary[EB/OL]. http://www.america2050.org/，2019-10-17.

[66] Yoav H，Petra T. Where High-speed Rail Work Best[EB/OL]. http://www.america 2050.org/，2019-09-17.

[67] Regional Plan Association. America 2050：An Infrastructure Vision for 21st Century America[EB/OL]. http://www.america2050.org/，2018-11-19.

[68] Matthew M，Lynn S，Daniel K. Large Landscape Conservation：A Strategic Framework for Policy and Action[EB/OL]. http://www.america2050.org/，2019-06-10.

[69] 李道勇，运迎霞，董艳霞. 轨道交通导向的大城市都市空间整合与新城发展——新加坡相关建设经验与启示[J]. 城市发展研究，2013，（6）：8-11.

[70] 朱介鸣. 城市发展战略规划的发展机制——政府推动城市发展的新加坡经验[J]. 城市规划学刊，2012，（2）：22-27.

[71] 汪明峰，袁贺. 产业升级与空间布局：新加坡工业发展的历程与经验[J]. 城市观察，2011，（1）：66-77.

[72] 王永波，韩玮，肖艾华. 浅谈新加坡城市规划[J]. 重庆建筑，2009，（6）：1-4.
[73] 郑晓霞，金云峰. 新加坡建设花园城市对美丽中国的启示[J]. 广东园林，2013，（3）：4-7.
[74] 孙伟，王莉静. 浅谈关于新加坡城市规划建设方面的思考[J]. 城市建设理论研究（电子版），2013，（3）：1-4.
[75] 香港特别行政区规划署. 香港 2030+：跨越 2030 年的规划远景与策略——环宇香港[R]. 香港特别行政区规划署.
[76] 香港特别行政区规划署. 香港 2030+：跨越 2030 年的规划远景与策略——概念性空间框架[R]. 香港特别行政区规划署.
[77] 香港特别行政区规划署. 香港 2030+：跨越 2030 年的规划远景与策略——智慧、环保及具抗击力的城市策略[R]. 香港特别行政区规划署.
[78] 徐林卉. 台湾地区智慧城市建设缘何居前列[J]. 上海经济，2015，（11）：62-65.
[79] 钟笃粮，冯奎. 为了市民的智慧生活——我国台湾地区智慧城市建设的实践与启示[J]. 中国发展观察，2015，（4）：58-61.
[80] 严若谷，闫小培，周素红. 台湾城市更新单元规划和启示[J]. 国际城市规划，2012，（1）：99-105.
[81] 田刚，刘洁敏. 台湾参与式社区规划对大陆农村规划的启示[C]//中国城市规划学会. 城市时代，协同规划——2013 中国城市规划年会论文集. 中国城市规划学会，2013.
[82] 于海利. 互动与博弈：试论台湾社区营造中多元主体的互动机制[J]. 湖北社会科学，2018，（6）：58-64.
[83] 王世福. 智慧城市研究的模型构建及方法思考[J]. 规划师，2012，28（4）：19-23.
[84] 国家发展和改革委员会. 发展改革委关于印发《传统基础设施领域实施政府和社会资本合作项目工作导则》的通知[EB/OL]. http://www.gov.cn/xinwen/2016-10/27/content_5124958.htm，2016-10-27.
[85] 曹阳，甄峰. 基于智慧城市的可持续城市空间发展模型总体架构[J]. 地理科学进展，2015，34（4）：430-437.
[86] 许正中. 智慧城市是建设生态文明的主载体[J]. 理论视野，2014，（3）：30-33.
[87] 卢溪. 生态发展视角下的智慧城市探索[J]. 硅谷，2013，6（15）：141-143.
[88] 黄肇义，杨东援. 国内外生态城市理论研究综述[J]. 城市规划，2001，（1）：59-66.
[89] 《中国资源综合利用》编辑部. 解读《国家生态保护红线——生态功能基线划定技术指南（试行）》[J]. 中国资源综合利用，2014，32（2）：13-17.
[90] 沈清基. 智慧生态城市规划建设基本理论探讨[J]. 城市规划学刊，2013，（5）：14-22.
[91] 程开明，李金昌. 紧凑城市与可持续发展的中国实证[J]. 财经研究，2007，（10）：73-82.
[92] 李文华. 基于 GIS 的浙江某城市的生态控制线规划研究[J]. 科技资讯，2013，（12）：

46-47.
[93] 环境保护部办公厅. 关于印发《生态环境大数据建设总体方案》的通知[EB/OL]. http://www.mee.gov.cn/gkml/hbb/bgt/201603/t20160311_332712.htm，2016-03-08.
[94] 杨心丽. 基于生态文明的智慧城市建设刍议[J]. 住宅科技，2014，34（5）：48-52.
[95] 《国土资源》编辑部. 自然资源部：掌握巨大职能 统筹各类规划[J]. 国土资源，2018，（4）：10-12.
[96] 袁奇峰，史京文，郑延敏，等. “国土规划与城市规划的对话”主题沙龙[J]. 城市建筑，2018，（18）：6-14.
[97] 习近平. 在深入推动长江经济带发展座谈会上的讲话[EB/OL]. http://www.mod.gov.cn/shouye/2019-08/31/content_4849509_2.htm，2019-08-31.
[98] 广州市科技和信息化局. 广州 创新驱动 智慧引领 着力打造便民服务新社区[J]. 信息化建设，2011，（9）：16-18.
[99] 孙涛. 对统一规范的公共资源交易平台建设中几个具体问题的认识[J]. 中国招标，2013，（50）：8-11.
[100] Paskaleva K A. The smart city：a nexus for open innovation?[J]. Intelligent Buildings International，2011，3（3）：153-171.
[101] Kim J，Kim K Y，Kwon O. Actor network theory-based modeling for crowdsourced design team formation[J]. Journal of Integrated Design and Process Science，2015，19（4）：37-61.
[102] Nam T，Pardo T A. Understanding municipal service integration：an exploratory study of 311 contact centers[J]. Journal of Urban Technology，2014，21（1）：57-78.
[103] 徐晨. 共青团介入青年自组织发展状况研究——以上海为例[D]. 上海交通大学硕士学位论文，2012.
[104] 王蔓. 自组织视角下煤矿安全管理系统分析[J]. 现代商贸工业，2010，22（3）：32-33.
[105] 杨贵华. 自组织与社区共同体的自组织机制[J]. 东南学术，2007，（5）：117-122.
[106] 严志兰，邓伟志. 中国城市社区治理面临的挑战与路径创新探析[J]. 上海行政学院学报，2014，15（4）：40-48.
[107] 李婷. 辽宁省社区治理模式研究[D]. 大连海事大学硕士学位论文，2009.
[108] 王蜀春. 探索中国城市管理之路[D]. 四川大学硕士学位论文，2002.
[109] 邱国祥，王华. 走出困境：从社区行政化到社区自治[J]. 行政与法，2008，（10）：10-12.
[110] 黄晓军. 发展社区居民自治 推进基层政治文明建设[J]. 改革与开放，2003，（6）：25-26.
[111] 韦朋余. 走向治理的境域——关于中国城市社区自治成长路径的思考[D]. 南京师范大学硕士学位论文，2007.
[112] 黄鲲. 关于我国城市居民自治有效途径的研究综述[J]. 青年与社会，2014，（3）：270.

[113] 俞咏华. 我国城市社区行政化：问题及解决途径[D]. 浙江大学硕士学位论文，2006.
[114] 周春华，禹银艳. 智慧产业概念、发展路径与政策研究[J]. 2012 年全国科学学理论与学科建设暨科学技术学两委联合年会，2012.
[115] 郭强，刘良军. 论构建现代产业体系及其政策支撑[J]. 中共银川市委党校学报，2015，17（1）：59-62.
[116] 曾章帆. 现代信息技术对城市空间结构的影响研究[D]. 成都理工大学硕士学位论文，2015.
[117] 邓智团. 纽约硅巷：中心城区科技集群复兴[M]. 北京：社会科学文献出版社，2014.
[118] 国务院. 国务院关于印发“十三五”国家科技创新规划的通知[EB/OL]. http://www.most.gov.cn/mostinfo/xinxifenlei/gjkjgh/201608/t20160810_127174.htm，2019-07-28.
[119] 张珂霞，林黎明. 智慧城市构建的关键技术分析[J]. 科技资讯，2014，12（21）：16-17.
[120] 宋志恒，张航. 基于云计算的实验室教学资源整合浅议[J]. 科学时代，2013，（17）：1-2.
[121] 陈岩，董洁. 智慧城市建设热潮中的理性思考[J]. 邮电设计技术，2013，（6）：10-13.
[122] 史璐. 智慧城市的原理及其在我国城市发展中的功能和意义[J]. 中国科技论坛，2011，（5）：97-102.
[123] 吴吉朋. 浅谈云计算与智慧城市建设[J]. 电子政务，2011，（7）：23-27.
[124] 张文川. 云计算与智慧校园的建设[J]. 电子商务，2012，（5）：6-7.
[125] 张鹏程，杨梅，何华贵. 智慧广州时空云平台物联网引擎功能与应用[J]. 地理空间信息，2019，17（12）：47-49，10.
[126] 朱巍，陈慧慧，田思媛，等. 人工智能：从科学梦到新蓝海——人工智能产业发展分析及对策[J]. 科技进步与对策，2016，33（21）：66-70.
[127] 樊昱，李芬霞，郭峰，等. 3D 打印技术发展现状[J]. 世界有色金属，2017，（22）：221-222.
[128] 闫强，陈毓川，王安建，等. 我国新能源发展障碍与应对：全球现状评述[J]. 地球学报，2010，31（5）：759-767.
[129] 屠海令，张世荣，李腾飞. 我国新材料产业发展战略研究[J]. 中国工程科学，2016，18（4）：90-100.
[130] 殷润民. 虚拟现实技术综述[C]//中国体视学学会. 第十一届中国体视学与图像分析学术会议论文集. 北京：中国体视学学会，2006.
[131] Burdea G，Coiffet P. Virtual Reality Technology[M]. 2nd ed. New York：John Wiley & Sons，2003.
[132] Jensen M，Ruback R S. The market for corporate control：the science evidence[J]. Journal of Financial Economics，1983，（11）：18-60.
[133] GDToday. Headquarters economy booms in Guangzhou[EB/OL]. https://www.lifeofguangzhou.com/

findServices/content.do?contextId=6692&frontParentCatalogId=196，2017-10-10.

[134] 李天研. 广州商务亮成绩单 多领域居全国前三[N]. 广州日报，2018-02-12.

[135] 彭芳梅. 粤港澳大湾区及周边城市经济空间联系与空间结构——基于改进引力模型与社会网络分析的实证分析[J]. 经济地理，2017，37（12）：57-64.

[136] 王远景. 信息时代的广州城市空间结构演进研究[D]. 华南理工大学硕士学位论文，2013.

[137] 杨再高. 广州国家中心城市定位的现状与未来[C]. 全国区域经济学学科建设年会，区域合作理论与实践创新暨粤港澳区域经济一体化学术研讨会，2012.

[138] 张振刚，张小娟. 广州智慧城市建设的现状、问题与对策[J]. 科技管理研究，2015，（16）：87-93.

[139] 班鹏飞，李刚，袁奇峰，等. 区域视角下大城市的功能疏解及广佛都市区的实证[J]. 规划师，2018，34（9）：18-23.

[140] 陈瑞莲. 欧盟经验对珠三角区域一体化的启示[J]. 学术研究，2009，（9）：35-41.

[141] 佚名. 广佛“优质生活圈”树立城市一体新标杆[J]. 领导决策信息，2009，（13）：20-21.

[142] 关琰珠. 开展厦漳泉环保同城化研究 提升环境竞争力[J]. 厦门科技，2012，（1）：12-16.

[143] 《深化粤港澳合作推进大湾区建设框架协议》全文[EB/OL]. http://politics.gmw.cn/2019-02/26/content_32569449.htm，2019-02-26.

[144] 迈向粤港澳大湾区时代，打造国际一流交通体系——深圳新一轮总规交通战略框架思路[EB/OL]. https://www.sohu.com/a/155126550_728910，2017-07-06.

[145] 邓昭华，何舒慧，王世福. 粤港澳智慧湾区发展策略研究[J]. 城市建筑，2017，（27）：11-15.

[146] 广州日报大洋网. 市国规委解读新版总规草案：广州空间格局还看三大战略枢纽[EB/OL]. https://news.dayoo.com/guangzhou/201802/27/152263_52099791.htm，2018-02-27.

[147] 广东省城乡规划设计研究院. 《广州市城市总体规划（2017-2035 年）》草案公示[EB/OL]. http://www.gdupi.com/Common/news_detail/article_id/2009.html，2018-03-09.

[148] 广州市规划和自然资源局. 广州市先行先试 编制完成《广州市国土空间总体规划（2018-2035 年）》草案[EB/OL]. http://ghzyj.gz.gov.cn/hdjl/rdhy/content/post_2685695.html，2019-06-17.

[149] 广州市人民政府. 广佛同城化发展规划（2009-2020 年）[EB/OL]. http://www.gz.gov.cn/zfjgzy/gzsfzhggwyh/xxgk/ghjh/zxgh/content/post_2956368.html，2013-06-04.

[150] 中共中央 国务院印发《粤港澳大湾区发展规划纲要》[EB/OL]. http://www.gov.cn/zhengce/2019-02/18/content_5366593.htm#2，2019-02-18.

[151] 王世福，张弘，刘铮. 粤港澳大湾区时代广州走向全球城市的思考[J]. 城市观察，2018，（3）：7-14.

[152] 吕传廷，饶利林，黄月琪，等. 1984 年后新常态下的广州都会区生态建设策略[M]. 北京：社会科学文献出版社，2015.
[153] 王国恩，易晓峰. 从方案到政策："生态优先"的广州空间规划[J]. 城市规划，2010，34（3）：32-37.
[154] 周长久. 和谐广州，绿色广州[J]. 生态科学，2011，30（S1）：125.
[155] 韩晓慧. 关于新时代中国特色社会主义生态文明建设的若干思考[J]. 福建省社会主义学院学报，2017，（6）：40-46.
[156] 何冬华. 生态空间的"多规融合"思维：邻避、博弈与共赢——对广州生态控制线"图"与"则"的思考[J]. 规划师，2017，33（8）：57-63.
[157] 佚名. 红线调控·绿线提升·蓝线建设[J]. 环境，2014，（10）：6-9.
[158] 李贵成. 网络问政：开启民生的新钥匙[J]. 郑州轻工业学院学报（社会科学版），2010，11（1）：61-64.
[159] 陈蔚珊，柳林，梁育填. 基于 POI 数据的广州零售商业中心热点识别与业态集聚特征分析[J]. 地理研究，2016，35（4）：703-716.
[160] 徐啸峰，郁建生，林珂，等. 智慧城市建设策略研究[J]. 电子技术与软件工程，2015，（8）：239-240.
[161] 杨再高. 智慧城市：推进广州新型城市化发展的重要引擎[J]. 城市观察，2012，（4）：55-61.
[162] 于杨. 广州市民网页正式开通 39 种事项可一站式查询[N]. 金羊网-新快报，2011-04-08.
[163] 尹涛，张赛飞. 广州创新型城市发展报告（2017）[M]. 北京：社会科学文献出版社，2017.
[164] 尹涛. 广州创新型城市发展报告（2015）[M]. 北京：社会科学文献出版社，2015.
[165] 粤港澳大湾区研究院. 粤港澳大湾区研究报告之一：创新合作方式 促进共同繁荣[EB/OL]. http://www.dawanqu.org/2017/7-17/3MMDE0MTRfMTQxMzc3Mg.html，2017-06-29.
[166] 伍凤兰，陶一桃，申勇. 湾区经济演进的动力机制研究——国际案例与启示[J]. 科技进步与对策，2015，（23）：31-35.
[167] 珠江三角洲全域空间规划研究（2016-2020）[EB/OL]. http://www.gdupi.com/Common/news_detail/article_id/8132.html，2020-09-17.
[168] 袁奇峰. 同城化背景下广佛的挑战与机遇[J]. 城市观察，2010，（S1）：173-177.
[169] 杨国成. 广佛都市圈经济一体化研究[D]. 暨南大学硕士学位论文，2008.
[170] 广州市人民政府办公厅，佛山市人民政府办公室. 广佛同城化"十三五"发展规划（2016—2020 年）[EB/OL]. http://www.gz.gov.cn/zwgk/zcjd/zcjd/content/post_2854396.html，2017-09-05.
[171] 王玉印. 广州加强工业用地管理的路径探讨[N]. 南方日报，2018-01-22.
[172] 沈超，王学力. 广州信息化发展概况与水平分析[J]. 情报杂志，2002，21（12）：72-75.
[173] 庾建设，谢学宁. 中国广州科技与信息化发展报告（2012）[M]. 北京：社会科学文献出

版社，2012.

[174] 广州市人民政府办公厅关于印发广州市信息化发展第十三个五年发展规划（2016-2020年）的通知[EB/OL]. http://www.gz.gov.cn/zwgk/fggw/sfbgtwj/content/post_6491089.html，2017-05-25.

[175] 瞄准 IAB 和 NEM 广州产业迈向高端高质高新[EB/OL]. https://gd.qq.com/a/20180116/021828.htm，2018-01-15.

[176] 杜娟. 广州 IAB 产业规模将超万亿[N]. 广州日报，2018-01-18.

[177] 马喜生. 琶洲互联网创新集聚区 打造开放型经济新高地[N]. 南方日报，2016-12-15.

[178] 广州市公安局 2016 年工作报告和 2017 年工作计划[EB/OL]. http://www.gz.gov.cn/zwgk/zjgb/bmgzzj/2016n/content/post_3089830.html，2017-03-30.

[179] 广东省城乡规划设计研究院. 广深科技创新走廊规划[EB/OL]. http://www.gdupi.com/Project/detail/goods_id/409.html，2017-04-30.

[180] 崔功豪，魏清泉，刘科伟. 区域分析与区域规划[M]. 2 版. 北京：高等教育出版社，2006.

[181] 龙瀛，黄晓春，何莲娜，等. 规划支持系统框架体系的构建与应用[J]. 北京规划建设，2015，（2）：24-27.